Federica Colombo - Cinzia Faraci - Pierpaolo

Arrivederci! 2
for English speakers

Federica Colombo - Cinzia Faraci - Pierpaolo De Luca

Arrivederci! 2
for English speakers

Elementary

A multimedia Italian course

Student's book

EDILINGUA

www.edilingua.it

Arrivederci! 2 for English speakers

Authors: Federica Colombo, Cinzia Faraci, Pierpaolo De Luca

© **Copyright edizioni Edilingua**
Headquarters
Cola di Rienzo Street, 212 00192 Rome, Italy
Tel. +39 06 96727307
Fax +39 06 94443138
info@edilingua.it
www.edilingua.it

Depot and Distribution Centre
Moroianni Street, 65 12133 Athens, Greece
Tel. +30 210 5733900
Fax +30 210 5758903

Edilingua supports actionaid

Thank to the adoption of our books, Edilingua adopts at distance children that live in Asia, Africa and South America. Because together we can do a lot against poverty! Learn more on what we do on our website ("Chi siamo").

1st Edition: September 2013
ISBN: 9789607706676
Editing: Laura Piccolo, Antonio Bidetti, Daniela Barra - **Translation:** Beatrice Notarianni
Illustrations: Laurent Lalo
Recordings: *Networks srl*, Milan

Key to the symbols

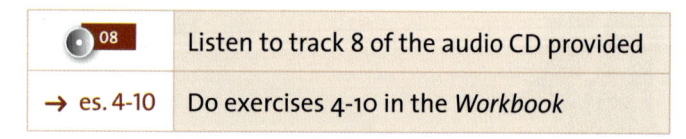

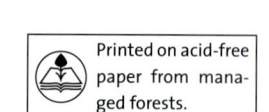

08	Listen to track 8 of the audio CD provided
→ es. 4-10	Do exercises 4-10 in the *Workbook*

Printed on acid-free paper from managed forests.

The authors would welcome your suggestions, feedback and comments about the book (to be sent via email to redazione@edilingua.it).

All rights reserved worldwide. No part of this publication may be translated, reproduced, adapted, transmitted or stored in a retrieval system, by any means, mechanical or electronic (including microfilm and photocopies).

The editor is happy to hear from anyone we were unable to contact whose interests have been infringed; the editor will also put right any omissions or inaccuracies in referencing sources that are brought to our attention.

First edition: © Cornelsen Verlag GmbH, 2009 Berlin (*Insieme*)

The main features of *Arrivederci!*

Arrivederci! is a modern and easy to follow multimedia language course aimed at adults and young adults (aged 16 and over) regardless of whether they have previous knowledge of the Italian language or not. Thanks to slow, gradual progression *Arrivederci!* is also suited to students who have never studied a foreign language before.

The course consists of three books that prepare students, respectively, for the competency levels A1, A2 and B1/B1+ required by the various Italian language certifications (Celi, Cils and Plida).

Each book consists of a *Student's book* and a *Workbook*, each of which is divided into 12 units. There are also three review sections (*Facciamo il punto?*), a *Final Test*, a *Grammar Section* and an *Audio CD* with the listening tracks.

The *Student's book*

Each **unit** is organised over 8 pages as follows:

– **an introduction page** that introduces the learning objectives of the unit and the unit topic, supplies the core topic vocabulary and acts as a stimulus for spontaneous expression;

– **four teaching pages** that contain dialogues set in real life contexts, and various texts, exercises and activities. The columns at the page margins contain clearly presented points of grammar and pronunciation, information on Italian culture and civilisation, and tips on effective learning;

– a *L'Italia da vicino* **section** that uses authentic material packed with interesting information on aspects of Italian culture and civilisation, and cross-cultural activities, to help students get to know Italy;

– a *Ripassiamo* **section** that uses clear, easy-to-read tables to summarise all the communicative and grammatical elements of the unit;

– a *Cosa so fare?* **section**, the unit concludes with a self-evaluation test that allows students to assess their progress.

The *Facciamo il punto?* section (found at the end of units 4, 8 and 12) is characterised by the variety of exercises it contains. Using activities designed to be fun, it allows students to practice what they learnt in the units that precede it.

The *Workbook*

A selection of stimulating exercises covering vocabulary, grammar and aspects of communication, allow students to consolidate what they have learnt.
The **Final Test** that follows permits students to undertake a complete assessment, similar to that of the various Italian language certifications.

Grammar Section

All the topics covered are clearly and systematically explained with the help of numerous examples and easy-to-read tables.

The Audio CD

The Audio CD contains the listening tracks for each unit. There are two versions of the CD: a "normal" speed version (supplied with the book) and, to make comprehension easier, a "slowed down" version (available via the website www.edilingua.it).

Supplementary materials

Teacher's Guide

This guide offers teachers valuable advice for their lessons, greater detail on aspects of Italian culture and civilisation, and material for photocopying.

Multimedia Interactive Whiteboard Software

Allows teachers to make full use of integrated teaching tools on a single platform, to engage more dynamically with all students, and to create new teaching pathways within a digital environment; students will have fun as they learn, leading to increased participation and cooperation levels.

Online material

Additional material (online activities, games, glossaries in various languages, and so on), to complement and add to the learning and teaching activities in the book, is available at www.edilingua.it.

The *i-d-e-e* multi-platform

Presents the Workbook exercises in interactive form.

The authors and the publisher, Edilingua, wish you a fun and fruitful learning experience!

Unit		Topic	
1	**Hai voglia di uscire?** page 9	- Free time - Culture - Sport	
2	**Buone vacanze!** page 17	- Holidays - Travel	
3	**Ti sta benissimo!** page 25	- Trade shows - Clothing - Purchases	
4	**Mi sento bene** page 33	- The body - Wellbeing - Health - Plastic surgery	
	Facciamo il punto? 1 page 41	- Let's have fun reviewing our work	
5	**Auguri!** page 45	- Public holidays - Celebrations - Congratulations and best wishes	
6	**Cambi casa?** page 53	- Living - Quality of life	
7	**Buon appetito!** page 61	- Restaurants - Culinary specialities	

4 | quattro

Arrivederci!

Communicative Activities	Grammar	Culture and Civilisation
- Making arrangements (revision) - Talking about your preferences and interests - Giving your opinion: saying whether you agree / disagree / are unsure	- Adverbs of quantity - Indirect object pronouns - The relative superlative - The verb *uscire* - *stare* + gerund - Time expressions with *tra / fra*	- Football - Sport in Italy
- Talking about a holiday - Talking about a trip - Asking and saying what the date is - Talking about your childhood - Talking about past events	- Time expressions with *da* and *fa* - The perfect tense of *piacere* - The imperfect tense - The imperfect and perfect tenses - Adverbs of time - Dependent clauses with *mentre* and *quando*	- A holiday with a difference - Voluntary work
- Asking for information - Asking for permission - Expressing willingness - Describing clothes - Making compliments	- The verb *dare* - *c'era* and *c'erano* - Possessives (revision) - The absolute superlative - The demonstrative adjectives *questo* and *quello* - The preposition *di* + materials - The perfect tense with direct object pronouns - The adjective *bello*	- Modern Milan
- The parts of the body - Describing people - Giving advice - Talking about health - Talking about aches, pains and physical problems	- Ordinal numbers - The imperative (*tu*, *noi*, *voi*) - The negative imperative - Constructions with *si* (revision) - Nouns ending in *-ista*, *-co* / *-go* and *-io* - The verbs *sapere* and *potere*	- Wellbeing
	Revision of the grammatical structures learnt in units 1 – 4	
- Expressing best wishes and congratulations - Writing greetings cards - Describing celebrations and events - Inviting people - Accepting / Declining an invitation	- Adjectives and indefinite pronouns - The relative pronoun *che* - The imperfect and perfect tenses (revision)	- Festivals and saints - Religion and superstition
- Describing a house - Asking for information - Talking about quality of life (city / countryside) - Talking about the advantages and disadvantages of something - Asking for and offering help	- Other uses of *ne* and *ci* - The imperative (third person singular) - The negative imperative - The comparative (revision) - The imperative with pronouns, and with *ci* and *ne* - The negative imperative with the pronouns *ci* and *ne*	- The Italian home
- Booking a table in a restaurant - Understanding menus - Ordering in a restaurant - Offering someone something to eat or drink - Accepting / Declining something - Recipes and traditional dishes	- The conditional tense - The impersonal verbs *servire*, *volerci*, *bastare* and *bisognare* - The verb *metterci* - The adjective *buono*	- Italian cuisine

Unit		Topic
8	**Ultime notizie** page 69	- News stories - The mass media
	Facciamo il punto? 2 page 77	- Let's have fun reviewing our work
9	**Cosa fai nella vita?** page 81	- Work - Job offers
10	**L'amore è ...** page 89	- Feelings - Love
11	**Vivere insieme** page 97	- Living together - Neighbourhood relationships
12	**Godiamoci la natura!** page 105	- Nature and landscapes - Environment - Getting rid of waste - Animals
	Facciamo il punto? 3 page 113	- Let's have fun reviewing our work - A song: *Parole, parole* (Mina)

Role-play Material	page 117
Workbook	page 121
Final Test	page 217
Grammar	page 222
Glossary	page 250
Solutions to the self-evaluation tests	page 269
Sources	page 271
Index to the Audio CD	page 272

Arrivederci!

Communicative Activities	Grammar	Culture and Civilisation
- Talking about the mass media and other news media - Reporting an unconfirmed news story - Commenting on a news story - Making guesses - Expressing an opinion - Asserting different points of view	- The conditional tense (in more depth) - The perfect tense of modal verbs - Negative sentences with *nessuno*	- Italians and the media - News programmes
	Revision of the grammatical structures learnt in *units 5 – 8*	
- Talking about work - Considering job opportunities - Expressing intentions - Describing your job - Giving advice - Talking about a job interview	- The construction *stare per* + infinitive - Dependent clauses with *prima di* + infinitive - Verb + preposition + infinitive or complement	- The world of work in Italy
- Reading and writing adverts - Talking about love - Talking about your feelings - Reading horoscopes - Asking and saying what someone's star sign is - Talking about the future - Expressing uncertainty	- Constructions with *si* + reflexive verbs - The verb *riuscire* - The future tense	- The Latin lover stereotype
- Formulating complaints, prohibitions, requests - Giving information - Talking about neighbourhood relations - Keeping a conversation alive - Expressing surprice, disbelief, relief - Talking about stereotypes	- The relative pronoun *cui* after a preposition - The names of countries (in more depth) - *ce l'ho, ce l'hai ...*	- Immigration in Italy
- Describing a region / a landscape - Talking about nature - Asking a more specific question - Talking about the environment	- Prepositions with means of transport (revision) - The adjective and interrogative pronoun *quale* - The perfect tense with *ne*	- The environmental project of *comuni ricicloni*
	Revision of the grammatical structures learnt in *units 9 – 12*	

edizioni Edilingua

sette 7

Buon divertimento con *Arrivederci!*

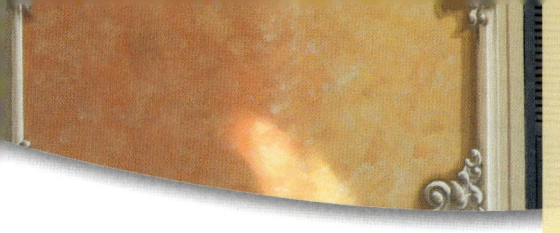

- Making arrangements (revision)
- Talking about your preferences and interests
- Giving your opinion: saying whether you agree / disagree / are unsure
- Adverbs of quantity
- Indirect object pronouns
- The relative superlative
- The verb *uscire*
- *stare* + gerund
- Time expressions with *tra* / *fra*

UNITÀ 1

Hai voglia di uscire?

spettacoli: teatro
Romeo e Giulietta
ore 21.00 fino al 30 ottobre

spettacoli: balletto
Il lago dei cigni
ore 20.30 fino al 27 ottobre

appuntamenti: sport
finali di ciclismo su pista – velodromo
sabato, ore 16.00

locali: lounge bar *Spirit*
happy hour 19-21.00

1 With a partner, talk about your interests.

Che interessi hai?
Ti interessa lo sport?
Vai spesso a teatro?
Ti piace uscire con gli amici?

leggere • lounge bar • concerto • balletto
ciclismo • mostre • radio • computer

2 What do you want to do? With your partner, make arrangements for the weekend. Find something that interests you both.

● Hai voglia di andare a vedere un'opera lirica?
▶ Volentieri, quando?
● Il prossimo fine settimana, magari sabato ...
...

edizioni Edilingua | nove | 9

Ti piace? A me sì!

tanto, *un po'* and *molto*, *poco*, *troppo*, *abbastanza*, etc. are adverbs of quantity.

– *Mi piace.* ('I like it')
– *Anche a me.* ('I like it too') / *A me no.* ('I don't')

– *Non mi piace.* ('I don't like it')
– *Neanche a me.* ('I don't like it either') / *A me sì.* ('I do')

! An apostrophe replaces the final *-e* in *anche* and *neanche* before *io* (*anch'io*, *neanch'io*).

mi, *ti*, *gli/le*, *ci*, *vi*, *gli* take the place of an indirect object and are placed in front of the verb (see *Arrivederci! 1*, unit 4).

Ascoltiamo

1 Listen to the conversations and decide whether the statements are true or false.

		vero	falso
1	Vanno tutti al cinema.	○	○
2	Tutti e due fanno tanto sport.	○	○
3	Tutti e due vanno al concerto.	○	○
4	A tutti e due piace l'arte contemporanea.	○	○

2 Listen again to the conversations from exercise 1 and then match a line from the left to one on the right.

1 Noi andiamo al cinema.   a Neanch'io.
2 Gioco a tennis ... E tu?   b Anche noi.
3 Io non vado al concerto. E tu?   c Io sì.
4 Io non ci capisco niente.   d Io no.

Alla scoperta

3 Read the sentences and complete the table.

Loro vanno al cinema. Gli piace il cinema.
Matteo non fa molto sport, ma gli piace andare in bicicletta.
A Silvia piace l'arte. Le piace tantissimo l'arte contemporanea.

mi	= a me	ci	= a noi
ti	= a te	vi	= a voi
....	= a lui / .... = a lei	....	= a loro

4 Complete the following using the appropriate pronoun in each case.

1 (a lui) .... chiedo una cosa.   4 (a noi) .... ha portato un CD.
2 (a Laura) .... telefono dopo.   5 (a me) Non .... racconta niente.
3 (a te) .... interessa il teatro?   6 (a voi) .... hanno scritto?

Parliamo

5 A student is talking about what interests him and wants to know whether his classmates like the same things. Ask a classmate questions as in the example. After your classmate has answered and told you what his or her interests are, ask other classmates similar questions.

➤ Noi viaggiamo spesso e volentieri. E tu?   • Anch'io. / Io no.
• A noi piace visitare i musei, e a voi?   ■ A noi due no. / A noi due sì.
■ Io non vado mai a ballare. E tu Claudia?   ➤ Neanch'io. / Io sì.

A noi piace il teatro. E a te, Andrea?

6 Work with a partner. Person *A* will work from page 117 and person *B* from page 118. Find an evening when you are both free and arrange to do something.

Purtroppo ho un altro impegno.   *Sì, stupendo!*   *Sì, ottima idea!*

→ es. 1-9

10 | dieci   *Arrivederci!*

UNITÀ 1

Leggiamo

7 Read the following. Who likes the painting by De Chirico and who doesn't?

Giorgio De Chirico (1888–1978), was an Italian painter. His paintings of a series of piazzas and towers are early examples of Metaphysical art.

2 Una delle famose piazze d'Italia. È uno dei quadri più significativi dell'arte metafisica.

3 È vero, c'è un senso di malinconia ... Tutto è immobile e il tempo si è fermato.

4 Giusto!

1 Ecco, questo è il quadro più interessante!

5 No, mamma, per me il treno in fondo si muove, vedi?

6 Sì, forse il treno si muove ...

7 Non lo so, non so proprio cosa dire ...

8 Mah ... è il meno romantico fra tutti i quadri della mostra.

Alla scoperta

8 Look at exercise 7 again to find expressions with the following meanings.

1 Sono pienamente d'accordo: .... / ....
2 Non è d'accordo. Ha un'opinione diversa: ....
3 Non è pienamente d'accordo ed esprime la sua opinione: ....
4 È indeciso o non interessato: ....

9 Complete the following comments made by some of the visitors above.

1 Questo è .... quadro ....!
2 È uno dei quadri .... dell'arte metafisica.
3 È .... fra tutti i quadri della mostra.

The relative superlative is formed as follows: article + **più** / **meno** + adjective. The second element for comparison is introduced by the prepositions **di** or **tra** / **fra**.

Parliamo

10 What do you think? Take it in turns to express an opinion and to respond, as in the example below.

Per me andare a vedere mostre e musei è noioso.
Secondo me, lo sport non fa così bene come dicono tutti.
È meglio se si ha poco tempo libero.

Sono perfettamente d'accordo. Anch'io mi annoio sempre.

No, dipende dal tipo di mostra ...

→ es. 10-13

Esprimere accordo	Esprimere disaccordo	Esprimere indecisione
È vero.	No, non è vero.	Non lo so.
Lo penso anch'io.	Per me no.	Forse.
Giusto!	Assolutamente no.	Dipende.
Sono d'accordo.	Non sono d'accordo.	Non sono sicuro/a.
Hai ragione.	No, scusa, ma ...	
È proprio così.		

edizioni Edilingua
undici | 11

Che sport fai?

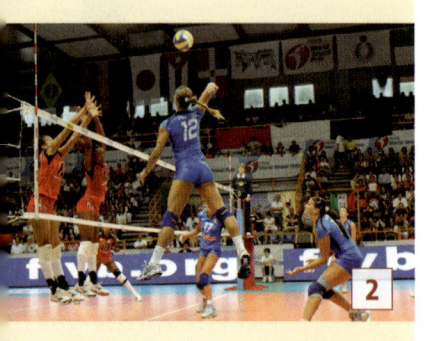

Leggiamo

11 What sport do these Italian athletes do? Complete the sentences below with: *calcio, ciclismo, nuoto, pallavolo, scherma, sci.*

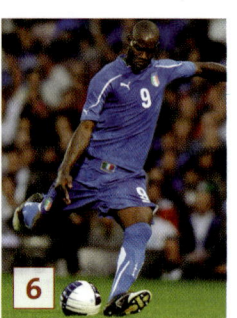

1 Federica Pellegrini fa ....
2 La squadra delle Azzurre gioca a ....
3 Valentina Vezzali fa ....
4 Alessandro Petacchi pratica il ....
5 Denise Karbon pratica lo ....
6 Mario Balotelli gioca a ....

Alla scoperta

12 Listen to the conversation and choose the correct answers.

1 Prima Milena
 a va in palestra.
 b va in piazza.

2 Poi Milena
 a rientra a casa.
 b passa dal bar.

13 Read the dialogue and underline the verbs that describe what Milena and Franco are doing while they are on the phone. What is the infinitive of the verbs you have underlined?

▸ Pronto?
● Ciao Milena!
▸ Ciao Franco!
● Che fai? Hai un po' di tempo?
▸ Beh, sto uscendo, vado in palestra, a fare pallavolo.
● Ah, io e Luca stiamo andando in piazza ... magari quando esci dalla palestra, passi dal bar?
▸ Sì, perché no? Ci vediamo dopo, ciao ...
● Ciao!

14 What is the rule? Choose the correct option.

Il presente di *stare* + gerundio esprime
a ciò che è già accaduto.
b ciò che accade di solito.
c ciò che accade adesso.

→ es. 14-21

! *sciare – correre – nuotare*
('to ski' – 'to run' – 'to swim')
giocare a ('to play') *golf/ping-pong/tennis ... carte/scacchi,* etc
fare ('to do') *ginnastica/atletica/aerobica ...*

Uscire

io	esco
tu	esci
lui/lei/Lei	esce
noi	usciamo
voi	uscite
loro	escono

! *Quando esci dalla palestra, passi dal bar?* but *Esco di casa.*

The gerund of regular verbs:

Verbs ending in *-are* → *-ando*
*gioc*are → *gioc*ando

Verbs ending in *-ere* and *-ire* → *-endo*
*corr*ere → *corr*endo
*usc*ire → *usc*endo

! fare → facendo
dire → dicendo
bere → bevendo

12 | dodici

Arrivederci!

Un po' di più

15 Choose the correct form of the verb in each case.

1. Tra poco [esco] [sto uscendo], vado a correre.
2. – Lorena sa già sciare? – [Impara] [Sta imparando] in questi giorni.
3. Fra cinque minuti [inizia] [sta iniziando] il corso di nuoto.
4. La squadra di Luca vince sempre, ma adesso [perde] [sta perdendo], tra due minuti la partita finisce.

16 Complete the sentences using *stare* + gerund.

1. (*andare*)   Noi .... a fare un giro in bici.
2. (*giocare*) I bambini .... a calcio.
3. (*fare*)   Io .... ginnastica.
4. (*vincere*) Bravo! ....!
5. (*sciare*)   Marta .... da stamattina.
6. (*guardare*) Voi .... ancora la partita?

Parliamo

17 Do you do any sport? If so, which sport? Which sports do you prefer to watch on television?

Giochiamo

18 Divide into teams. A student from team *A* will mime an action or a sport and students from team *B* will attempt to guess what he or she is doing. If team *B* guesses correctly, it will be their turn to mime something. The team with the most correct guesses wins.

19 On a sheet of paper, write down two things you like and two things that don't interest you. Collect in the sheets and then hand them back out to the class at random. As in the example, ask your classmates questions to try and work out whose sheet you have.

- Michael, a te interessa la letteratura?   ▶ Sì, molto.
- E lo sport ti piace?   ▶ No, non faccio sport. Non mi piace per niente.
- Allora ho io il tuo foglietto!

→ es. 22-24

UNITÀ 1

! We use *tra* and *fra* to indicate that an action will take place in the future: **Tra poco / Fra cinque minuti esco.** ('I'm going out in a while / in five minutes')

▶ *Learning Tips*

When trying to memorise words or points of grammar, mime the actions they represent. The actions will help you to remember them.

letteratura   sport
cinema   viaggiare

L'Italia da vicino

Solo calcio?

**Pallone d'oro, candidati otto italiani.
Il nostro calcio è il più rappresentato**

PARIGI - Il calcio italiano è il più rappresentato nella lista dei 50 candidati al Pallone d'Oro, pubblicata da France Football. In elenco ci sono infatti ben otto giocatori di casa nostra.

90° minuto
Storica trasmissione televisiva della domenica pomeriggio, con la sintesi delle partite di calcio.

Tutto il calcio minuto per minuto
La trasmissione radiofonica più seguita della domenica. Da oltre 50 anni accompagna i pomeriggi domenicali di molti "sportivi" italiani.

La Gazzetta dello Sport
Il giornale più letto in Italia che batte anche i maggiori quotidiani di informazione.

Italia = calcio? È vero che il pallone è lo sport più amato, tuttavia solo alcuni lo praticano. La maggior parte lo segue e lo guarda. Negli ultimi anni i più preferiscono guardarsi la partita comodamente seduti sul divano, grazie alla pay-tv: risparmiano un bel po' di euro e non prendono freddo allo stadio in inverno!

Ma agli italiani non interessa solo il calcio. Seguono anche il ciclismo e l'automobilismo e prestano grande attenzione ad eventi sportivi come le Olimpiadi, i campionati del mondo e gli europei di tutti gli sport.

Una cosa è certa: gli italiani parlano volentieri di sport, spendono anche molto per eventi sportivi, ma sono per lo più dei sedentari. Circa il 40% non fa nessun tipo di sport, il 30% pratica solo attività fisica e poco meno di un terzo degli italiani pratica sport (regolarmente o saltuariamente)*. E quando lo praticano, perché lo fanno? Perché lo sport fa bene alla salute, aiuta a dimagrire e ad essere belli, e poi è un'occasione per incontrare amici e per divertirsi.

*ISTAT

20 Read the short texts at the top of the page. Is football very important to Italians? How about in your country? Do you have television programmes and publications dedicated to sport and in particular to football?

21 Now read the text lower down. What are Italians like? Do you know any Italian sports personalities? What sport do they do?

22 Do people in your country do a lot of sport or are they very sedentary? Do schools in your country encourage students to do sport?

14 | quattordici   *Arrivederci!*

Ripassiamo

UNITÀ 1

Comunicazione

Talking about your preferences and interests

• Mi piace/piacciono.	• Anche a me. / A me no.
• Non mi piace/piacciono.	• Neanche a me. / A me sì.
• Noi viaggiamo spesso e volentieri. E tu?	• Anch'io. / Io no.
• Io non vado mai a ballare. E tu Claudia?	• Neanch'io. / Io sì.

Giving your opinion

Expressing agreement	Expressing disagreement	Expressing indecision
È vero.	No, non è vero.	Non lo so.
Lo penso anch'io.	Per me no.	Forse.
Giusto!	Assolutamente no.	Dipende.
Sono (perfettamente) d'accordo.	Non sono d'accordo.	Non sono sicuro/a.
Hai ragione.	Invece, secondo me ...	Non so cosa dire.
È proprio così.	No, scusa, ma ...	

Grammatica

Adverbs of quantity

molto	Questo libro è *molto* bello.
un po'	Sono *un po'* stanco.
tanto	Ho dormito *tanto*.
poco	Ho studiato *poco*.
troppo	Ho mangiato *troppo*.
abbastanza	Non ho dormito *abbastanza*.

Indirect object pronouns

	singular	plural
1st person	mi	ci
2nd person	ti	vi
3rd person	gli/le/Le	gli

Telefono a Carlo. ⇨ *Gli* telefono.
Non *gli* dico niente.
Gli puoi scrivere una cartolina.
Puoi scriver*gli* una cartolina.

Uscire

io	esco
tu	esci
lui/lei/Lei	esce
noi	usciamo
voi	uscite
loro	escono

The relative superlative

article + *più / meno* + adjective	Questo quadro è *il meno* interessante.
article + noun + *più / meno* + adjective	È il quadro *più* moderno.
... + *più / meno* + adjective + *di*	Questo è *il ristorante più caro della* città.
... + *più / meno* + adjective + *tra / fra*	Chiara è *la più* sportiva *tra le* mie amiche.

The gerund

gio*care*	gio*cando*
cor*rere*	cor*rendo*
usc*ire*	usc*endo*
fare	facendo
dire	dicendo
bere	bevendo

Stare + gerund

sto	
stai	
sta	parlando
stiamo	prendendo
state	capendo
stanno	

• Che cosa stai facendo?
• Sto leggendo il giornale

Time expressions with *tra / fra*

• A che ora inizia il film?
• Tra/Fra 10 minuti.

Tra/Fra una settimana andiamo in vacanza.

Cosa so fare?

Scheda di Autovalutazione dell'unità 1

Either mark the statements below with a ✔ to mean "I can do this well" or with an ○ to mean "I cannot do this well" and fill in the gaps.

☐	1 I can make arrangements.	▸ ....? ● Sì, non ho impegni. ▸ ....? ● Volentieri! ▸ ....? ● Alle 8? Mmh, facciamo alle 9?
☐	2 I can talk about my preferences and interests and can ask others about theirs.	● A me .... E a te cosa ....? ▸ ....
☐	3 I can use indirect object pronouns.	Telefono a Chiara. ⇨ .... telefono. Do le chiavi a Mario. ⇨ .... do le chiavi.
☐	4 I can give my opinion using the relative superlative.	Questa pizza è .... buona .... mondo! Questo è .... libro .... interessante .... quelli che ho letto.
☐	5 I can agree with people or disagree.	▸ Per me questo è il quadro più originale della mostra. ● .... penso .... io. ■ .... sono .... A me non piace per niente.
☐	6 I can express indecision.	▸ Andiamo al mare domenica? ● .... lo ...., ... dal tempo ...
☐	7 I can say what is happening right now.	▸ Che fai? ● Adesso .... una mela!
☐	8 I can use adverbs of quantity.	Forse ho mangiato .... a pranzo, per questo ora non ho fame. Sono .... contenta di vederti!
☐	9 I can talk about sport.	Ogni anno a Natale andiamo in montagna a .... ● Mi sono iscritta in piscina. ▸ Hai fatto bene, il .... è tra gli sport più completi.
☐	10 I can conjugate the verb *uscire* in the present tense.	....

Go to page 269 to check your answers.

16 | sedici

Arrivederci!

- Talking about a holiday or trip
- Asking and saying what the date is
- Talking about your childhood
- Talking about past events
- Time expressions with *da* and *fa*
- The perfect tense of *piacere*
- The imperfect tense
- The imperfect and perfect tenses
- Adverbs of time
- Dependent clauses with *mentre* and *quando*

UNITÀ 2

Buone vacanze!

1 Study the photo. Who do you think Lidia is talking to and what do you think she is talking about?

2 Lidia's mobile phone rings. Listen to what she says when she answers and then try to imagine what the girls say next.
03

3 With a partner role-play their conversation, but imagine you are somewhere else on the beach.

Mi trovo ...
C'è / Ci sono ...
Vedi ...?

passerella • bagnino • ombrellone • docce • ...

edizioni Edilingua · diciassette · 17

Dove vai in vacanza?

Leggiamo

1 Read the posts on this forum and find where each writer went on holiday. Match the places to the photos.

	07 maggio, 21:03	# 1
1 ☐	roby84	Tre anni fa sono stato per la prima volta a Perugia con un viaggio organizzato. La città vecchia è fantastica, il centro storico mi è piaciuto moltissimo. Così due mesi fa ci sono ritornato con due amici e mi sono divertito un mondo.

	07 maggio, 21:15	# 2
2 ☐	cristina12	@roby84 sì, Perugia è bella, ma noi qualche anno fa sia stati alle Eolie, e devo dire che sono fantastiche. Soprattutto le isole di Vulcano e Panarea ci sono piaciute moltissimo. Ho visto anche Stromboli che è un'isola splendida. Vorrei tornarci, ma il tempo è sempre poco e i posti da vedere sono tantissimi, così quest'anno abbiamo scelto le Dolomiti.

	07 maggio, 21:23	# 3
3 ☐	antonellamu	Il Trentino è stupendo, però l'anno prossimo ti consiglio di andare a Capo Rizzuto, in Calabria. Io ci vado da cinque anni: è un posto unico, all'interno di un'area marina protetta. L'anno scorso sono stata al villaggio *Valtur*, è bello perché è aperto tutto l'anno ... e poi mi sono piaciuti gli animatori del villaggio, che bei ragazzi!

... fa ('... ago') = *Così due mesi fa ci sono ritornato con due amici ...* ('So two months ago I went back with two friends ...')

da ... ('for ...') = *Io ci vado da cinque anni: è un posto unico ...* ('I have been going there for five years: it's a unique place ...')

Alla scoperta

2 Underline the forms of *piacere* that appear in exercise 1. Then, complete the following.

Cosa è piaciuto a Roby, a Cristina e ad Antonella?

A Roby è piaciut...... il centro storico di Perugia.
Anche a Cristina è piaciuta Perugia, ma ancora di più le sono piaciut...... le isole di Vulcano e Panarea.
Ad Antonella, invece, sono piaciut...... molto gli animatori del villaggio *Valtur*.

Un po' di più

3 Complete the following sentences using the perfect tense of the verb *piacere*.

1 La città mi .... molto, ma l'hotel no.
2 Le Eolie ci .... tanto: ci ritorniamo l'anno prossimo.
3 Il villaggio mi ...., ma soprattutto mi .... gli animatori.

According to ISTAT (Italian National Institute of Statistics), Italians use the Internet primarily to send e-mails and to chat with friends (78.5%), to look for information (67.7%) or to do their banking (30.2%). Only 23% of Italian families shops online, mainly for tourist services.
(Source: ISTAT)

The perfect tense of *piacere* is formed using the auxiliary *essere*. The past participle agrees in number and gender with the noun it refers to.

Scriviamo

4 Write a post similar to the ones in exercise 1. What is your recommendation for a good holiday?

A me è piaciuto/a molto ... • Ci sono stato/a ... fa • Ci vado da ...

→ es. 1-5

18 | diciotto

Arrivederci!

UNITÀ 2

Leggiamo

5 Read the following and complete the table. Where did people use to go on holiday? How were holidays spent?

| anni '50 – '60 |
| ... |
| anni '80 – '90 |
| ... |
| anni 2000 |
| ... |
| oggi |
| ... |

Negli anni '50–'60 quando arrivava la domenica intere famiglie (nonni inclusi) partivano la mattina per andare a passare una giornata all'aperto. Alla fine degli anni '60 molti italiani invece trascorrevano un vero e proprio periodo di ferie in montagna o nelle località balneari della penisola. Durante gli anni '80 gli italiani iniziavano a scoprire i luoghi esotici: se 20 anni fa andavano alle Maldive o alle Seychelles, alla fine del millennio preferivano il Kenya o il Mar Rosso. Negli ultimi anni le vacanze degli italiani sono diventate più "culturali": si visitano le grandi città europee, gli Stati Uniti, ma anche l'Italia dei piccoli borghi. A causa della crisi economica però è ritornato di moda anche il week-end "pendolare" e le vacanze passate a casa.

Alla scoperta

6 In the text from exercise 5, find the conjugated forms of the infinitives below.

arrivare • partire • trascorrere • iniziare • andare • preferire

7 Reread the text and write the missing questions, as in the example.

1 *Qual era la vacanza tipica degli anni '50–'60?*
  Passare una giornata all'aperto.
2 ....?
  La mattina.
3 ....?
  In montagna o nelle località balneari della penisola.
4 ....?
  Alle Maldive o alle Seychelles.
5 ....?
  Il Kenya o il Mar Rosso.
6 ....?
  Le città europee, gli Stati Uniti e i piccoli borghi italiani.

The **imperfect tense** describes situations or actions in the past that had duration, or actions that 'used to' happen (habitually or regularly).

	-vo
anda-	-vi
trascorre-	-va
parti-	-vamo
	-vate
	-vano

❗ **essere**: ero, eri, era, eravamo, eravate, erano

fare → facevo
dire → dicevo
bere → bevevo

Parliamo

8 Interview a classmate about his or her most recent holiday or trip. While there, what did he or she usually do?

Ti alzavi presto o tardi? • Dove facevi colazione? Cosa facevi il pomeriggio? • E la sera?

9 What are things like in your country? Where do people go on holiday? Where did people use to go? Talk about it in small groups.

→ es. 6-12

Dopo le ferie

Dates, other than the 1st, are expressed as follows: article (*il / l'*) + number + name of the month (+ year), e.g. *il 30 marzo (2012)*.

! Italian uses *primo*, and not the number 1 (*uno*), for the 1st:
– *Che giorno è oggi?*
– *Oggi è il 1° (primo) agosto*.

The *Circumvesuviana* railway stretches for approximately 140 km, serving 96 stations around Vesuvius. Guided tours can be booked via the website www.too-to-trai.com.

The **imperfect tense** describes the context or background of an action in the past. The action itself is expressed using the **perfect tense**.

▶ **Learning Tips**

The following distinction will help you understand how to use the imperfect and perfect tenses. Descriptions with:
che cosa *era* = **imperfect**
che cosa *è successo* = **perfect**

Nel 1969 l'uomo è arrivato sulla Luna.

Quando avevo 8 anni, passavo le vacanze in montagna.

Ascoltiamo

10 Study the photos. Which Italian region did Monica and Laura visit for their holiday, do you think? Why do you think that?

11 Listen to Monica as she describes the holiday and put the photos in the correct order: 3 4 1 2

12 Now read Monica's account and try to guess what Laura did.

Siamo state sulla costiera amalfitana dal 18 luglio al 1° agosto. Ogni giorno visitavamo posti diversi. Siamo state ad Amalfi, a Positano, a Ravello. A pranzo io mangiavo sempre un gelato, sai com'è, faceva caldo e non avevo voglia di nient'altro. Laura invece …

La sera mangiavamo quasi sempre una pizza, chiaramente napoletana! E poi andavamo spesso a Sorrento a ballare. Ah, che belle serate. Una volta a Laura è venuta una crisi di fame alle quattro del mattino e …

Poi abbiamo scoperto la Circumvesuviana e abbiamo fatto delle escursioni interessanti. Questa è Pompei, poi siamo state ad Ercolano. A me piaceva molto andare in giro con una guida, a Laura invece …

Poi, avevamo voglia di provare i prodotti tipici, così abbiamo visto come si fa la pasta e abbiamo visitato alcune cantine e aziende agrituristiche. Abbiamo anche visto degli allevamenti di bufale. Ho assaggiato delle mozzarelle squisite, Laura invece …

13 Listen to the conversation. What did Laura do? Were you right?

Alla scoperta

14 Reread Monica's account and add the verbs to the correct part of the diagram below.

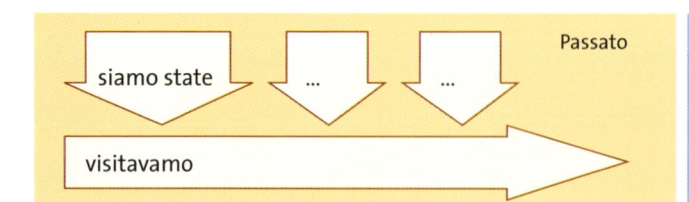

Passato: siamo state, …, …, visitavamo
Presente

Giochiamo

15 Take it in turns to toss a coin. Heads: say what you used to do when you were the ages below; tails: say what happened in your life or in the world in the years listed below.

8 / 15 / 20 / 26 / 30 / 40 / … anni • 1969 – 1974 – 1989 – 1996 – 2002 – 2011 …

→ es. 13-18

Arrivederci!

Alla scoperta

16 Listen to the recording and study the pictures. Then, use an element from the right and one from the left to make sentences.

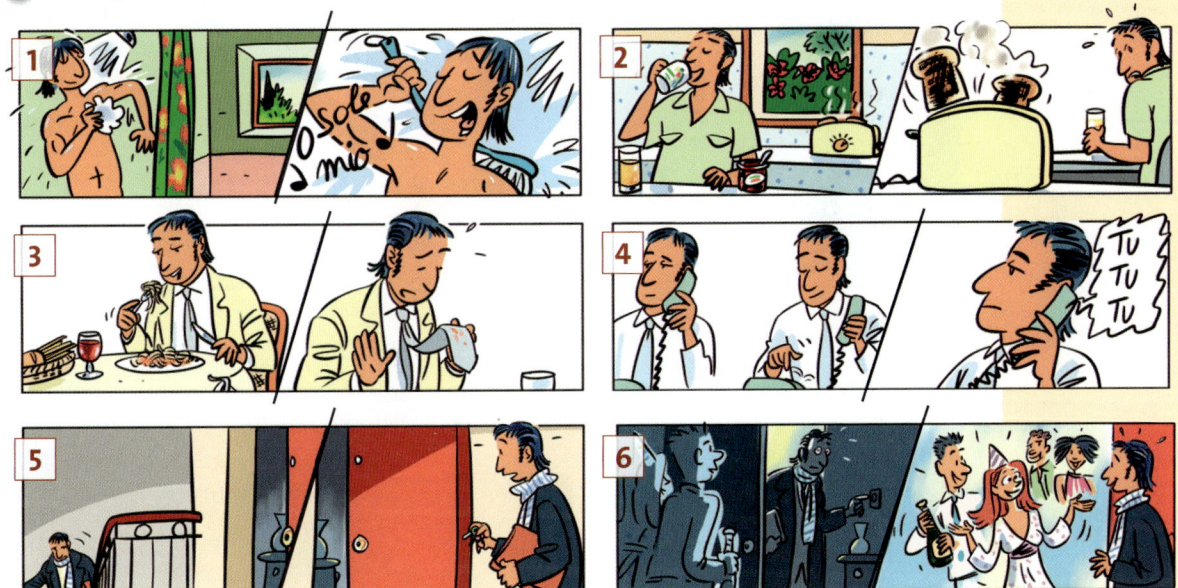

Fabrizio l'altro giorno ...

mentre faceva la doccia,	era sempre occupato.
mentre faceva colazione,	ha scoperto la festa a sorpresa.
mentre pranzava al ristorante,	si è sporcato la cravatta.
quando telefonava a Simona,	ha trovato la porta aperta.
quando è arrivato a casa,	cantava allegramente.
quando ha acceso la luce,	ha bruciato i toast.

Un po' di più

17 Choose the correct form of the verb in each case.

1. Ogni mattina, quando Marco faceva colazione, **bruciava** / **ha bruciato** i toast.
2. Mentre andava al lavoro, **ascoltava** / **ha ascoltato** quasi sempre la radio.
3. Un giorno quando è tornato a casa, **vedeva** / **ha visto** la porta aperta.
4. Mentre entrava in casa, **sentiva** / **ha sentito** dei rumori.

Giochiamo

18 Chain game: one student uses the imperfect tense to say what he or she 'was' doing (using *mentre*) and another student adds an action in the perfect tense. A third student changes the verb of the last action into the imperfect tense (again, with *mentre*) and so on as in the example.

➤ Mentre studiavo italiano ...
● ... ho preso un caffè ...
■ Mentre prendevo il caffè ...

→ es. 19-24

Adverbs of time that indicate that actions were repeated or habitual (*spesso*, *sempre*, *di solito*, etc.) are usually used with the **imperfect tense**:
Di solito tornavo a casa verso le 7. ('I usually returned home around 7')

Expressions of time that indicate that an action occurred at a precise moment are used with the **perfect tense**:
Un giorno sono tornata alle 10 di sera.

L'Italia da vicino

Una vacanza diversa

Vuoi passare le vacanze in modo diverso, intelligente e solidale? Perché allora non fai una "vacanza-volontariato"?

Abbandonata l'idea della vacanza tutta sole e mare, sempre più giovani italiani partono per i campi estivi, per aiutare gli altri o per proteggere la natura, vivono insieme ad altri giovani italiani e stranieri e svolgono un'attività di volontariato. A questo affiancano o attività culturali o lo studio di una lingua oppure un po' di turismo tradizionale. Chi ha fatto quest'esperienza, sa che si tratta di vacanze straordinarie e che ha speso bene il suo tempo.

Le offerte sono tantissime: campi per la pace organizzati da *Mani Tese* o per la protezione degli animali e dell'ambiente grazie a *LIPU*, *Legambiente* e ad organizzazioni internazionali come il *WWF*, ma anche progetti di aiuto per i disabili o per i bambini. Solo il viaggio è, di solito, a carico del volontario.

Le vacanze, che spesso erano solo divertimento, per molti ora diventano un intenso momento di crescita.

19 Read the text and find the words needed to complete the table.

vacanze tradizionali	vacanze-volontariato
...	...

20 Does this type of holiday appeal to you? Do you know of any other kinds of volunteering holidays?

21 Has the kind of holiday that people take changed in your country? What did holidays use to be like and what are they like now? Talk about it in groups.

Ripassiamo

UNITÀ 2

Comunicazione

Talking about a holiday or trip

Tre anni fa sono stato a … con un viaggio organizzato.

La città è fantastica/splendida/stupenda.

Il centro storico mi è piaciuto moltissimo.

Mi sono divertito un mondo.

È un posto unico.

Asking and saying what the date is

• Che giorno è oggi?	• Il 30 marzo (2012).
	• L'11 aprile.
	• Oggi è il 1° (primo) agosto.

Talking about past events

Tre anni fa sono stato per la prima volta a Perugia.

Negli anni '50–'60 quando arrivava la domenica intere famiglie italiane partivano …

Ti alzavi presto o tardi?

Ogni giorno visitavano posti diversi.

Nel 1969 l'uomo è arrivato sulla Luna.

Quando avevo 8 anni, passavo le vacanze in montagna.

Grammatica

The perfect tense of *piacere*

Il villaggio mi è piaciuto poco.
Perugia mi è piaciuta molto.
Gli animatori mi sono piaciuti tanto.
Le isole ci sono piaciute moltissimo.

The imperfect and perfect tenses

Visitavamo sempre posti diversi.
Siamo stati ad Amalfi e Positano.

Prima si andava in vacanza con la famiglia.
Spesso passavo le ferie al mare.

L'anno scorso siamo andati in montagna.
Prima è arrivato Mario, poi Teresa.

Time expressions with *da* and *fa*

Io vado a Capo Rizzuto da cinque anni.
Qualche anno fa siamo stati alle Eolie.

The imperfect tense

anda- rimane- parti-	vo vi va vamo vate vano	essere	ero eri era eravamo eravate erano

fare - facevo, bere - bevevo, dire - dicevo

Quando ero giovane, andavo sempre a ballare.

Dependent clauses with *mentre* and *quando*

Mentre faceva la doccia, hanno bussato alla porta.
Mentre faceva la doccia, cantava.
Quando era bambino, andava sempre in montagna.
Quando telefonava a Laura, era sempre occupato.
Quando è arrivata a casa, ha trovato la porta aperta.

Cosa so fare?

Scheda di Autovalutazione dell'unità 2

Either mark the statements below with a ✔ to mean "I can do this well" or with an ⭕ to mean "I cannot do this well" and fill in the gaps.

☐	**1** I can use the verb *piacere* in the perfect tense.	Non ci .... la musica. Mi .... molto lo spettacolo. Le .... gli animatori del villaggio *Valtur*.
☐	**2** I can use time expressions with *da* and *fa*.	Sono in pensione .... (*due anni*) Sono andato in pensione .... (*due anni*)
☐	**3** I can use the perfect and imperfect tenses.	Io, da ragazzo, (*leggere*) .... molto, poi quando (*iniziare*) .... a lavorare, (*cambiare*) .... abitudini.
☐	**4** I can say the date.	.... agosto partiamo per le vacanze e rientriamo .... Oggi è .... marzo.
☐	**5** I can talk about holidays.	.... stati sulla costiera amalfitana. Ogni giorno visitavamo .... diversi. .... pranzo mangiavamo sempre al ristorante. La .... andavamo spesso a ballare. Ci siamo .... un mondo!
☐	**6** I can talk about past routines.	• Quando non lavoravi, ti .... presto o tardi? ▸ Mi .... sempre molto tardi, verso le 10. • Facevi colazione prima di uscire? ▸ No, ... solo un caffè. • .... tutte le sere? ▸ No, uscivo solo 2-3 volte a settimana.
☐	**7** I can form dependent clauses with *mentre* and *quando*.	Ieri .... ho visto Giuseppina, l'ho chiamata subito. .... cucinava, ascoltava la radio. .... ero giovane, giocavo a pallone.
☐	**8** I can use adverbs of time with verbs in the past tense.	Un .... ho trovato la porta di casa aperta. Di ...., non prendevo mai le ferie ad agosto.
☐	**9** I can remember how to form the imperfect tense of regular verbs.	andare: io ...., noi .... scrivere: lei ...., voi .... venire: tu ...., loro ....
☐	**10** I can remember how to form the imperfect tense of irregular verbs.	essere: io .... fare: tu .... bere: lui .... dire: voi ....

Go to page 269 to check your answers.

24 | ventiquattro   *Arrivederci!*

- Asking for information and permission
- Expressing willingness
- Describing clothes
- Making compliments
- The verb *dare*
- *c'era* and *c'erano*
- The absolute superlative
- The demonstrative adjectives *questo* and *quello*
- The preposition *di* + materials
- The perfect tense with direct object pronouns
- The adjective *bello*

UNITÀ 3

Ti sta benissimo!

Bit fieramilano 18 – 21 febbraio

1 Camilla is going to Milan for four days to attend the *Borsa internazionale del turismo* (International Tourism Trade Show). What should she pack?

2 Which items of clothing are normally worn in winter? Which in summer? What do you like your winter clothing to be made of? How about your summer clothing?

3 You are going away for the weekend. What do you pack?

lana • cotone • pelle • lino • seta • nylon

Metto un maglione pesante ...

Io, in valigia, metto un paio di pantaloni bianchi, di lino, due magliette colorate ...

edizioni Edilingua

Scusi, mi sa dire ...

Ascoltiamo

1 Mr Bottini is at the trade show's information desk. What does he ask?

- ○ come arrivare al padiglione 7
- ○ dov'è l'info point
- ○ l'elenco degli espositori
- ○ se ci sono espositori internazionali
- ○ dove c'è un servizio ristoro
- ○ se c'è una navetta per la stazione
- ○ gli orari della navetta

2 Read the dialogue. How does Mr Bottini ask for information? And for permission?

➤ Buongiorno, ho un appuntamento allo stand 48, padiglione 7. Mi sa dire dove lo trovo?
● Subito! Ecco, noi siamo qui. Deve andare dritto, l'ultimo padiglione a sinistra è il 7, dentro, poi, i corridoi sono tutti numerati.
➤ Grazie, posso tenere la piantina?
● Sì, certamente!
➤ E posso dare un'occhiata al catalogo?
● Prego!

➤ Un'altra domanda: ha l'elenco degli espositori, per favore?
● Sì, eccolo. Ci sono tutti gli espositori italiani e internazionali.
➤ Perfetto, e poi vorrei anche sapere se c'è una navetta per la stazione ferroviaria di Rho.
● Sì, Le do tutti gli orari.
➤ Grazie mille! ArrivederLa, signorina!
● Arrivederci.

3 Reread the dialogue. How is willingness expressed?

Subito!
Ecco ...

Alla scoperta

4 Read the dialogue again and complete the summary below.

Il signor Bottini chiede informazioni: cerca lo .... 48 del .... 7. La hostess gli spiega dove trovarlo e gli dà una .... Poi il signor Bottini dà un'occhiata al catalogo, chiede l'elenco degli .... e si informa sulla .... per la stazione ferroviaria di Rho.

5 Complete the table on the left by supplying the missing forms of the verb *dare*. Check your answers against the dialogue in exercise 2.

Parliamo

6 You are at the trade fair. Ask various classmates for information using the words provided on the left, as in the example.

➤ Scusi, ho il cellulare scarico, c'è un telefono pubblico, per favore?
● Mi dispiace, ma non lo so. Sono un visitatore anch'io.

➤ Sa dov'è un bar per un buon caffè?
● Là in fondo, lo vede?

→ es. 1-6

The *Borsa internazionale del turismo* (Bit) takes place every year in February at the *Fiera Milano* exhibition centre. It hosts exhibitors from over 150 countries around the world.

Dare

io	....
tu	dai
lui/lei/Lei	....
noi	diamo
voi	date
loro	danno

un servizio ristoro
un telefono pubblico
le toilette • un bar
la navetta per la stazione
un accesso a Internet • ...

26 | ventisei

Arrivederci!

Leggiamo

7 Read Laura's text message to Stefano. Who do you think dottor Del Ponte is?

> E allora? C'era tanta gente? Hai parlato con il dottor Del Ponte? La nostra home page è piaciuta?
> Un bacio, Laura

espositore • medico • investor relations • visitatore • steward • informatico • organizzatore • ...

8 Complete Stefano's e-mail by supplying the missing possessive adjectives.

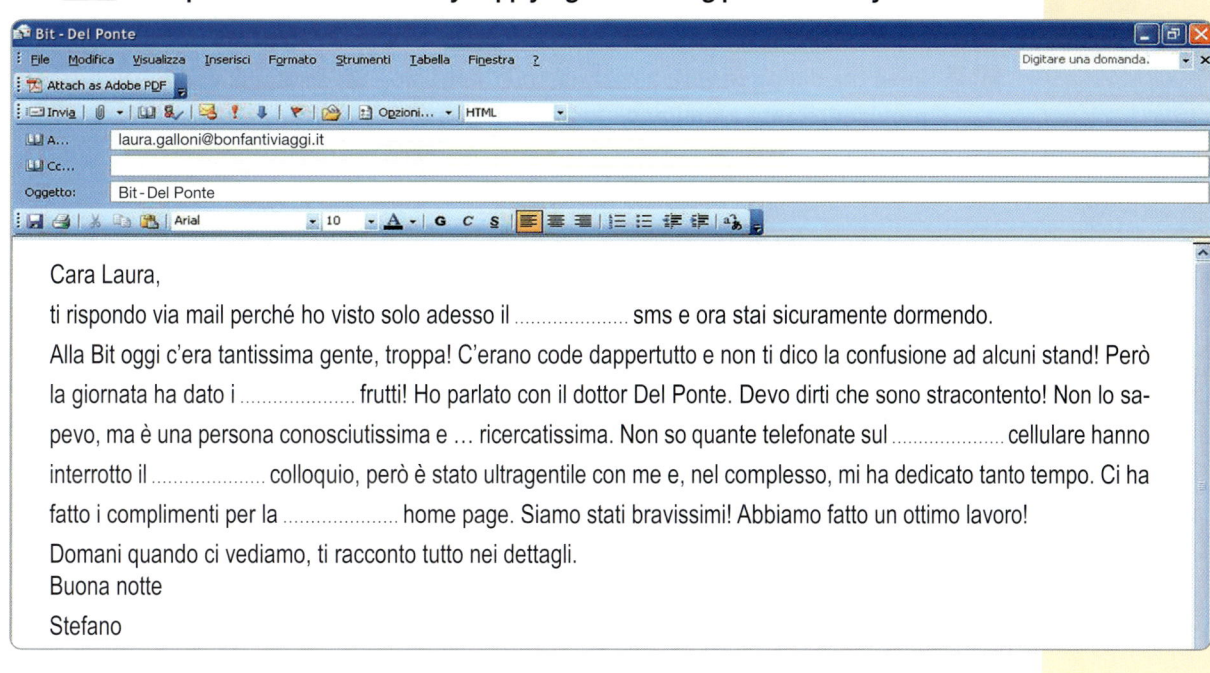

A...: laura.galloni@bonfantiviaggi.it
Oggetto: Bit - Del Ponte

Cara Laura,
ti rispondo via mail perché ho visto solo adesso il .... sms e ora stai sicuramente dormendo.
Alla Bit oggi c'era tantissima gente, troppa! C'erano code dappertutto e non ti dico la confusione ad alcuni stand! Però la giornata ha dato i .... frutti! Ho parlato con il dottor Del Ponte. Devo dirti che sono stracontento! Non lo sapevo, ma è una persona conosciutissima e ... ricercatissima. Non so quante telefonate sul .... cellulare hanno interrotto il .... colloquio, però è stato ultragentile con me e, nel complesso, mi ha dedicato tanto tempo. Ci ha fatto i complimenti per la .... home page. Siamo stati bravissimi! Abbiamo fatto un ottimo lavoro!
Domani quando ci vediamo, ti racconto tutto nei dettagli.
Buona notte
Stefano

You have already learnt possessive adjectives (see *Arrivederci! 1*, unit 9).

Alla scoperta

9 Reread the e-mail and complete the following sentences using *c'era* or *c'erano*.

1. Alla festa di Giusy .... anche Lorenzo e Filippo.
2. Scusa se ho fatto tardi, ma .... molto traffico in centro.

c'era / c'erano are the **imperfect tense** forms of *c'è / ci sono*.

10 In the e-mail, find the words that have the same meaning as the following.

molto contento = ... molto conosciuta = ... molto ricercata = ...
molto gentile = ... molto bravi = ... molto buono = ...

The absolute superlative:
– *molto* + adjective;
– adjective + *-issimo*;
– *stra-*, *ultra-*, ... + adjective.
❗ *buono* → *buonissimo / ottimo*

11 Complete the absolute superlatives below.

• Questa fiera è interessantissim...... .
• Le signorine all'info point sono gentilissim...... .
• I visitatori sono tantissim...... .
• Questo stand è grandissim...... .

– adverb + *-issimo*.
Sto benissimo. / Sono vicinissimo.

Giochiamo

> Visita in fiera! Pronti, partenza, via!

12 You have three minutes to write as many sentences as possible on a topic chosen by your teacher. Each sentence must contain a superlative and the person with most sentences wins.

visita in fiera
breve viaggio
visita in un museo • ...

→ es. 7-9

edizioni Edilingua · ventisette | **27**

Facciamo shopping!

The name for a polo neck jumper in Italian is **il dolcevita**, taking its name from the Fellini film *La dolce vita*. The main character Marcello Rubini, played by Marcello Mastroianni, wears a polo neck in the film.

Questo and *quello*, whether acting as adjectives or as pronouns, agree with the noun they refer to.

- **questo**
  questa gonna (adjective)
  questa è più bella (pronoun)
- **quello**
  quel maglione (adjective)
  quello in vetrina (pronoun)

When used in front of a noun, **quello** behaves like **bello** (see page 29).

If the direct pronouns **lo, la, li, le** precede a verb in the **perfect tense** that uses the auxiliary **avere**, the past participle must agree with the pronoun. With the pronouns **mi, ti, ci, vi** agreement is optional: *Carla, chi ti ha accompagnato/a?*

Ascoltiamo

13 Listen to the conversation and decide which of the statements below are true.

1. ⊘ Anna non compra il vestito perché non le piace il colore.
2. ⊘ Secondo Anna, il vestito in vetrina è troppo elegante.
3. ○ Anna desidera comprare un vestito elegante.
4. ○ Anna non vuole prendere una gonna.
5. ⊘ Anna ha provato una gonna, però era troppo larga.
6. ○ Anna prova una gonna bianca e forse la compra.

14 Read the dialogue with a partner and then, using the example and the words provided, create a similar dialogue of your own.

▸ Allora? Quale vestito compri?
• Non so ... Questo è bello, però il colore non mi convince.
▸ E quello in vetrina non ti piace?
• Sì, è un bel vestito, ma troppo elegante.
▸ Perché allora non prendi una gonna?

• Allora? Quale camicetta compri?
■ Non so ... Il colore di questa è bello, ma il modello non mi convince. ...

• Questa qui l'ho già provata, è troppo larga.
▸ E quella là bianca? È molto bella.
• Mmh, va bene, adesso la provo.
▸ Allora? Come ti sta? ... Stai benissimo!
• Dici?
▸ Sì, sì. Ti sta proprio bene!

pantaloni • camicetta • maglietta
maglione • dolcevita • modello • corto
sportivo • casual • lungo • stretto

Alla scoperta

15 Reread the dialogue (exercise 14) and complete the tables.

Vicino

	singolare	plurale
maschile	questo	questi
femminile	questa	queste

Lontano

	singolare	plurale
maschile	quello	quelli
femminile	quello	quelle

16 Complete the following questions by supplying the correct demonstrative adjective ending.

1. Quale giacca vuoi? Questa qui o quella là?
2. Che scarpe provi? Queste nere o quelle là rosse?
3. Quali pantaloni ti piacciono di più? Questi o quelli?
4. Che camicia metti? Questa a righe o quella a quadretti?

17 Study the example and complete the sentences.

1. Questa (gonna) qui l'ho già provata ed è troppo larga.
2. Anna voleva un vestito, ma non l'ha trovato.
3. C'erano due vestiti, ma non li ha neanche provati.
4. Ha visto poi due gonne e le ha provate.

→ es. 10-16

28 | ventotto

Arrivederci!

Leggiamo

18 Read the text and decide which of the expressions below could be used to compliment Giulia.

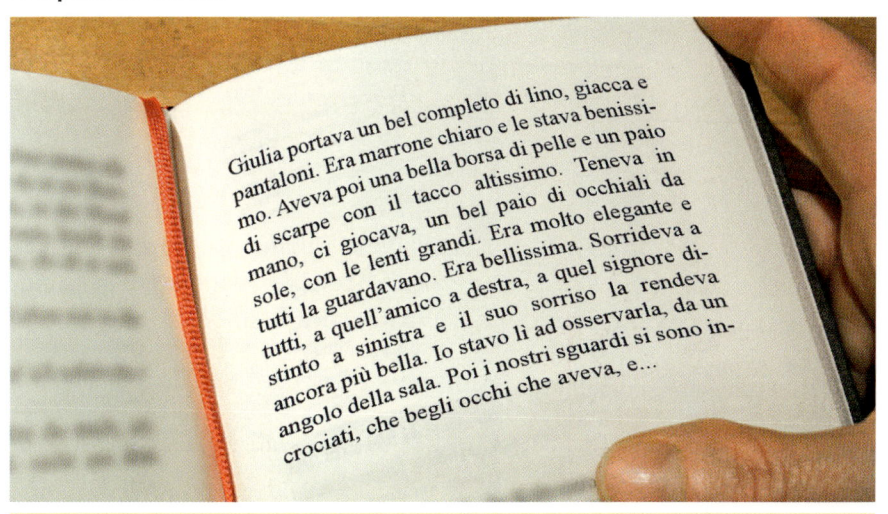

> Giulia portava un bel completo di lino, giacca e pantaloni. Era marrone chiaro e le stava benissimo. Aveva poi una bella borsa di pelle e un paio di scarpe con il tacco altissimo. Teneva in mano, ci giocava, un bel paio di occhiali da sole, con le lenti grandi. Era molto elegante e tutti la guardavano. Era bellissima. Sorrideva a quell'amico a destra, a quel signore distinto a sinistra e il suo sorriso la rendeva ancora più bella. Io stavo lì ad osservarla, da un angolo della sala. Poi i nostri sguardi si sono incrociati, che begli occhi che aveva, e...

Stai benissimo!	Non sei in forma, come mai?
Come siamo eleganti stasera!	Questo completo non ti sta bene.
Sei stata bravissima!	Che bel completo. Ti sta benissimo!
Sei bellissima! Complimenti!	Ti trovo bene! Sei stupenda!
Hai fatto un ottimo lavoro!	

Now complete the table on the right.

19 Reread the text. What do you think happens next? Divide into small groups to think of some ideas and then write, or role-play, your ending.

Parliamo

20 Pay some of your classmates a compliment. If you decide to use *bello*, study the table on the right to ensure you choose the correct form.

Stai benissimo con questo vestito tutto colorato! Originale!

Che bell'abito! È elegantissimo stasera!

→ es. 17-25

---

di + material:
di cotone ('cotton') / **di lana** ('wool') / **di seta** ('silk') / **di pelle** ('leather') / **di nylon** ('nylon').
Portava un bel completo di lino.
('She was wearing a lovely linen suit')
Portava una bella borsa di pelle.
('She was carrying a lovely leather bag')

When **bello** appears in front of a noun ...

masc. sing.	masc. plu.
... that begins with a **consonant**	
....	bei
... that begins with a **vowel**	
bell'	....
... that begins with an **s + consonant**, or **z, ps, gn, x, y**	
bello	....

fem. sing.	fem. plu.
... that begins with a **consonant**	
....	belle
... that begins with a **vowel**	
bell'	belle

! The demonstrative adjective **quello** follows the same rules as the adjective **bello**.

L'Italia da vicino

Milano, una città che cambia

Milano: il Duomo, il Cenacolo, il grattacielo Pirelli, il celebre Quadrilatero della moda, la vita frenetica, lo smog ...

Milano sta cambiando, ma è sempre più decisa a conservare il suo ruolo di capitale della moda. Uno tra i grandi progetti in cantiere è la costruzione della Città della Moda, prevista nell'area Garibaldi-Isola-Varesina, per offrire competenze e soluzioni manageriali, culturali e tecniche nel mondo della moda.

Il progetto prevede anche un centro didattico e di ricerca, il *Milano Fashion Institute*, frutto della collaborazione di tre importanti università milanesi: Bocconi, Cattolica e Politecnico.

The Cube (foto in alto) è il nome scelto per l'edificio che ospita il centro di alta formazione. Progettato dall'architetto Pierluigi Nicolin, ha un'altezza di 30 metri, ben cinque piani, e copre una superficie di 9000 mq.

Nuovo Polo di Fiera Milano, area di Pero-Rho

Progetto City Life, sull'area del vecchio centro fieristico

21 What things do you associate with Milan? Add to the list above (top right hand side of the page).

22 Study the photos and read the text. How do you feel about a Milan with skyscrapers, towers and modern buildings?

23 Which cities in your country resemble Milan? Talk about it with your classmates. Do any of you like modern cities? Who doesn't like them? Why?

Secondo me, Saragozza non ha tanto approfittato dell'Expo ...

Beh, Praga è famosissima per la sua architettura.

Arrivederci!

Ripassiamo

UNITÀ 3

Comunicazione

Asking for information

Mi sa dire dove trovo il padiglione 7?	C'è un telefono pubblico, per favore?
Ha l'elenco degli espositori?	Sa dov'è un bar per un buon caffè?
Vorrei sapere se c'è una navetta per la stazione ferroviaria.	

Asking for permission

Posso tenere la piantina?	Posso dare un'occhiata al catalogo?

Expressing willingness

Subito!	Sì, certamente!
Ecco ...	Prego!

Making compliments

Stai benissimo!	Come siamo eleganti stasera!
Sei stata bravissima!	Sei bellissima! Complimenti!
Hai fatto un ottimo lavoro!	Che bel completo. Ti sta benissimo!
Ti trovo bene! Sei stupenda!	

Grammatica

Dare

io	do
tu	dai
lui/lei/Lei	dà
noi	diamo
voi	date
loro	danno

C'era and c'erano

Alla Bit oggi *c'era* tantissima gente.
C'erano code dappertutto.

Questo Quello

	sing.	plu.	sing.	plu.
masc.	questo	questi	quello	quelli
fem.	questa	queste	quella	quelle

The absolute superlative

adjective + -issimo	bra**vissimo**
molto + adjective	**molto** caro
stra-, ultra-, ... + adjective	**stra**pieno
buono – buon**issimo** / **ottimo**	
Sono uomini famosissimi.	
Stai benissimo.	

Quello + noun

	masc. sing.	masc. plu.
before a consonant	quel ragazzo	quei ragazzi
before a vowel	quell'albergo	quegli alberghi
before an s + consonant, z, ps, gn, x, y	quello studio	quegli studi

	fem. sing.	fem. plu.
before a consonant	quella ragazza	quelle ragazze
before a vowel	quell'amica	quelle amiche

Bello + noun

	masc. sing.	masc. plu.
before a consonant	un bel ragazzo	dei bei ragazzi
before a vowel	un bell'albergo	dei begli alberghi
before an s + consonant, z, ps, gn, x, y	un bello studio	dei begli studi

	fem. sing.	fem. plu.
before a consonant	una bella ragazza	delle belle ragazze
before a vowel	una bell'amica	delle belle amiche

The perfect tense with direct object pronouns

Non ha trovato il vestito che cercava.	⇨	Non l'ha trovato.
Ho già provato questa gonna.	⇨	Questa l'ho già provata.
Ha provato due gonne.	⇨	Le ha provate.
Ho chiesto alcuni cataloghi.	⇨	Li ho chiesti alla hostess allo stand.
I miei ci hanno chiamato/chiamati ieri sera da Torino.		

The preposition di + materials

di cotone/lana/seta/pelle/nylon

una bella borsa di pelle

una maglia di lana

edizioni Edilingua — trentuno 31

Cosa so fare?

Scheda di Autovalutazione dell'unità 3

Either mark the statements below with a ✔ to mean "I can do this well" or with an ◯ to mean "I cannot do this well" and fill in the gaps.

☐	**1** I can ask for information.	Scusi, mi .... dire dov'è lo stand 7? Vorrei sapere .... un servizio ristoro.
☐	**2** I can ask for permission.	Scusi, ...?
☐	**3** I can express willingness.	▸ Mi può dare l'elenco degli espositori? • Subito! .... lo. ▸ Posso tenere la cartina? • Sì, ...!
☐	**4** I can describe clothes.	Il vestito è bello, il colore non .... Questa gonna è troppo .... Posso provare una taglia più piccola?
☐	**5** I can make compliments.	Che bel vestito! Ti .... benissimo! Hai fatto un .... lavoro! Ti .... in forma! Sei stupenda!
☐	**6** I can use the perfect tense with direct object pronouns.	Volevo comprare degli stivali, ma non (*trovare*) .... Poi ho visto un paio di scarpe eleganti e (*comprare*) ....
☐	**7** I can use *questo* and *quello*.	Vorrei vedere .... camicetta in vetrina. Quali pantaloni ti piacciono di più? A me .... qui.
☐	**8** I can use *quello* and *bello* in front of a noun.	Che .... occhiali! Sono nuovi? Come si chiama .... ragazzo?
☐	**9** I can form the absolute superlative of adjectives.	La sua casa è ....: 4 camere da letto, cucina abitabile, soggiorno, due bagni e 3 balconi. La moglie dell'avvocato Merli è ....: ha solo 20 anni!
☐	**10** I can conjugate the verb *dare* in the present tense.	....

Go to page 269 to check your answers.

32 | trentadue   *Arrivederci!*

- The parts of the body
- Describing people
- Giving advice
- Talking about health
- Talking about aches, pains and physical problems
- Ordinal numbers
- The imperative (*tu*, *noi*, *voi*)
- The negative imperative
- Constructions with *si* (revision)
- Nouns ending in *-ista*, *-co* / *-go* and *-io*
- The verbs *sapere* and *potere*

UNITÀ 4

Mi sento bene

Una mela al giorno toglie il medico di torno!

1 What do the people in the photos do to stay fit and well?

Una persona prende un'aspirina.
...

fare i massaggi / i fanghi / ...
fare ginnastica/yoga/meditazione ...
seguire un'alimentazione sana
essere a dieta ...
prendere le vitamine / un'aspirina / uno sciroppo / ...
dormire molto

2 What do you do to stay fit and well?

Per sentirmi bene faccio yoga.

Io, a volte, faccio i fanghi.

Per mantenermi in forma faccio ginnastica tre volte alla settimana.

edizioni Edilingua

trentatré | 33

Il corpo umano

Ascoltiamo

1 Listen to the recording and look at the photos. Then, match each text to a photo.

a

1° esercizio, per le gambe e le braccia
In piedi, aprite le gambe. Piegate la gamba destra e tenete la sinistra tesa. Alzate il braccio sinistro e allungate tutto il corpo verso destra. Ripetete dall'altra parte.

b

2° esercizio, per le gambe
A gambe unite e tese, alzate le braccia e poi toccate con le mani la punta dei piedi senza piegare le ginocchia. Ripetete 10 volte.

c

3° esercizio, per il petto
In piedi, aprite le gambe, alzate e piegate le braccia a 90° (novanta gradi). Aprite e chiudete le braccia 10 volte.

1° = primo	6° = sesto
2° = secondo	7° = settimo
3° = terzo	8° = ottavo
4° = quarto	9° = nono
5° = quinto	10° = decimo

From 11 onwards all ordinal numbers end in *-esimo*: cardinal number (minus the final vowel) + *-esimo*. For example:
11° = undicesimo
12° = dodicesimo
Exceptions:
33° = trentatreesimo
46° = quarantaseiesimo

! Some parts of the body are irregular in the plural:
il braccio – le braccia
la mano – le mani
il dito – le dita
l'orecchio – gli orecchi / le orecchie
il ginocchio – i ginocchi / le ginocchia

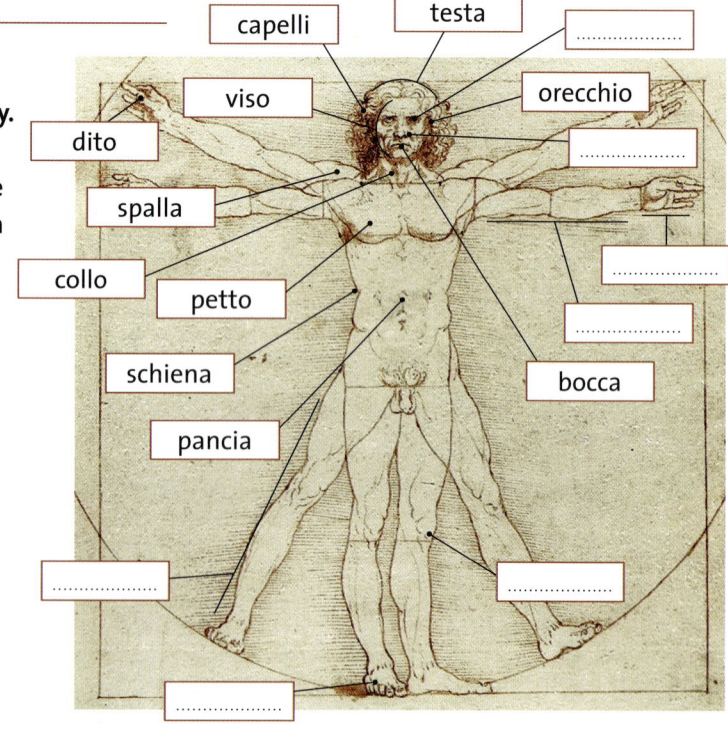

Leonardo Da Vinci's **Uomo vitruviano** ('Vitruvian Man', 1490) is housed in the **Gallerie dell'Accademia** in Venice. It is a study of human proportions and appears on Italian one Euro coins.

2 Listen again and do the exercises described.

Alla scoperta

3 Read the names of the parts of the body. Finish labelling the picture choosing the words required from the list provided.

- naso
- occhio
- mano
- piede
- gamba
- braccio
- ginocchio

Labels: capelli, testa, viso, orecchio, dito, spalla, collo, petto, schiena, pancia, bocca

Parliamo

4 What do you think Leonardo's *Uomo vitruviano* looked like in the flesh?

| alto – basso | magro – grasso | capelli corti – capelli lunghi |
| giovane – anziano | capelli scuri – capelli chiari | occhi marroni, azzurri ... |

● Per me, l'*Uomo vitruviano* ha i capelli chiari e lunghi. Ha gli occhi marroni. È alto ...

■ No, non è alto. Le gambe sono corte ...

→ es. 1-7

34 | trentaquattro *Arrivederci!*

Alla scoperta

5 Maria is giving instructions. What is she instructing Paolo to do and not to do?

Non fare così!
Chiudi le gambe!
Apri le mani!
Piega la testa in avanti.
Non piegare la schiena!

Paolo deve … / non deve …

6 Look at exercises 1 and 5 again and then complete the table.

	Imperativo		
Infinito	*tu*	*noi*	*voi*
pieg**are**	....	piegh**iamo**	....
chiud**ere**	....	chiud**iamo**	....
apr**ire**	....	apr**iamo**	....

Un po' di più

7 Study the table on the right and complete the following using the correct form of the imperative in each case.

1 *andare*, voi .... in bicicletta, non è lontano!
2 *prendere*, noi .... l'ombrello! Piove.
3 *chiudere*, tu .... la porta! Grazie!
4 *dire*, tu .... a Gianluca di venire qui!

8 Rewrite the following in the negative.

1 Segui me! ....
2 Finite il lavoro adesso! ....
3 Va' via! ....
4 Guarda cosa fa. ....

Giochiamo

9 It's your turn now: with a partner, using the imperative, write the instructions for a short workout consisting of three exercises. Each group of two will take it in turns to instruct other groups to do their workout. Have fun!

Primo esercizio, per le gambe: in piedi, alzate la gamba destra, ma non piegate il ginocchio! Poi …

→ es. 8-14

UNITÀ **4**

▶ *Learning Tips*

Add to your dictionary: glue a photo of yourself or of a classmate (in an unusual or funny pose) onto a sheet of paper. Label as many parts of the body as you can in Italian.

The *noi* and *voi* forms of the imperative are the same as the *noi* and *voi* forms of the present tense.
The *tu* forms of the imperative of *-ere* and *-ire* verbs are also the same as their present tense forms!

The imperative of irregular verbs (*tu*):

fare   fai/fa'
andare   vai/va'
stare   stai/sta'
dare   dai/da'
dire   di'

❗ Negative imperative:
– *tu*:
  non + infinitive:
  Non piegare le ginocchia!
  ('Don't bend your knees!')
– *noi* and *voi*:
  non + imperative:
  Non mangiamo oggi!
  Non alzate le braccia!

edizioni Edilingua — trentacinque | 35

S.O.S. dottore!

Ascoltiamo

10 Look at the pictures, listen to the recording and complete the following.

1. Dottore non ....
   Allora, vediamo un po', dove Le fa male? Le fa .... qui?
   No, dottore!

2. Ha mal di ....?
   Ha .... di ....?
   No, dottore!

3. Ha la febbre? Ha mal di ....?
   No, dottore!

4. Ha mal d' ....?
   No, dottore!

5. No, dottore!

6. No, dottore!
   Mmh?
   Allora: deve andare a casa, deve rilassarsi, dormire e ... poi Le passa tutto!

🇮🇹 In Italy every citizen chooses his or her own *medico di famiglia* ('GP') via the *Azienda Sanitaria Locale* ('local health unit'). At night, on Sundays and on public holidays, people can call the *Guardia Medica* ('doctor on call') or go to the *Pronto soccorso* ('A & E'). GPs and the doctor on call will also do home visits.

Giochiamo

11 Mime the symptoms and give advice, as in the examples.

Hai la tosse? Prendi uno sciroppo!

Hai il raffreddore? Bevi molto!

Hai preso una scottatura? Metti una crema!

Sintomi:
mal di testa • mal di pancia • mal di gola
febbre • tosse • mal di schiena • raffreddore
mal di denti • mal d'orecchi • scottatura

Consigli:
prendere le compresse / i granuli omeopatici / le gocce / ...
dormire • telefonare al dottore/dentista • andare in farmacia
mettere la crema / un doposole • prendere un tè / delle vitamine / ...

You have already learnt constructions with *si* (see *Arrivederci! 1*, unit 12).

Scriviamo

12 Rewrite the advice from exercise 11 using the constructions with *si* as in the example.

Quando si ha la febbre si può prendere un'aspirina.

→ es. 15-20

36 | trentasei   *Arrivederci!*

Leggiamo

13 What parts of the body do you think people most often ask cosmetic surgeons to improve?

14 Read the text and use the words it contains to complete the word diagrams.

> Due nuove professioni fanno ormai parte della nostra realtà: quella dell'estetista e quella del chirurgo plastico. Uomini e donne, giovani e non, frequentano centri estetici o beauty-farm. Trucco permanente, fanghi, iniezioni di botox per un viso senza rughe, massaggi anticellulite sono alcuni dei trattamenti offerti. Altri si rivolgono invece ad un chirurgo: gli interventi di chirurgia plastica (per naso, seno, orecchie, gambe, pancia ecc.) possono contribuire ad aumentare la fiducia in se stessi e a far accettare il proprio corpo. Chi si decide per un intervento, deve saper valutare bene: non può avere aspettative irreali, deve informarsi bene sull'intervento e deve saper scegliere anche il chirurgo esperto.

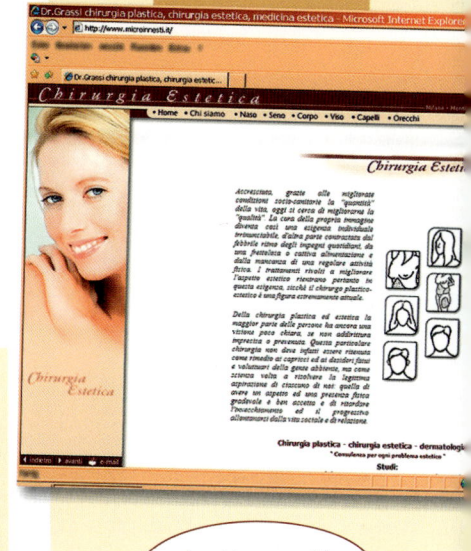

15 Reread the text and decide whether the statements below are true or false.

		vero	falso
1	Solo le donne fanno interventi di chirurgia estetica.	○	○
2	L'estetista sa fare i massaggi anticellulite.	○	○
3	L'estetista non sa fare interventi di chirurgia plastica.	○	○
4	Il chirurgo può migliorare l'aspetto di una persona.	○	○
5	Le aspettative di alcuni pazienti possono essere irreali.	○	○
6	Si deve saper scegliere il chirurgo giusto.	○	○

Alla scoperta

16 Reread the sentences from exercise 15 and complete the following rule explaining the difference between *sapere* and *potere*.

1 .... = avere la possibilità, perché le circostanze lo permettono, di fare qualcosa.

2 .... = essere capace, grazie alle proprie conoscenze, di fare qualcosa.

17 Complete each of the following with the appropriate form of *sapere* or *potere*.

1 Luisa .... fare i massaggi, però non .... farli in un centro estetico: non è estetista!
2 Non si .... cambiare completamente l'aspetto di una persona.
3 Non tutti i chirurghi .... fare interventi di chirurgia plastica.
4 Un chirurgo plastico .... migliorare l'aspetto di una persona.

Parliamo

18 What do you know about plastic surgery? What is the situation in your country? Are there taboos surrounding plastic surgery or do people talk about it openly?

→ es. 21-25

---

trattamenti estetici

nuove professioni

interventi di chirurgia plastica

! For nouns ending in *-ista*, the plural ends in *-isti* if masculine and in *-iste* if feminine:
– l'estetista – gli estetisti
('beautician') – le estetiste

Nouns ending in *-co* / *-go*:

singular	plural
-co/-go	*-ci/-gi*
medico	medici
-co/-go	*-chi/-ghi*
chirurgo	chirurghi

Nouns ending in *-io*:

singular	plural
-io	*-i*
occhio	occhi
-io	*-ii*
zio	zii

---

edizioni Edilingua | trentasette | 37

L'Italia da vicino

Wellness ovvero soggiorni benessere

Per dedicare tempo a se stessi e dare nuova energia allo spirito.

Per purificare la pelle del viso stressata da smog e vento.

Per mantenere il corpo in forma, liberarlo dai chili presi nei mesi invernali e sentirsi di nuovo bene.

Sono tante le possibilità di soggiorni benessere in Italia, c'è solo da scegliere. Si può andare al mare o in montagna, alle terme o in collina e provare i trattamenti che fanno ringiovanire il corpo: tra questi, ecco gli scrub efficaci, i peeling alla mela, la maschera viso alle ciliegie contro le rughe, i massaggi per una pelle morbida e luminosa o per tonificare i muscoli con un particolare lettino vibrante. Provate! È l'occasione per staccare e ritornare, poi, ai mille impegni con nuova vitalità.

Parole da sapere

Percorso Kneipp
immersioni in acqua calda e fredda – per la circolazione delle gambe.

Massaggio con lettino vibrante
lettino che vibra, ottimo per rilassare i muscoli.

Scrub
trattamento a base di sostanze naturali per eliminare le cellule morte – per una pelle liscia e luminosa.

Talassoterapia
trattamento di bellezza con elementi marini – acqua salata, alghe e fanghi.

Peeling
trattamento a base di acidi della frutta. Stessa funzione dello scrub.

---

19 Read the texts. What are the natural treatments mentioned? Do you know of any others? Which ones?

20 What can you do to improve how you feel without spending money? Talk about it with your classmates.

camminare • rilassarsi con la musica • fare un bagno caldo • ridere spesso • salire le scale di casa senza prendere l'ascensore • ...

21 What do you associate with the word 'wellbeing'? A day of relaxation? A stay at a health farm? Work with a partner to create a personalised treatment plan.

Al lavoro, noi stiamo tanto tempo in piedi. Vogliamo fare il "percorso Kneipp" ...

Noi restiamo a casa, in giardino ... Leggiamo, poi ...

Noi andiamo al mare, in Toscana. Vogliamo prenotare un trattamento di "talassoterapia" ...

Ripassiamo

UNITÀ 4

Comunicazione

Talking about healt

| Mi sento bene. | Dormo molto. | Per mantenermi in forma faccio ginnastica. |
| Io prendo le vitamine. | Per sentirmi bene faccio yoga. | Seguo un'alimentazione sana. |

Describing people

| È alto/a (basso/a). | È magro/a (grasso/a). | È giovane (anziano/a). |
| Ha i capelli lunghi/corti. | Ha i capelli scuri/chiari. | Ha gli occhi marroni/azzurri … |

Talking about aches, pains and phisical problem

| Ho mal di testa / di gola / d'orecchi / di pancia / di schiena / di denti. |||
| Ho la febbre / il raffreddore / la tosse. || Ho preso una scottatura. |

Giving advice (about health)

Prendi le compresse / i granuli omeopatici / le gocce.	Dormi.
Telefona al dottore/dentista.	Vai in farmacia.
Metti una crema / un doposole.	Prendi un tè / delle vitamine.

Grammatica

Ordinal number

| 1° primo | 3° terzo | 5° quinto | 7° settimo | 9° nono |
| 2° secondo | 4° quarto | 6° sesto | 8° ottavo | 10° decimo |

from 11 onwards: cardinal number + *esimo*

11° undic*e*simo   13° tredic*e*simo
12° dodic*e*simo   14° quattordic*e*simo
23° ventitr*ee*simo   46° quarantas*ei*esimo

The irregular imperative (*tu*)

fare	fai/fa'	dare	dai/da'
andare	vai/va'	dire	di'
stare	stai/sta'		

The negative imperative

| tu | noi | voi |
| Non entrare! | Non entriamo! | Non entrate! |

The imperative

	tu	noi	voi
entr*are*	entr*a*	entr*iamo*	entr*ate*
prend*ere*	prend*i*	prend*iamo*	prend*ete*
part*ire*	part*i*	part*iamo*	part*ite*
sapere	sappi	sappiamo	sappiate
tenere	tieni	teniamo	tenete
venire	vieni	veniamo	venite

The parts of the body

la mano	le mani
singular (masc.)	plural (fem.)
il braccio	le braccia
il dito	le dita
singular (masc.)	plural (masc. or fem.)
l'orecchio	gli orecchi / le orecchie
il ginocchio	i ginocchi / le ginocchia

The verbs *sapere* and *potere*

Posso guidare la macchina di papà, mi ha dato il permesso!

So guidare, ho la patente.

Nouns ending in -*co* and -*go*

singular	plural
me̱di*co* / aspara*go*	me̱di*ci* / aspara*gi*
par*co* / chirur*go*	par*chi* / chirur*ghi* ❗ ami̱co - ami̱ci

Nouns ending in -*ista*

| masc. and fem. sing. | masc. plu. | fem. plu. |
| estetist*a* | estetist*i* | estetist*e* |

Nouns ending in -*io*

| singular || plural ||
| occhio | zio | occhi | zii |

edizioni Edilingua

Cosa so fare?

Scheda di Autovalutazione dell'unità 4

Either mark the statements below with a ✔ to mean "I can do this well" or with an ○ to mean "I cannot do this well" and fill in the gaps.

☐	1 I can talk about health.	➤ Cosa fai per .... in forma? • Cerco di seguire un'............................ sana. E tu? ➤ Io per .... bene, faccio yoga e .... delle vitamine.
☐	2 I can talk about aches, pains and physical problems.	1 .... 2 .... 3 ....
☐	3 I can describe people.	Mariella è .... 1,75 ed è molto ...., porta la taglia 40. Ha i .... biondi e gli .... verdi.
☐	4 I can use the imperative to give advice.	Se hai mal di testa, ... un'aspirina. Se non ti senti bene, ... in ufficio domani. Mamma, papà, vi vedo stressati: .... un soggiorno benessere a Fiuggi.
☐	5 I can use irregular forms of the imperative.	(*fare*) .... in fretta! Ti stanno aspettando. (*andare*) Adesso ...., sei già in ritardo!
☐	6 I can remember the ordinal numbers.	1° = ... / 4° = ... / 7° = ... 10° = ... / 14° = ... 43° = ... / 76° = ...
☐	7 I can remember the distinction between when to use *sapere* and when to use *potere*.	Tu .... se vengono in macchina o a piedi? Marco .... guidare, ha preso la patente a marzo. Io non .... guidare perché ho bevuto un po'.
☐	8 I can form the plural of nouns ending in *-ista*.	Dolce e Gabbana sono due noti .... italiani. Conosco due ...., Grazia e Rita, che lavorano al *Corriere della Sera*.
☐	9 I can form the plural of nouns ending in *-co* and *-go*.	fungo – .... / amico – .... / dialogo – .... elenco – .... / lago – .... / tacco – ....
☐	10 I can form the plural of the words for parts of the body.	il braccio – .... / il ginocchio – .... l'orecchio – .... / il dito – ....

Go to page 269 to check your answers.

40 | quaranta | *Arrivederci!*

Facciamo il punto? 1

- Let's have fun reviewing our work (units 1 – 4)

1 Look at the pictures and put the texts in the correct order. Then, create your own ending for the story.

a Ho pensato: magari vuole prendermi la borsa. L'uomo veniva verso di me. Era sempre più vicino. Io lo guardavo e non mi muovevo. Era un bell'uomo, portava un dolcevita di cotone, una giacca leggera, dei pantaloni casual ...

b Cos'era? Fortunamente avevo il cellulare con me, nella borsa ... beh, noi donne abbiamo sempre la borsa, no? Dentro la borsa di una donna c'è un mondo intero: il portafoglio, le chiavi, gli occhiali da sole, qualche crema, il profumo ...

c La spiaggia di notte non è un posto sicuro per una donna, ma non per una come me! Sono cintura nera di karate. Mi sono girata e ho visto un uomo: non mi sentivo più tanto sicura di me stessa e del mio karate ...

d Era una bellissima notte d'estate: in cielo c'erano tante stelle, si stava bene. Io guardavo il mare, ero in vacanza, lontano dallo stress e volevo gustare ogni minuto. Poi un rumore ha disturbato quella pace.

2 Divide into two groups: each group will sketch out the table below on a sheet of paper and complete it with as many verbs as possible (remembering to also supply the infinitives) from exercise 1.

Imperfetto	Infinito	Passato prossimo	Infinito
era	essere	ha disturbato	disturbare
...	...	...	...

edizioni Edilingua

quarantuno | 41

3 Divide into small groups to play this game: a proverb will be revealed!

You will need one die and some counters. Players take it in turns to roll the die and move their counter around the board; players must follow the instructions written on the squares they land on. The words revealed by correctly following the instructions on squares 12, 25 and 36 are needed to complete the proverb below. The first person to reach the end and reveal the three words wins.

.... n° 12 .... n° 25 CHE .... n° 36 ....

6	7
Quando è la Festa del Lavoro?	Completate. *Tre anni .... ho conosciuto Paolo. Vivo a Roma .... tre mesi.*
5	24
Completate con la forma giusta di *quello*. ... ragazzo / ... ragazzi ... uomo / ... uomini	Dite tre dolori o problemi fisici.
4	23
Completate. *La torta? Sì, ... ho assaggiat...... È molto buona.*	Qual è l'espressione estranea? *di cotone – di pelle di lana – di sera*
3	22
Completate. uscire: *io ... , lui ... , noi ...* dare: *tu ... , voi ... , loro ...*	Raccontate. *Una volta, quando ero bambino, ...*
2	21
Trasformate al passato prossimo. *Ti piace Venezia?*	Una vostra amica ha fatto un lavoro per voi e lo ha fatto molto bene. Cosa le dite?
1	20
Rispondete. *Cosa fate per sentirvi bene?*	La pensate allo stesso modo, cosa dite? *Secondo me, è giusto così.*

PARTENZA

Facciamo il punto? 1

8	9	10	11
Date una risposta simile. *Non sono sicuro.*	Con quali verbi (*credere, chiamare, telefonare*) potete usare il pronome *gli*? *Gli ...*	Completate. *il braccio - le ... la mano - ... il ginocchio - ... l'occhio - ...*	Rispondete. *Che interessi avete?*
25	26	27	12
Qual è il contrario di *presto*?	Coniugate il verbo *bere* all'imperfetto.	Trasformate alla forma negativa. *Sta' qui!*	Dite in un altro modo. *Più che bene = ...*
34	35	28	13
Coniugate i verbi *fare, dire, andare* all'imperativo (*tu*).	Fissate un appuntamento con il vostro compagno.	Qual è il contrario di *grasso*?	Leggete ad alta voce. 1°, 2°, 3°, 4°, 5°, 6°, 7°, 8°, 9°, 10°
33	36	29	14
Chiedete a un vostro compagno se potete guardare il libro insieme a lui.	Qual è il contrario di *sempre*? **ARRIVO**	Date un consiglio a un amico che dice: *Sono quasi sempre stanco.*	Completate con la forma giusta di *parlare* e *vedere*. *Ieri, mentre ... con Maria, ... la tua collega Paola.*
32	31	30	15
Non siete d'accordo. Cosa rispondete a un amico che dice: *Per me, si deve fare così.*	Qual è l'imperfetto di *c'è / ci sono*?	Rispondete. Qual è la traduzione in italiano del termine *wellness*?	Chiedete informazioni. Cercate le toilette / una farmacia / la fermata dell'autobus.
19	18	17	16
Completate con la forma giusta di *bello*. *Che .... idea!*	Rispondete. *Cosa state facendo?*	Dite in un altro modo. *È molto comodo! = È ....!*	Descrivete il vostro compagno di banco. *Com'è?*

edizioni Edilingua

quarantatré | 43

4 Complete the following using a pronoun and the perfect tense of the verb in brackets.

1 (*preparare*) – Hai fatto le lasagne? – Sì, ... stamattina!

2 (*vedere*) – Avete parlato con Marta e Franco? – Sì, ... proprio ieri sera.

3 (*leggere*) – Hai letto *Seta* di Baricco? – Sì, ..., che bel racconto!

4 (*comprare*) – Bella questa giacca nera! – .... insieme ai pantaloni.

5 (*fare*) – E gli esercizi di ginnastica? – Ieri ...., ma oggi non ho ancora avuto tempo.

6 (*prendere*) – Che bello! – Ti piace? .... a Vienna.

5 Complete the sentences using the imperative of the verbs provided.

prendere • chiedere • bere • tornare • fare • guidare

1 Luca, allora buon viaggio! ... e .... presto!

2 Per favore, non .... queste chiavi, ti do io le altre.

3 Per mantenere in salute il vostro corpo .... 8–10 bicchieri di acqua al giorno.

4 Stiamo perdendo tempo, dai, ... all'info point dov'è lo stand.

5 Bambini, per favore, non .... troppo rumore, se no svegliate papà.

6 Nadia, ti prego, ... piano! ... Anche se arriviamo in ritardo non fa niente.

6 Complete the sentences using the appropriate form of *sapere* or *potere*.

1 Io .... cantare abbastanza bene, ma oggi non .... perché ho mal di gola!

2 Luca ha 5 anni e .... già scrivere.

3 Suo nonno non .... leggere se non ha gli occhiali.

4 Capiscono anche il russo? Ma quante lingue .... parlare?

5 Se vuoi, ... imparare l'italiano con me.

6 – Tu .... riparare la macchina? – No, però .... provare!

7 Write each of the verbs provided on separate slips of paper. Each student will then pick one of the slips of paper at random, read the verb out loud and use it to make a sentence that includes a pronoun (*lo ..., gli ...,* etc.). If the sentence is correct the student will keep the slip of paper; if the sentence is incorrect the verb will be returned to the pile. Another student will then take a turn and, when all the verbs have been used up, the person with the most slips of paper wins.

aspettare • chiedere • aiutare • ringraziare • piacere • chiamare • telefonare • vedere • comprare
raccontare • accompagnare • cercare • portare • rispondere • credere • scrivere • dire • sentire • ...

- Expressing best wishes and congratulations
- Writing greetings cards
- Describing celebrations and events
- Inviting people
- Accepting / Declining an invitation
- Adjectives and indefinite pronouns
- The relative pronoun *che*
- The imperfect and perfect tenses (revision)

UNITÀ 5

Auguri!

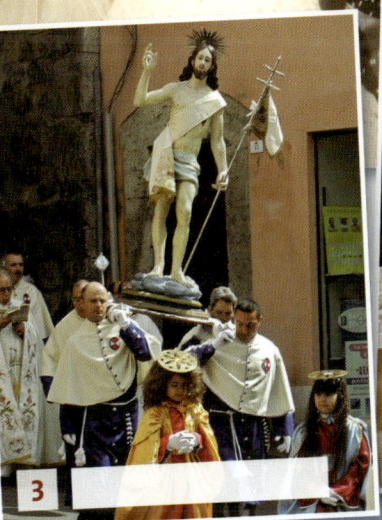

1 Listen to the recording and then label each photo using the words provided below.

compleanno • matrimonio • Capodanno • Pasqua • Natale

2 Now listen to the greetings and write them below.

Buon ....!
.... gli sposi!
.... auguri!
Buona ....!
.... anno!

3 Do you have happy memories of celebrating one of these occasions?

Mi ricordo una festa a casa di ... Era il compleanno di ...

Quest'anno non ho fatto niente di speciale, ma due anni fa ...

edizioni Edilingua · quarantacinque · 45

Congratulazioni!

Leggiamo

1 Read the greetings cards and then match them to one of these occasions: birth, graduation, wedding, wedding anniversary.

Indefinite adjectives

ogni and *qualche* are invariable and are followed by a noun in the singular.

tutto, *tutta*, *tutti*, *tutte* and *alcuni*, *alcune* agree with the noun, however.

tutto/a/i/e is followed by a definite article.

🇮🇹

In Italy it is customary to give a *bomboniera* ('favour') to friends and guests when someone gets married, is baptised, etc. A *bomboniera* consists of a small decorative object presented with a bag or small box containing 3, 5 or 7 (always an odd number) *confetti* ('sugared almonds').

2 Why did the senders write the cards?

Mario e Teresa hanno scritto il biglietto perché ...

Alla scoperta

3 Read the greetings cards again and complete the expressions below.

.... momenti sono indimenticabili	= qualche momento è indimenticabile
tutti i giorni della vita	= .... giorno della vita
.... vostri desideri	= ogni vostro desiderio
anche se sono passati alcuni anni	= anche se è passato .... anno

4 Complete the following sentences using *ogni*, *alcuni*, *qualche*, *tutto*, *tutte*.

1 Marzia viene per .... giorni a casa mia.
2 Andare in vacanza con .... amico è più divertente.
3 Ieri abbiamo festeggiato .... il giorno.
4 Paolo, il festeggiato, ha spento .... le candeline prima di tagliare la torta di compleanno.
5 Luca e Tina fanno .... mese una festa diversa.

Scriviamo

5 It's your teacher's birthday. Write him or her a birthday card.

→ es. 1-8

Leggiamo

6 The photos depict aspects of an occasion Italians celebrate. Which occasion? Do you know when Italians celebrate each of the following?

Natale • Capodanno • Pasqua • Ferragosto • Festa del lavoro

7 Read the text and find the title.

Natale con i tuoi, Pasqua con chi vuoi è un famoso proverbio che mostra come gli italiani vivono le due festività religiose più importanti. Molti passano il Natale in famiglia, invece la Pasqua, che cade sempre di domenica tra marzo e aprile, fa venire la voglia di fare qualcosa di diverso, di uscire e viaggiare. Infatti, in questo periodo arriva la primavera e tutti sentono una nuova voglia di ricominciare, di stare all'aria aperta.
Il Venerdì Santo (il venerdì prima di Pasqua) ricordiamo l'Ultima Cena e la morte sulla croce di Gesù Cristo. In questo giorno qualcuno digiuna, non mangia carne (in passato si digiunava tutti i venerdì di Quaresima, i 40 giorni che precedono la Pasqua); per le strade delle città assistiamo a processioni che rappresentano la Via Crucis (= la via della croce), cioè la strada che Cristo ha fatto per andare sul Calvario. Dopo il Sabato Santo, giorno di attesa, la gioia pasquale esplode la Domenica di Pasqua, quando si celebra la Resurrezione di Cristo. Per alcuni la festa continua anche il Lunedì dell'Angelo, la cosiddetta Pasquetta, con la tradizionale gita in campagna.
Per la Pasqua, accanto ai dolci regionali, abbiamo sempre l'uovo di cioccolata e la Colomba. L'uovo di cioccolata è il sogno e la sorpresa di tutti i bambini; ce ne sono per tutti i gusti e tutte le tasche ... e tutti nascondono un piccolo regalo!!! La Colomba, invece, è un dolce che ha la forma di questo uccello (simbolo di pace): la pasta è simile a quella del Panettone natalizio ed è ricoperta di glassa, mandorle e granelli di zucchero.

8 Reread the text and answer the questions.

1 Quando cade la Pasqua cattolica?
2 Cosa si fa il Venerdì Santo? E a Pasquetta?
3 Quali sono i prodotti tipici di questa festa?

Alla scoperta

9 How else can we say it? Find expressions in the text from exercise 7 that have the same meaning as those below.

di fare delle cose diverse ...	=	di fare ....
tutte le persone sentono una nuova voglia di ...	=	....
poche persone digiunano ...	=	....
Per alcune persone la festa continua ...	=	Per ....

Parliamo

10 What are the Easter traditions (or those of another occasion) in your country?

C'è / Ci sono ... • Non c'è / ci sono ... • Si fa ...
Qualcosa di tipico è/sono ... • Da noi ...

→ es. 9-18

In Italia, a Pasqua, come dolce, abbiamo la Colomba ...

UNITÀ 5

▸ Learning Tips

In order to improve your reading comprehension, read authentic texts as often as you can (short newspaper articles, brochures, leaflets, etc.). It isn't important to understand every word; aim to pick out the key points.

Indefinite pronouns

molti, **alcuni**, **tutto**, **qualcuno** and **qualcosa** are pronouns.
qualcuno and **qualcosa** are invariable.
alcuni is almost always plural.

❗ **qualcosa** + **di** + adjective:
qualcosa di tipico
('something typical')

edizioni Edilingua | quarantasette | **47**

Andiamo alla festa di …

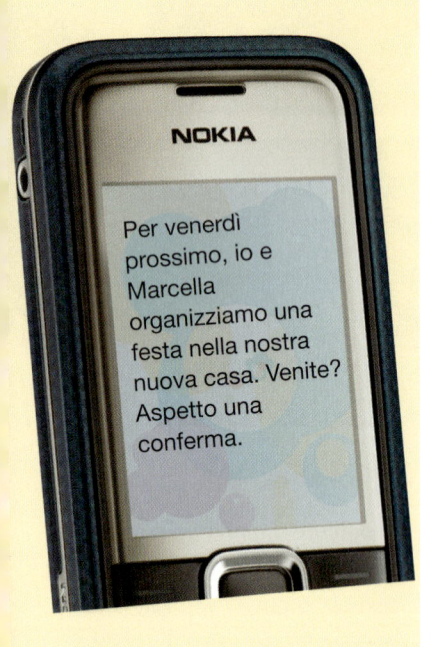

> Per venerdì prossimo, io e Marcella organizziamo una festa nella nostra nuova casa. Venite? Aspetto una conferma.

The relative pronoun *che* is invariable. It can act either as the subject or as the direct object of a relative clause.

Ascoltiamo

11 Read the text message on the left. Why do you think Carlo is having a party?

12 Now listen to the conversations. Who is going to the party and who isn't?

	sì	no		sì	no
Giorgio	○	○	Elisa	○	○
Sabina e Giuseppe	○	○	Cristina e Paolo	○	○

13 What do we say? Connect each phrases to the right categories.

a accettate
b annunciate un ritardo
c rifiutate
d ringraziate
e esprimete dispiacere

○ Sì, volentieri.
○ Purtroppo ho già un impegno.
○ Che peccato!
○ Ho già un invito …
○ Non posso venire …

○ Sì, veniamo …
○ Va bene, però arriviamo più tardi.
○ Grazie per l'invito.
○ Mi dispiace …

Alla scoperta

14 Listen to the conversations again. How do Carlo's friends structure the sentences below?

1 Ti ho mandato un messaggio. L'hai letto?
   Hai letto il messaggio che ....

2 Tu hai un numero di cellulare. Il numero non è più di Giuseppe.
   Il numero di cellulare che ....
   non è più di Giuseppe.

3 C'è un nuovo collega molto carino. Il collega ha invitato tutti a cena.
   C'è un nuovo collega molto carino che ....

4 C'è un cliente importante. Il cliente vive lì.
   C'è un cliente importante che ....

15 Rewrite the following sentences using *che*.

1 Carlo fa una festa nella nuova casa. Carlo ha comprato la casa da poco.
2 Carlo ha invitato Giorgio. Giorgio però parte per Ibiza.
3 Carlo ha invitato anche Elisa. Elisa purtroppo ha già un invito a cena.
4 Alla festa però va Sabina. Carlo conosce bene Sabina.

Parliamo

16 Work with a partner. One of you will play the part of Carlo and the other the part of one of his friends who is calling to accept or decline his invitation.

Scriviamo

17 Into small groups, try to write a party invitation. Then, read all the invitations out to the class. Which do you like best? Which party will you go to?

→ es. 19-24

48 | quarantotto

Arrivederci!

Ascoltiamo

18 It's Paolo's birthday. Listen to what he says and match the sentences you hear to the presents.

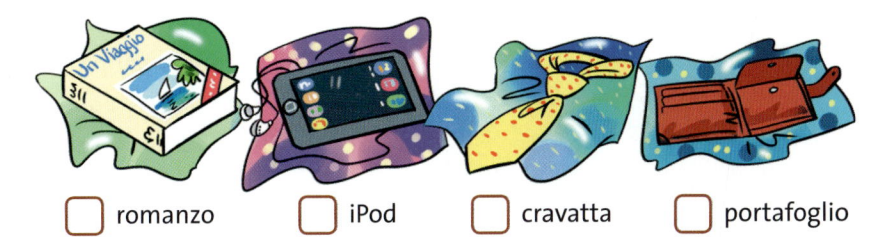

☐ romanzo ☐ iPod ☐ cravatta ☐ portafoglio

19 Listen again. Read what Paolo is thinking: which presents does he genuinely like? Which doesn't he like? Why?

> Vi ringrazio, che colore ... interessante. Ma non dovevate disturbarvi.

> Grazie mille! Non vedo l'ora di leggerlo.

> Uh, che bello! Lo voglio provare subito!

> Oh, che gentili ... Ma non era necessario, non ho tanti soldi.

> Mamma mia, che brutta! E poi che colore: giallo!! Ma dove l'hanno trovata?

> Lo volevo comprare anch'io! Beh, adesso ho qualcosa da leggere in treno!

> Che bello! Finalmente posso ascoltare tutta la musica che voglio!

> E come sempre anche quest'anno il solito regalo impersonale. Ne ho già 4 uguali e tutti di pelle.

! *qualcosa* + *da* + verb: *qualcosa da leggere*

In Italy, we usually open presents the moment we receive them.

20 Work with a partner. Write sentences about Paolo's presents and his reactions to them, using *che* in each. Who has written the most sentences?

Paolo ha ricevuto un libro che voleva comprare anche lui ...
Ha ricevuto una cravatta che non gli piace ...

Giochiamo

21 Think of a present you could give to a friend and write what it is on a slip of paper. Give the slips to your teacher, who will read them out loud one at a time. Students will take it in turns to react to the present read out to them.

→ es. 25-28

L'Italia da vicino

Un Paese di religione e superstizione?

L'Italia ha due santi protettori: San Francesco e Santa Caterina da Siena. Ogni città ha poi un proprio santo patrono, una figura religiosa che ha avuto un particolare legame con la città stessa. Durante i festeggiamenti in suo onore, specialmente al Sud, hanno luogo processioni e manifestazioni con fiere e concerti, si assiste ad una vera e propria festa. Fra le più popolari ricordiamo la festa di San Gennaro a Napoli, quella di Santa Rosalia a Palermo, di Sant'Agata a Catania, di San Nicola a Bari, di Sant'Ambrogio a Milano e di San Petronio a Bologna.

Gli italiani sono anche un popolo di superstiziosi. L'alto numero di programmi televisivi con maghi, cartomanti, chiromanti e chiaroveggenti testimonia lo stretto rapporto degli italiani con la superstizione.
Ad esempio, porta male aprire l'ombrello dentro casa, passare sotto ad una scala appoggiata a un muro, un gatto nero che attraversa la strada, il numero 17 ecc.
Diversi sono i gesti scaramantici, per allontanare il malocchio o la minaccia di un pericolo, che fanno parte della quotidianità di molte persone: incrociare le dita, fare le corna con una o con tutte e due le mani, toccare ferro, toccarsi le parti intime, possibilmente di nascosto. Alcune persone si proteggono con degli amuleti o portafortuna (corni, ferri di cavallo ecc.).
Forte è anche la voglia di tanta gente di conoscere il proprio futuro, specialmente per le questioni che riguardano l'amore, la salute e il lavoro. Anche in questo campo molti dicono di non credere a nulla, ma poi tutti leggono l'oroscopo su quotidiani e riviste.

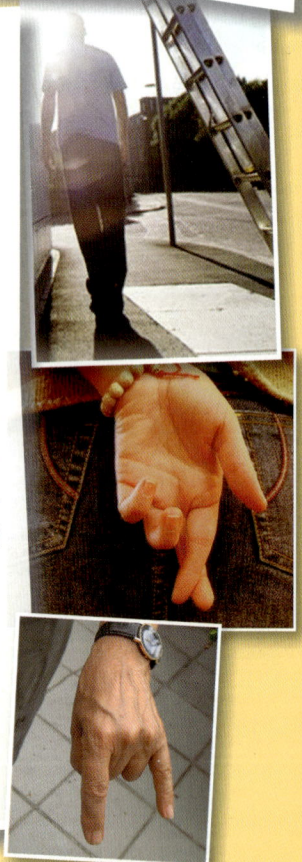

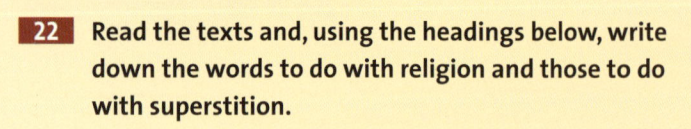

22 Read the texts and, using the headings below, write down the words to do with religion and those to do with superstition.

religione	superstizione
...	...

23 Does your country have any religious public holidays? When are they? How are they celebrated?

24 Are you superstitious? Does your country have any good luck gestures or gestures to ward off evil? Are any of these the same as those used in Italy?

Ripassiamo

UNITÀ 5

Comunicazione

Expressing best wishes and congratulations

Auguri!	Evviva gli sposi!
Buon Natale!	Buon anniversario!
Tanti auguri!	Felicitazioni (vivissime)!
Buon anno!	Vi auguriamo di ...
Buon compleanno!	Congratulazioni!
Buona Pasqua!	Con l'augurio di ...

Inviting people	Accepting an invitation	Declining an invitation
• Venite anche voi? • Vieni con noi? • Vieni al matrimonio? • Volete venire?	• Sì, volentieri. • Sì, veniamo ... • Va bene ...	• Mi dispiace ... • Ho già un invito ... • Non posso venire ... • Purtroppo ho già un impegno.

Thanking a person for a present received

Vi ringrazio ...
Grazie mille!
Oh, che gentili ...
Ma non dovevate disturbarvi.
Ma non era necessario ...

Grammatica

Indefinite adjectives

Alcuni momenti della vita sono indimenticabili.
Alcune persone decidono di non sposarsi.
Sono uscita *qualche* volta con Carla: è molto simpatica.
Stefano mi telefona *ogni* giorno.
Ha mangiato *tutta la* torta.
Lavora *tutti i* giorni.

Indefinite pronouns

Molti passano il Natale in famiglia.
Per *alcuni* la festa continua anche il Lunedì dell'Angelo.
Ha invitato *tutti* a cena.
Hai visto *qualcosa*?
Qualcuno digiuna, non mangia carne.

Qualcosa + di or da

+ *di* + adjective	qualcosa *di* tipico
+ *da* + verb	qualcosa *da* mangiare

The relative pronoun *che*

Ho un cliente *che* vive a Roma.
⇨ *che* = il cliente – il cliente vive a Roma
Hai letto il messaggio *che* ti ho mandato?
⇨ *che* = il messaggio – io ho mandato il messaggio

Cosa so fare?

Scheda di Autovalutazione dell'unità 5

Either mark the statements below with a ✔ to mean "I can do this well" or with an O to mean "I cannot do this well" and fill in the gaps.

☐	1 I can express best wishes and congratulations.	(*Pasqua*) .... (*compleanno*) .... (*laurea*) .... (*Capodanno*) ....
☐	2 I can invite people.	Organizzo una festa a casa mia. ....?
☐	3 I can accept and decline an invitation.	☺ Sì, ...! Grazie per ....! ☹ No, mi ....! Non posso .... ☹ Ho già ....
☐	4 I can thank a person for a present received.	Grazie, ma non dovevi .... Ti ringrazio, ma non era ....
☐	5 I can explain how Italians celebrate Easter.	Il Venerdì Santo assistiamo per le strade a .... che rappresentano la Via Crucis. La Domenica di Pasqua si celebra la .... di Cristo. A .... di solito fanno una gita in campagna.
☐	6 I can use the imperfect and perfect tenses.	Ieri sera .... (*piovere*), quando mi .... (*telefonare*) Stefano per uscire, e io .... (*essere*) anche stanca, non .... (*avere*) proprio voglia di uscire, così .... (*rimanere*) a casa a guardare la TV.
☐	7 I can use *qualcosa* + *di* or *da*.	Scusa, c'è .... mangiare? Ho una fame ... Che caldo, eh? Vuoi bere .... fresco?
☐	8 I can use indefinite adjectives.	.... volta non ti capisco proprio, perché fai così? Prima andavo .... i giorni in palestra.
☐	9 I can use indefinite pronouns.	.... vogliono vedere la partita di stasera. Ha telefonato ....?
☐	10 I can combine sentences using the relative pronoun *che*.	La cartolina è di Rita. Ho ricevuto ieri questa cartolina. .... Ho fatto gli auguri a Isa. Isa è una mia vecchia amica. ....

Go to page 269 to check your answers.

- Describing a house
- Asking for information
- Talking about quality of life (city / countryside)
- Talking about the advantages and disadvantages of something
- Asking for and offering help
- Other uses of *ne* and *ci*
- The imperative (third person singular)
- The comparative (revision)
- The imperative with pronouns, and with *ci* and *ne*

UNITÀ 6

Cambi casa?

appartamento moderno

casa di campagna

appartamento nel centro storico

villetta con giardino

1 Where do you think the family in the photo lives? Justify your answer.

Secondo me, questa famiglia abita ... perché ...

2 What are the advantages and disadvantages of each type of house?

3 Which of the four houses pictured would you like to live in? Why?

Per me va bene la villetta perché mi piace lavorare in giardino ...

Io, invece, preferisco un appartamento moderno perché ...

edizioni Edilingua

cinquantatré | 53

Cerco casa

Agenzia Immobiliare Abitat

Via Martiri della Resistenza, 82*
CAP** 06049 - Spoleto

Tel. +39 0743/22.33.22
e-mail: spoleto@bonifazi.it

*numero civico
**Codice di Avviamento Postale

Ascoltiamo

1 Listen to the conversation and choose the correct option in each case.

1 Il sig. Fantin cerca
  a una villetta.
  b un appartamento.

2 Cerca una casa
  a non molto grande.
  b molto grande.

3 L'appartamento
  a ha già i mobili.
  b non ha i mobili.

4 Preferisce una casa
  a in centro.
  b in periferia.

5 Una fermata dell'autobus
  a si trova nelle vicinanze.
  b non è nelle vicinanze.

6 Il sig. Fantin
  a deve decidere subito.
  b ha tempo per pensare.

Alla scoperta

2 Listen again and match an expression from the left to one on the right.

1 non ne dubito   a all'offerta
2 ne parlavamo   b dei prezzi della benzina
3 ci pensi   c sull'e-mail con le informazioni
4 ci conto   d della bellezza dell'appartamento

3 Study the expressions on the left and then rewrite the sentences using *ci* or *ne*, as in the example.

Credono alla storia raccontata da Mattia.   Ci credono.

1 Dubito di aver trovato la casa giusta. ....
2 Contiamo sul tuo aiuto. ....
3 Ho pensato a quello che è successo. ....
4 Non parla mai dei suoi problemi. ....
5 Credete alle mie parole? ....

Giochiamo

4 Work with a partner. Person *A* will describe the picture on page 119 to person *B*, who will sketch the room based on the description and will then compare the sketch to the original. Swap roles and repeat the game using the picture on page 120.

Parliamo

5 After a week Mr Fantin phones the agency again. What do you think he has decided to do? Compare your guesses to those of others in the class and then listen to the conversation.

→ es. 1-5

---

credere a/in qualcosa/qualcuno ('to believe [in] something / someone'):
ci credo ('I believe [in] it')

pensare a qualcosa/qualcuno ('to think about something / someone'):
ci ho pensato ('I have thought about it')

contare su qualcosa/qualcuno ('to count on something / someone'):
ci contavo ('I was counting on it')

dubitare di qualcosa/qualcuno ('to doubt something / someone'):
ne dubito ('I doubt it')

parlare di qualcosa/qualcuno ('to talk about something / someone'):
ne parla ('he / she talks about it')

▶ *Learning tips*

To help you learn the grammatical structures, write easy to remember examples on cards and memorise them: *Vieni? Ci conto!* ('Are you coming? I'm counting on it! / You bet!')

54 | cinquantaquattro   *Arrivederci!*

Alla scoperta

6 Read the dialogue and check your answers to the previous exercise. Find the expressions in the conversation that fulfil the functions below.

- Allora ho deciso: sono interessato all'appartamento e, senta, è possibile vederlo?
➤ Certo! Domani alle 14, va bene? Mi creda, l'appartamento è una meraviglia!
- Sì, ci credo ... mi dia l'indirizzo, per favore.
➤ Via Palazzi Rossi, 15A.
- Come, scusi? Abbia pazienza ma la penna non scrive ... un momento, ecco, dica pure.
➤ Via Palazzi Rossi, 15A. Faccia attenzione al numero civico: vada al 15A e non al 15B. Io L'aspetto davanti al portone principale, va bene?
- Benissimo! Allora a domani. Tante grazie!

What do we say ...?

1	per richiamare l'attenzione	....
2	per dare enfasi	Mi ....!
3	per chiedere un'indicazione precisa	Mi ....
4	se non abbiamo capito qualcosa	Come, ...?
5	per chiedere di avere pazienza	.... pazienza!

7 Reread the dialogue and complete the table on the right.

Un po' di più

Complete the sentences using the imperative in the third person singular of the verbs provided.

prendere • entrare • sentire • dare

1 Buonasera, signora Boldrin, che piacere! Prego, ...!
2 Mi .... il cappotto!
3 ...., della riunione di ieri cosa ne pensa?
4 Ne .... ancora, sono ottimi!

Giochiamo

9 With a partner, using two slips of paper of differing colours, write a problem on one and suitable advice (using the imperative in the third person singular) on the other. Collect in the slips and then hand them out again at random. Try to locate the correct advice for each problem.

→ es. 6-9

UNITÀ 6

The imperative of regular verbs (Lei):

scus**are** ....
cred**ere** ....
sent**ire** ....
fin**ire**   fin**isca**

The imperative of irregular verbs (Lei):

andare	....
avere	....
dare	....
dire	....
fare	....
essere	sia
stare	stia
sapere	sappia
venire	venga

Problema: Cerco casa.

Consiglio: Vada in un'agenzia immobiliare!

Sono stanco.

Faccia una bella vacanza al mare!

A me piace vivere così

Traditionally, Italians save up to buy a house. Over 75% of families own their own home. Second homes are also not uncommon. Renting no longer makes financial sense: young people and immigrants, especially in the North, apply for mortgages and buy their home.

You have already learnt the comparative (see *Arrivederci! 1*, unit 11).

In Italy, 4.5% of families live in council accommodation (state owned apartments rented to families with low incomes). The rent, which isn't usually high, varies depending on income and the council responsible.

Dove vivo io non si trova facilmente casa perché ...

La mia città non è molto interessante ...

Leggiamo

10 Sandra has written an e-mail to Giacomo. Underline the expressions she uses to ask her friend for help.

> **Oggetto:** Devo traslocare?
>
> Ciao Giacomo,
>
> ti devo chiedere un favore: mi puoi aiutare? Devo prendere una decisione importante. Ho trovato una casa, è bellissima e il prezzo è davvero interessante! È un rustico in campagna. Finalmente ecco l'occasione della mia vita, ma ho dei dubbi: lo sai, vivo in un appartamento in città, posso andare al cinema, a teatro, muovermi con i mezzi pubblici, ho tutti i negozi a due passi e i miei amici vivono qui! Ma sono in città: rumori, inquinamento, smog, tanto cemento e poco verde. In campagna, invece, sei a contatto con la natura, la vita è più tranquilla. Poi la casa è più grande del mio appartamento e c'è spazio per uno studio dove esporre e vendere i miei quadri. Ma senza auto è impossibile. La campagna, forse, ha meno comodità della città ... vedi? Non so decidermi: tu cosa dici? Mi puoi dare un consiglio?
>
> Un saluto, Sandra

11 What advantages and disadvantages does Sandra mention?

vantaggi	....
svantaggi	....

Scriviamo

12 Study the table from exercise 11 and make comparisons as in the examples.

La vita in città è meno tranquilla di quella in campagna.
L'appartamento è meno grande del rustico.

....
....

Parliamo

13 Where do you live? What is life like there? You can use the words provided to answer.

> il centro • la periferia • il clima • la natura • l'inquinamento • il traffico
> i servizi pubblici • le infrastrutture • affollato • deserto • provinciale
> anonimo • noioso • interessante • stressante • caotico • rumoroso

→ es. 10-18

UNITÀ 6

Leggiamo

14 What do you think Giacomo will say to Sandra?

15 Read Giacomo's reply. How does he respond to Sandra's request for help? How does he offer additional assistance?

> Ciao Sandra,
>
> certo, ti aiuto volentieri … siamo amici, no!? Secondo me, devi provare a cambiare stile di vita. Se ti piace la casa, comprala. Perché no? E se tra qualche anno non ti piace più, la vendi e torni a vivere in città. Un'occasione del genere non si ripete, prendila al volo. È un tuo sogno: vivilo fino in fondo. Non pensarci troppo! Buona fortuna e … fammi sapere!
>
> Il tuo amico Giacomo
> PS: Hai bisogno d'aiuto per il trasloco? Dillo senza farti problemi!

16 What expressions can we use to ask for and offer help? In the exercises 10 and 15 find the expressions needed to complete the table. Additionally, add the expressions provided on the right to the table.

Chiedere aiuto	Offrire aiuto
Posso chiederti un favore? …	…

Scusa, mi aiuti? • Scusi, La posso aiutare?
Posso chiederLe una cosa? • Vuoi un aiuto?

Alla scoperta

17 Reread Giacomo's e-mail and complete the following.

1. Compra la casa! — Compra......!
2. Prendi l'occasione al volo! — Prendi...... al volo!
3. Vivi il tuo sogno! — Vivi......!
4. Non pensare troppo a questa cosa! — Non pensar...... troppo!
5. Fai sapere a me! — Fam...... sapere!
6. Di' se hai bisogno d'aiuto! — Dil......!

18 Complete the following using the imperative and the pronoun.

1. tu, *fare* — I lavori in giardino? Non .... adesso!
2. noi, *aiutare* — Riccardo? .... !
3. tu, *dire* — Hai firmato il contratto? .... subito a Franca!
4. Lei, *prendere* — Quell'appartamento in affitto!? Non .... !
5. voi, *frequentare* — Il corso d'italiano? .... regolarmente!
6. tu, *comprare* — Una casa in campagna … non .... !

Parliamo

19 Metropolis, city, town or countryside? Choose where you want to live, justify your choice and say what you don't like about the other locations. Then, join together with classmates that have chosen the same location as you and debate the topic with the other groups.

→ es. 19-26

! When the *tu*, *noi* and *voi* forms of the imperative are used with a pronoun, or with *ci* and *ne*, these combine with the imperative: **Credimi!** ('Believe me!')
With the *Lei* form of the imperative, pronouns, and *ci* and *ne*, precede the verb: **Mi creda!**
With negative imperatives the word **non** ('not') precedes the pronoun, and *ci* and *ne*: **Non la comprare! / Non la comprate! / Non la compri!**
With the *tu*, *noi*, *voi*, forms of negative imperatives, pronouns, and *ci* and *ne*, can be joined to the verb: **Non comprarla! / Non compratela!**

! When an imperative has only one syllable, the first letter of pronouns, and of *ci* and *ne*, becomes a double letter: **Fallo!** ('Do it!'), **Dimmi!** ('Tell me!'), **Vacci!** ('Go there!'). Exception: *gli*: **Digli di venire qui!** ('Tell him to come here!').

L'Italia da vicino

Dove e come vivono gli italiani?

Noi traslochiamo poco – solo il 20 per cento degli italiani ha cambiato indirizzo negli ultimi dieci anni, metà della media europea – e conserviamo tutto. Viviamo nel museo di noi stessi.

… un appartamento: l'abitazione italiana più comune […] Un italiano su quattro abita in un edificio come questo […] e gli dà il nome che vuole: condominio, palazzo, palazzina, […].

L'appartamento – superficie media, cento metri quadrati – è la nostra tana. […] ci chiudiamo dietro le nostre porte blindate.

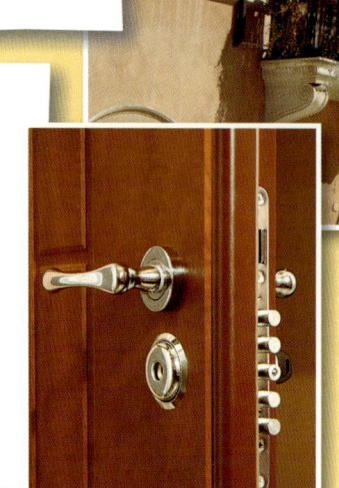

il soggiorno […] è il centro politico e geografico della casa italiana. […]

Ventidue milioni di famiglie, ventidue milioni di soggiorni.

Accoglie televisore, divano, due poltrone, libri […] stereo, soprammobili […] È il punto di raccolta della famiglia italiana. […] È il luogo dove si discute di tutto, sempre: nascite e matrimoni, scuole e vacanze, spese e mancanze.

… il bagno: più elegante di un bagno francese, più comodo di un bagno americano, più largo di un bagno inglese, più fantasioso di un bagno tedesco […]

Gli elementi? … lavabo […], wc […], vasca con doccia, ovviamente bidet.

adattato da Beppe Severgnini, *La testa degli italiani*

21 Read the text and use the words it contains to complete the word diagrams.

casa
locali
mobili

22 According to Beppe Severgnini, the most important room in an Italian home is the living room. What is the most important room in your house? Why?

23 The text mentions a number of facts about Italians. Is the situation the same in your country, or are there differences? What are they? Talk about it with your classmates.

Ripassiamo

UNITÀ 6

Comunicazione

Looking for accomodation

Senta, per motivi di lavoro devo trasferirmi a Spoleto e sto cercando casa.

Cerco un appartamento non molto grande, ammobiliato e, se possibile, in periferia.

C'è una fermata dell'autobus nelle vicinanze?

Può spedirmi per e-mail le foto e le informazioni?

Vorrei pensare alla Sua offerta con calma.

Sono interessato all'appartamento, è possibile vederlo?

Mi dia l'indirizzo, per favore.

Talking about the advantages and disadvantages of city life and countryside

Vita in città	*Vita in campagna*
Posso andare al cinema, a teatro …	
Posso muovermi con i mezzi pubblici.	Sei a contatto con la natura.
Ho tutti i negozi a due passi.	La vita è più tranquilla.
In città ci sono rumori, inquinamento, smog, tanto cemento e poco verde.	Senza auto è impossibile.
La vita in città è meno tranquilla di quella in campagna.	La campagna, forse, ha meno comodità della città.

Asking for help

- Ti posso chiedere un favore?
- Mi puoi aiutare?
- Mi puoi dare un consiglio?
- Posso chiederti un favore?
- Scusa, mi aiuti?
- Posso chiederLe una cosa?

Offering help

- Certo, ti aiuto volentieri.
- Hai bisogno di aiuto per il trasloco?
- Scusi, La posso aiutare?
- Vuoi un aiuto?

Grammatica

Ci

Conto sul tuo aiuto. ⇨ *Ci* conto.

Pensa lui a fare la spesa. ⇨ *Ci* pensa lui.

Credo nel suo lavoro. ⇨ *Ci* credo.

The imperative (3rd person singular)

entrare	entri
prendere	prenda
partire	parta
finire	finisca

andare	vada	dire	dica	stare	stia
avere	abbia	fare	faccia	sapere	sappia
dare	dia	essere	sia	venire	venga

Ne

Dubito del suo amore. ⇨ *Ne* dubito.

Non parlano della festa. ⇨ Non *ne* parlano.

The imperative + pronouns, *ci*, *ne*

Aiuta*mi*, per favore!

Le istruzioni? Leggiamo*le* con attenzione!

Parla*gli* subito!

fa' + la = *falla!* – di' + le = *dille!* – da' + ci = *dacci!*

but da' + gli = *dagli*

Mi scusi! – *La* prenda!

Non *la* prendere! – Non *lo* dire! – Non *lo* fare!

Non parlate*ne*! – Non far*lo*!

Non *la* venda!

Cosa so fare?

Scheda di Autovalutazione dell'unità 6

Either mark the statements below with a ✔ to mean "I can do this well" or with an ○ to mean "I cannot do this well" and fill in the gaps.

☐	**1** I can describe a house.	Franca abita in un grande .... di 120 metri ...., all'ultimo .... di una moderna palazzina. Ci sono 4 ....: 3 camere da ...., il soggiorno, doppi servizi e una .... abitabile.
☐	**2** I can look for accommodation.	● .... un appartamento grande, nel .... storico. ▶ Lo preferisce ....? ● Sì, meglio se ci sono i mobili.
☐	**3** I can talk about the advantages and disadvantages of city life.	Vantaggi: .... Svantaggi: ....
☐	**4** I can give advice.	Cerca casa, signora? .... in un'agenzia immobiliare. .... me, devi comprare quel rustico.
☐	**5** I can ask for and offer help.	Scusi, mi ...., per favore? / Scusa, puoi ....? La ....? / Hai bisogno ....?
☐	**6** I can form the imperative (*Lei*).	aspettare: .... prendere: .... dormire: .... finire: ....
☐	**7** I can form the imperative (*Lei*) of verbs that are irregular in the imperative.	essere: .... avere: .... andare: .... dare: .... dire: .... fare: ....
☐	**8** I can use *ci* and *ne*.	● Allora vengo domani ad aiutarti. ● Grazie, ... conto! ■ Rossella, ho un problema ... ■ .... vuoi parlare?
☐	**9** I can use the imperative with pronouns.	Se vuoi questa rivista, (*prendere*) .... pure. (*Fare, a me*) .... sapere, se venite alla festa. Signora, se non le piace, (*dire*) .... pure senza problemi.
☐	**10** I can use the negative imperative.	la prenda ≠ .... pensateci ≠ .... compriamola ≠ .... dillo ≠ ....

Go to page 269 to check your answers.

60 | sessanta   *Arrivederci!*

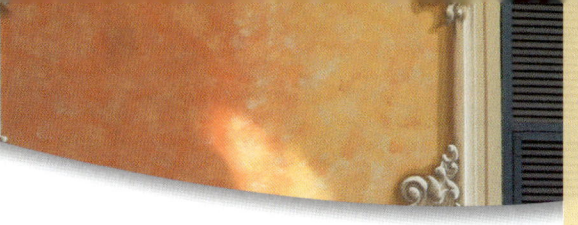

- Booking a table in a restaurant
- Understanding menus
- Ordering in a restaurant
- Offering someone something to eat or drink
- Accepting / Declining something
- Recipes and traditional dishes
- The conditional tense
- The impersonal verbs *servire*, *volerci*, *bastare* and *bisognare*
- The verb *metterci*
- The adjective *buono*

UNITÀ 7

Buon appetito!

1 Label the photos using the words provided below and then put them in chronological order.

colazione • cena • aperitivo • merenda • pranzo

2 Listen to the conversations, match each to a photo and then describe the situations depicted.

a ☐ b ☐ c ☐ d ☐ e ☐

Nella foto **a** ci sono delle persone che cenano in un ristorante in centro.

3 You recently invited someone to lunch / dinner. What were the arrangements?

Io ho invitato alcuni amici a pranzo. Ho preparato ...

Io ho invitato un'amica a cena. Siamo andati a ...

edizioni Edilingua

sessantuno | 61

Vorrei prenotare per ...

Ascoltiamo

1 Matilde is booking a table at a restaurant. Listen to the conversation and choose the correct option in each case.

1 Per quando vuole prenotare?
   a Per lunedì 13.
   b Per giovedì 16.

2 A che ora?
   a Alle 20.30.
   b Alle 19.30.

3 Per quante persone?
   a Per 3 persone.
   b Per 4 persone.

4 A che nome?
   a Ricci.
   b Ricchi.

2 Read the dialogue. Find the expressions that fulfil the functions below.

- ➤ Ristorante *Il castello*, buongiorno!
- • Buongiorno, vorrei prenotare un tavolo.
- ➤ Certo, signora. Per quando?
- • Per giovedì prossimo, il 16, alle otto e mezza.
- ➤ Va bene, signora. Per quante persone?
- • Per quattro persone.
- ➤ Perfetto. A che nome?

- • Ricci. Senta, potrei avere un tavolo vicino alla finestra?
- ➤ Certo, signora. Dovrei averne uno libero tra la finestra e il camino.
- • Benissimo!
- ➤ Le teniamo il tavolo fino alle 9, va bene?
- • Sì, grazie. Buona giornata.
- ➤ Altrettanto. Arrivederci.

What do we say ...?

1 *per prenotare un tavolo* ....

2 *se vogliamo un tavolo vicino alla finestra* ....

3 *se pensiamo di avere un tavolo vicino alla finestra* ....

Alla scoperta

3 Write the polite verb forms from the dialogue in exercise 2 against their infinitives.

volere .... • potere .... • dovere ....

4 With a partner, write a dialogue similar to the one in exercise 2. You can also use the expressions provided below.

- È possibile prenotare un tavolo per il 13?
- Certo, signora.
- Avete ancora un tavolo libero per domani sera?
- Siamo in sei.
- Mi dispiace, ma siamo al completo.

→ es. 1 e 2

🇮🇹 Italian restaurants are not open all day: they open roughly from 12pm to 3pm for lunch, and from 7pm to 11 pm for dinner.
Some bars serve hot food for meals outside these times.

Modal verbs are used in the **conditional tense** when we want a request, or our response to a request, to be courteous.

... CHI GUIDA AL RITORNO, IO O TU?
... VISTA LA LISTA DEI VINI DIREI UN TAXI.

Arrivederci!

Ascoltiamo

5 Read the menu on the right and then listen to the conversation. What do Matilde and her friends order?

6 Now read the dialogue and underline the expressions used to order what they want.

➤ cameriere • Luigi ■ Rita ➤ Flavio • Matilde

➤ Prego, signori. Volete ordinare?
• Sì, iniziamo con un antipasto misto per tutti, che ne dite?
■ No, io vorrei un carpaccio di pesce spada.
• Allora per me un antipasto misto al buffet.
➤ Anche per me.
• Io invece prenderei prosciutto e melone.
➤ Va bene, signori. E da bere?
■ Prendiamo una bottiglia di bianco? Cosa ci consiglia?
➤ Vi consiglierei il Bianco di Nera ...

➤ Dai, proviamo il Bianco di Nera!
➤ Perfetto. Cosa prendete di primo?
■ Io prendo le penne al pomodoro.
• Mmh, io preferirei un risotto ai funghi.
• Ci porterebbe due porzioni di gnocchi? Però è possibile averli al pomodoro?
➤ Certo signori. E di secondo?
■ Penso proprio che mangeremmo tutti volentieri del pesce.
➤ Allora, possiamo fare una grigliata di pesce misto. Che ne dite?
➤ Sì, una bella grigliata di pesce!

~ Antipasti ~
Antipasti misti al buffet
Prosciutto e melone
Carpaccio di pesce spada
Affettati (prosciutto crudo, mortadella, salame, bresaola)

~ Primi piatti ~
Gnocchi burro e salvia
Lasagne
Penne al pomodoro
Risotto ai funghi

~ Secondi piatti ~
Pesce:
Trancio di pesce spada alla griglia
Grigliata di pesce misto

Carne:
Costata di maiale alla griglia
Bistecca ai ferri
Scaloppine al vino bianco

~ Dolci ~
Frutta di stagione
Tiramisù
Profiterol

In Italy, to get the waiter's attention, we say *Senta, ...* or *Scusi, ...* or we gesture with our hand to call him over.

The **conditional tense** is used to express a possibility or desires. It is also used to make a proposal or to give advice.

Alla scoperta

7 Reread the dialogue from exercise 6 and underline the verbs in the conditional tense.

8 Complete the table.

Il condizionale	
porter-	....
prender-	esti
preferir-	....
	este
	ebbero

Verbi irregolari
andare – andrei
dire – direi
avere – avrei
essere – sarei
fare – farei
dare – darei
sapere – saprei

In Italy, restaurants won't bill each diner separately. Either one person pays for everyone or the bill is divided equally between those present. In other words, *si fa alla romana* ('the diners go Dutch').
If diners want to leave a tip (which isn't however compulsory), they leave cash on the table or say: *Tenga pure il resto!* ('Keep the change!').

Parliamo

9 Divide into groups of three: two of you will be customers and one will be the waiter. Write a dialogue similar to the one in exercise 6, but ... choose different dishes.

10 Which of the dishes on the menu do you know? Do you know any other Italian dishes? Which ones? Talk about it with your classmates.

Avete già scelto? Che cosa vi porto? E da bere?

Io so cucinare ...

Avete mai assaggiato la ...?

→ es. 3-13

edizioni Edilingua — sessantatré — 63

Vuoi la ricetta?

Leggiamo

11 Look at the pictures and read the dialogue. What has Sonia cooked?

a la peperonata   b i peperoni ripieni   c la mousse di peperoni

Ti andrebbe ancora un peperone?

Volentieri, sono squisiti!

Ti piacciono!?

Certo! Che cosa c'è dentro?

Olive, capperi, pomodori, melanzane ... Vuoi la ricetta?

Sì, così provo a farli anch'io.

Posso versarti ancora un po' di vino?

Poco, però, grazie!

Adesso ti va un buon caffè?

No, grazie. Poi non dormo.

Learning tips

For your dictionary: write useful expressions on cards. On one side write the function of the expression (for example, *Offrire qualcosa*) and on the other an example sentence (*Ti andrebbe ancora un peperone?*).

12 Reread the dialogue and complete the table.

Offrire qualcosa	Accettare qualcosa	Rifiutare qualcosa
...	...	...

Parliamo

13 Offer the person sitting next to you something to eat or drink. He or she will accept or decline and then, in turn, offer something to another student ... and so on.

➤ Vuoi una caramella?
● Sì, grazie! ... Ti andrebbe un pezzo di cioccolato?
...

→ es. 14-16

64 | sessantaquattro

Arrivederci!

UNITÀ 7

Leggiamo

14 Sonia has written down the recipe for stuffed peppers for Marta. Read it and make a list of the ingredients.

Per 4 persone ci vogliono 8 peperoni (2 a testa). Tagli la parte superiore dei peperoni, li metti in una padella senza olio, bastano pochi minuti per poterli facilmente spellare. Poi friggi le melanzane tagliate a dadini con un buono spicchio d'aglio. Fai soffriggere il pangrattato nello stesso olio, basta qualche minuto. Poi aggiungi le olive, i capperi, i pomodori sbucciati e tagliati, l'origano e un po' di buon prezzemolo tritato insieme a un altro spicchio d'aglio. Lasci cuocere a fuoco basso per qualche minuto e alla fine aggiungi le acciughe a pezzetti e le melanzane. Mescoli tutto e riempi infine i peperoni con questo impasto.

Bisogna riscaldare il forno, poi ti serve una teglia o una pirofila per mettere i peperoni, ci versi sopra l'olio avanzato dalla frittura e li metti nel forno a 170°; di solito ci mettono circa 40 minuti per cuocere. Buon appetito!

15 Use *volerci*, *bastano*, *bisogna* and *metterci* to answer the following questions.

1 Quanti peperoni sono necessari per quattro persone?
....
2 Quanto tempo basta per spellare i peperoni?
....
3 Cosa bisogna fare prima di mettere i peperoni in forno?
....
4 Quanto tempo devono cuocere i peperoni?
....

Alla scoperta

16 Reread the recipe. How does Sonia express herself? Match an expression from the left to one on the right.

1	sono necessari	a	ci mettono
2	sono sufficienti	b	ti serve
3	è sufficiente	c	bastano
4	occorre	d	basta
5	ti occorre	e	ci vogliono
6	hanno bisogno di	f	bisogna

17 Look at these examples taken from the recipe in exercise 14. Complete the rule on the right.

un buono spicchio d'aglio – un po' di buon prezzemolo tritato

Parliamo

18 Divide into groups. Choose a traditional dish from your area and explain to the others how to make it, mentioning any variations that exist. Ask questions, as in the examples.
→ es. 17-26

! ***ci vuole*** + singular / ***ci vogliono*** + plural:
Ci vuole un'ora.
Ci vogliono 40 minuti.

mi serve + singular / ***mi servono*** + plural; ***ti serve***, etc.:
Ci serve uno spicchio d'aglio.
('We need a clove of garlic')
Ci servono i capperi.
('We need capers')

bisogna + infinitive:
Bisogna riscaldare il forno.
('The oven needs to be preheated')

metterci: *io ci metto,*
tu ci metti, ...
('I take, you take, ...')

buono in front of a masculine noun beginning with a consonant or vowel becomes: ....
buono in front of a masculine noun beginning with an **s + consonant**, **z**, etc. stays as it is.

Bisogna ...?
Che ... vi serve?
Quanto ci mettono ...?
Che cosa ci vuole per ...?

L'Italia da vicino

La cucina italiana

Si parla tanto di cucina italiana, della famosa dieta mediterranea, ma la cucina italiana è il risultato di tante cucine regionali tipiche. Per capire la cucina di un Paese come l'Italia, infatti, bisogna considerare gli aspetti storici, geografici e sociali che lo hanno caratterizzato e che lo caratterizzano: il mare e i monti, il clima, la tarda unificazione del territorio nazionale, la forte identità locale, la situazione economica nel dopoguerra ecc.

Direste, per esempio, che fino a 60 anni fa nel Nord Italia non si conosceva la pizza – che è napoletana? O potreste immaginare che al Sud non si usava quasi mai il burro?

Oggi, chiaramente, si trova tutto dappertutto: il pesce fresco lo si può mangiare anche lontano dalle zone costiere, l'olio extravergine d'oliva è condimento "normale" anche nel Settentrione; il vitello tonnato, piatto piemontese, esiste anche al Sud e la pasta ai broccoli la si prepara anche al Nord. Piatti tipici regionali si trovano nei menù di tutt'Italia e persino all'estero: il pesto della Liguria, i tortellini dell'Emilia, la polenta del Veneto, il risotto della Lombardia, la porchetta del Lazio, le orecchiette della Puglia … Ogni regione contribuisce ad arricchire la tavola con antipasti, primi, secondi e dolci!

19 Read the text and find the words needed to complete the table.

ingredienti	piatti	altro

20 What does Italian cuisine mean? In your opinion, what ingredients and what dishes are typically Italian? What dishes typify the cuisine of your own country? In what way do the two cuisines differ?

21 In your opinion, what is it about Italian cuisine that makes it so well loved around the world? Do you like the food from any other country? Do you cook or do you often eat out?

Io vado spesso a mangiare fuori. Vicino a casa mia c'è un ristorante indiano …

A me piace la cucina francese e quindi …

Arrivederci!

Ripassiamo

UNITÀ 7

Comunicazione

Booking a table in a restaurant

• Vorrei prenotare un tavolo.	• Certo. Per quando?
• Per giovedì prossimo, alle otto e mezza. • Avete ancora un tavolo libero per domani sera? • È possibile prenotare un tavolo per il 13?	• Mi dispiace, ma siamo al completo. • Va bene. Per quante persone?
• Per quattro persone. / Siamo in sei.	• A che nome?
• Ricci. Senta, potrei avere un tavolo vicino alla finestra?	• Certo. Le teniamo il tavolo fino alle 9.

Ordering in a restaurant

• Senta, … / Scusi, …?	• Prego, signori, volete ordinare? • Avete già scelto? Che cosa vi porto?
• Io vorrei … / Per me … / Io invece prenderei …	• Va bene, signore/signori. E da bere?
• Prendiamo una bottiglia di bianco/rosso? Cosa ci consiglia?	• Vi consiglierei il …
• Dai proviamo il …	• Perfetto. Cosa prendete di primo?
• Io prendo … / Io preferirei … / Ci porterebbe …?	• Certo, signori. E di secondo?

Offering something
- Ti andrebbe …?
- Vuoi …?
- Posso versarti …?
- Ti va …?

Accepting something
- Volentieri!
- Sì.
- Poco, però, grazie.

Declining something
- No, grazie.

Grammatica

The conditional tense

comprer- prender- dormir-	ei esti ebbe emmo este ebbero

*Pag*herei io, ma non ho soldi.
*Mang*erei volentieri un'insalata.

andare	andrei	fare	farei
avere	avrei	potere	potrei
bere	berrei	sapere	saprei
dire	direi	vedere	vedrei
dovere	dovrei	venire	verrei
essere	sarei	volere	vorrei

The impersonal verbs

Bisogna riscaldare il forno.

Serve una teglia.
Mi *servono* due padelle.

Ci vuole del sale.
Ci vogliono 8 peperoni.

Basta poco.
Bastano pochi minuti.
Basta dirlo.

Metterci

Ci metto due secondi e arrivo!
I peperoni ci mettono 40 minuti
per cuocere. (Ci vogliono
40 minuti per cuocere i peperoni)

Buono + noun

before a consonant	un buon ristorante
before a vowel	un buon amico
before an s + consonant, z, ps, gn, x, y	un buono yogurt
un buon vino – un vino buono	

edizioni Edilingua — sessantasette 67

Cosa so fare?

Scheda di Autovalutazione dell'unità 7

Either mark the statements below with a ✔ to mean "I can do this well" or with an ○ to mean "I cannot do this well" and fill in the gaps.

☐	1 I can book a table in a restaurant.	• Pronto, ... per due persone. ➤ Per quando? • Per domani .... 9. A .... Pilati. ➤ Va bene, signor Pilati. A domani.
☐	2 I can order what I want in a restaurant. *Prego, signori, volete ordinare?*	~ primi piatti ~ | ~ secondi piatti ~ | ~ dolci ~ Penne al pomodoro | Grigliata di pesce | Gelato Spaghetti aglio olio | Scaloppine | Tiramisù ....
☐	3 I can describe a number of Italian dishes.	Antipasti: .... e melone; Primi piatti: Risotto ai .... ; Secondi piatti: .... ai ferri
☐	4 I can offer someone something to eat or drink.	
☐	5 I can accept or decline things.	☺ Sì, ... ☹ No, ...
☐	6 I can use impersonal verbs.	.... fare la lista della spesa. Mi .... un foglio ... Abbiamo 4 uova, ... o devo comprarne altre? ... Poi, per l'insalata, ... i pomodori ...
☐	7 I can use the verb *metterci*.	• Sonia, ma quanto .... a prepararti?! ➤ Dammi ancora 5 minuti, sono quasi pronta.
☐	8 I can use *buono* in front of a noun.	Flavio è veramente un .... amico. Ho comprato una macchina usata in .... stato.
☐	9 I can conjugate the conditional tense of regular verbs.	provare: tu ...., loro .... prendere: io ...., voi .... finire: tu ...., noi ....
☐	10 I can conjugate the conditional tense of irregular verbs.	essere: ....; avere: ....; andare: .... (*io*) dire: ....; dare: ....; sapere: .... (*io*) volere: ....; potere: ....; dovere: .... (*io*)

Go to page 269 to check your answers.

Arrivederci!

- Talking about the mass media and other news media
- Reporting an unconfirmed news story
- Commenting on a news story
- Making guesses
- Expressing an opinion
- Asserting different points of view
- The conditional tense (in more depth)
- The perfect tense of modal verbs
- Negative sentences with *nessuno*

UNITÀ 8

Ultime notizie

1 Which forms of mass media do the photos above depict? Do you know of any others?

2 How do you keep yourselves informed?

3 Ask your classmates what the first thing they do in the morning is. Do they turn on the television or the radio? What is the first thing they do when they get in from work?

> Io e mia moglie guardiamo il telegiornale di sera, mentre ceniamo.

> Io compro il giornale all'edicola vicino a casa e lo leggo in treno, mentre vado al lavoro.

edizioni Edilingua

sessantanove | 69

Ho sentito che ...

Ascoltiamo

1 Luisa is at home listening to the radio while she cooks. Listen with her. What is she listening to?

a le previsioni del tempo
b la pubblicità di un'auto
c il giornale radio

2 Listen again and choose the newspaper headline that goes with the story.

La prima neve dell'anno

Incidente: fermi in mezzo al traffico per ore

Gli automobilisti bloccati sarebbero centinaia

Le auto si lasciano in garage

3 The main sections of a newspaper are shown below. In which section would the article appear, do you think?

Esteri · **Sport** · **Primo Piano** · **Spettacolo** · **Cultura** · **Programmi Tv** · **Cronaca** · **Il Tempo** · **Politica** · **Economia**

4 In which sections would you look to find out the following?

chi ha vinto il Giro d'Italia • cosa fanno alla televisione • che tempo fa in Valle d'Aosta • cosa ha deciso il governo • come ha chiuso la Borsa di New York

Alla scoperta

5 Listen to the radio broadcast again and complete the following sentences.

1 Molti .... voluto prendere l'auto.
2 .... dovuti rimanere fermi in mezzo al traffico per ore.
3 Pochi .... potuti arrivare a destinazione puntuali.

6 Complete the following using the perfect tense of the verbs provided.

1 io, *potere*   Non .... accendere la radio: Marco studiava.
2 lei, *volere*   .... uscire presto per comprare il giornale.
3 noi, *dovere*   .... cambiare l'antenna: non funzionava più.
4 tu, *volere*   .... restare a casa a guardare la TV? Perché?

→ es. 1-10

The **conditional tense** is used to report stories that aren't certain, that aren't confirmed:
Gli automobilisti bloccati dalla neve sarebbero centinaia.
('Hundreds of drivers are said to be stuck in the snow')

The auxiliary verb of modal verbs in the **perfect tense** is determined by the infinitive that follows:
ha lavorato = ha dovuto lavorare
è partito/a = è voluto/a partire.

! If the modal verb is followed by *essere*, the auxiliary verb is *avere*:
Luca non ha potuto essere d'aiuto. ('Luca wasn't able to help')

70 | settanta

Arrivederci!

Leggiamo

7 Read the article. What forms of mass media are mentioned?

Neve e caos al Nord: il day after
I ritardi dei servizi di informazione

MILANO - «Come si fa se non si possono avere informazioni con gli attuali mezzi tecnologici: tv, internet, televideo?» scrive un lettore.
Trenitalia ha un numero verde per i passeggeri in difficoltà. Contattarlo ieri è stato impossibile; oggi, domenica, i minuti d'attesa sono due o tre. E ti danno notizie del tipo: «Il treno delle 15 è confermato. Ma anche quello delle 11 era confermato e poi non è partito». Al numero delle *Ferrovie Nord* rispondono: «Qualche minuto di ritardo lo deve prevedere, se c'è il treno è già un successo».
Molta pazienza deve averla anche chi vola. Nella home page del sito *Sea* (inaccessibile per gran parte della giornata), la società che gestisce gli aeroporti di Linate e Malpensa, nelle sezioni dei voli in partenza, si legge «Dato non disponibile». Sulle pagine *Sea* del Mediavideo si legge sul monitor: «A causa di problemi tecnici il servizio è momentaneamente sospeso». E allora che fare? Aspettare ...

adattato dal *Corriere della Sera*

8 Reread the article. What is your opinion of the situation described? Have you had similar experiences? Queues, delays, flight cancellations, trains, etc.

The newspapers with the highest circulation in Italy are **Corriere della Sera**, **La Repubblica** and **La Stampa**; Italy also has other newspapers: some national, some regional and some local. Few Italians read a paper regularly, however: most people use television news programmes to keep informed.

Parliamo

9 Which forms of media do you use most frequently? Create a table like the one below and compare your answers to those of your classmates.

	Ogni giorno	Spesso	A volte	Raramente	Mai
Televisione					
Radio					
Computer					
Giornali					
Televideo					
...					

La sera leggo un libro per rilassarmi prima di addormentarmi.

Io uso il cellulare per lavoro.

10 Why do you use these particular forms of mass media? Write sentences as in the examples.

lavoro • cultura • tempo libero • riposo
scuola • studio • politica • amore • ...

Io navigo in Internet per ...

11 You are in Italy. What would you read in an Italian magazine or newspaper? Why?

▸ Io leggerei i titoli per esercitarmi in italiano. E tu che cosa leggeresti?
• Io invece guarderei le previsioni per meglio organizzare la mia giornata.

→ es. 11-14

edizioni Edilingua settantuno | 71

Cosa fanno alla tele?

Ascoltiamo

12 Listen to the conversation. What does Arianna want to do? And Stefano? What do they end up doing?

13 Now read the dialogue. Work with a partner to write a similar conversation.

➤ Potremmo guardare un bel film stasera, che ne dici?
● Mmh, hai già visto cosa fanno?
➤ No, potremmo dire a Claudia e a Luca di venire e portare un dvd ...
● Oh no, oggi non ho voglia di vedere nessuno. Sono stanco.
➤ Sei sempre il solito: non vuoi vedere nessuno, non vuoi parlare con nessuno ... È da tanto che non li vediamo ... dai ...
● Va bene, chiamali!
...
➤ Non risponde nessuno ... Ti è andata bene!
● Mmh, e allora cosa guardiamo alla tele?
➤ Eccoti la guida TV!

Alla scoperta

14 Study the dialogue from exercise 13 to find sentences that mean the opposite of those given below.

1 Ho voglia di vedere qualcuno.
2 Vuoi vedere tutti.
3 Vuoi parlare con qualcuno.
4 Risponde qualcuno.

15 Put the words in order to make sentences.

1 ascoltare / non / nessuno / vuole
2 nessuno / non / visto / ho
3 è / nessuno / entrato / non
4 parla / con / nessuno / non

Giochiamo

16 Write your name on a sheet of paper. Your teacher will then collect the sheets and hand them out again at random. On the sheet you are given write answers to the questions listed below. When everyone is ready, each person will read what they have written and the person named on the sheet will react.

Quanti televisori hai?
Hai un dvd recorder?
Hai la TV via cavo o via satellite?
Hai la TV digitale/la pay-TV?
Quante ore al giorno guardi la TV?
Quali sono le tue trasmissioni preferite?
Quali programmi invece non ti piacciono?

---

non ('not') precedes the verb; *nessuno* ('no one / anyone') follows the verb:
Non c'è nessuno.

❗ *Non l'ha visto nessuno.*
= *Nessuno l'ha visto.*

Nessuno can be preceded by a preposition:
Non presta la sua macchina a nessuno. ('He doesn't lend his car to anyone')

Claudia ha 3 televisori e un dvd recorder. Ha anche l'antenna parabolica. Guarda regolarmente la televisione ...

No, no, io ho solo un televisore e non guardo quasi mai la TV!

→ es. 15-22

72 | settantadue

Arrivederci!

Leggiamo

17 Study the television guide. Are they showing programmes from all the categories listed on the right? Find examples.

SABATO 6 SETTEMBRE

RAIUNO	RAIDUE	RAITRE	CANALE 5	ITALIA 1
06.00 EURONEWS	06.00 LE GROTTE DELL'ETNA	06.00 FUORI ORARIO.	06.00 TG5 PRIMA PAGINA	06.55 LE NUOVE AVVENTURE DI FLIPPER
06.10 INCANTESIMO 9	07.00 GIRLFRIENDS Telefilm. Continuano le ansie di Toni per scongiurare il pericolo di perdere l'affidamento della sua bimba.	07.00 MAGAZZINI EINSTEIN	08.00 TG5 MATTINA	07.50 CARTONI
07.00 SABATO & DOMENICA ESTATE		08.00 DIARIO DI FAMIGLIA CON GLI OCCHI DEI FIGLI	08.50 DOCUMENTARIO	10.40 BERNARD
09.15 SETTEGIORNI		08.30 EXPLORA SCIENCE NOW!	09.30 CIRCLE OF LIFE Telefilm. Marlene ha scoperto di essere incinta e non sa come Christian potrebbe prendere la notizia.	10.45 H2O Telefilm. Il pesce di Cleo è morto, e Rikki, per consolarla, va a catturargliene un altro in mare aperto.
10.15 UN CICLONE IN CONVENTO Telefilm. Wollet non lascia nulla di intentato, pur di impressionare la Baronessa Von Blauen.		09.00 PENSANDO A TE		
		10.30 CACCIATORI DI DRAGHI		
	08.00 TG2 MATTINA	11.00 IL VIDEOGIORNALE		
	08.20 JOEY	11.45 IL MONDO DI STEFI		11.20 PIÙ FORTE RAGAZZI
11.45 LADY COP	09.00 TG2 MATTINA	12.00 TG3	10.30 CARA, INSOPPORTABILE TESS	12.25 STUDIO APERTO
12.40 LA SIGNORA IN GIALLO	09.05 RANDOM	12.25 TGR L'ITALIA DE IL SETTIMANALE	13.00 TG5	13.00 STUDIO SPORT
13.30 TG1	10.35 QUELLO CHE	12.55 CORREVA L'ANNO	13.40 EVERWOOD Telefilm. Quello che Irv ha scritto nel suo libro fa impazzire Andrew dalla rabbia: per il protagonista del libro si è ispirato a lui.	13.40 LA VITA SECONDO JIM Sitcom. Jim sospetta che Bill, il padre di uno dei compagni di scuola di Ruby e Gracie, possa essere il suo vero padre.
14.00 LINEABLU Attualità. Oggi andremo in Puglia dove scopriremo i colori del Salento per esplorare i luoghi che le popolazioni hanno eletto a loro dimora ed altri da cui si sono allontanati per salvarsi dalle incursioni dei pirati.	11.15 SQUADRA DI CLASSE	14.00 TG REGIONE		
	13.00 TG2 GIORNO	14.20 TG3		
	13.25 AUTOMOBILISMO: G.P. DEL BELGIO DI FORMULA 1	14.50 TGR SPECIALE BELL'ITALIA		
		15.20 ARRAMPICATA (ROCK MASTER)		
	14.00 QUALIFICHE	15.50 PARAOLIMPIADI. CERIMONIA DI APERTURA	14.40 E POI C'È FILIPPO	14.05 LA RIVINCITA
	15.30 GROSSO GUAIO A RIVER CITY		17.40 INCOMPRESO Film. L'ambiente è una fattoria nei pressi di Lucca, importante produttrice di vini pregiati. La vicenda si svolge negli anni Cinquanta. Siamo in pieno boom e l'attenzione di Edoardo Quaratesi è tutta protesa verso gli affari.	16.00 UN SOGNO IN GIOCO
	17.00 SERENO VARIABILE ESTATE	16.30 SCI NAUTICO: CAMPIONATO EUROPEO. EURO DISABILI		18.00 A CASA DI FRAN Telefilm. Fran conosce per caso a una festa, dove non è neanche stata invitata, l'ex di Riley, e scopre che lui l'ha abbandonata all'altare.
15.45 SPECIALE MODA & CINEMA	18.00 TG2	17.00 CICLISMO: COPPA PLACCI		
	18.10 SQUADRA SPECIALE COBRA 11 Telefilm. Per evitare che Andrea testimoni contro Ukuel, egli cerca di farla eliminare da un killer.	17.30 CALCIO: MAGAZINE CHAMPIONS LEAGUE		
16.15 DREAMS ROAD		18.55 METEO 3		18.30 STUDIO APERTO
17.00 TG1				
17.15 A SUA IMMAGINE		19.00 TG3		19.05 MR. BEAN
17.45 SPECIALE EASY DRIVER	19.55 WARNER SHOW	19.30 TG REGIONE	20.00 TG5	19.25 QUANTO È DIFFICILE ESSERE TEENAGER!
18.50 REAZIONE A CATENA	20.15 TOM & JERRY TALES	20.00 BLOB	20.30 VELINE	
20.00 TG1	20.30 TG2 20.30			

20.30 QUALIFICAZIONI MONDIALI CIPRO-ITALIA
Gli azzurri affrontano il Cipro nell'incontro valevole per l'ingresso nei prossimi mondiali.
Sport

21.05 LA VENDETTA HA I SUOI SEGRETI
Abby Lord viene rapita e suo marito Robert deve pagare un riscatto di un milione di dollari.
Film Tv

20.30 FORREST GUMP
Forrest Gump ricorda la sua infanzia di bimbo problematico, sullo sfondo della storia americana.
Film

21.10 CIAO DARWIN L'ANELLO MANCANTE
Ancora in replica i momenti migliori e più esilaranti della fortunata trasmissione condotta da Paolo Bonolis.
Varietà

21.10 UNA PAZZA GIORNATA A NEW YORK
Jane, per presentare un discorso valido per l'ammissione a Oxford, si reca a New York.
Film

- telegiornale
- varietà
- gioco a quiz
- film
- previsioni del tempo
- cartoni animati
- pubblicità
- notiziario sportivo

18 What programmes do you like? What do you watch on television? Why?

Parliamo

19 Divide into small groups. It's Saturday afternoon and it's pouring with rain outside. Reread the television guide from exercise 17 and choose something you all want to watch.

20 Imagine spending a whole day without television. What would you do?

È inverno, fa freddo ... • È estate, c'è il sole ...

21 Form two groups. One group will argue that newspapers are the best source of information; the other will argue that television is better. Have a discussion in which each group puts forward its point of view. Don't forget to mention the advantages and disadvantages of each.

pratico • veloce • economico • comodo • obiettivo
superficiale • chiaro • dettagliato • moderno • ...

Italy's state television network, RAI, has three channels: RaiUno, RaiDue and RaiTre. Since 1975, Italy has also had a number of private television channels. The most popular are Canale 5, Italia 1, Retequattro (all owned by Mediaset) and La7.

Alla televisione le notizie sono superficiali, è meglio leggere il giornale, ci sono più articoli su uno stesso argomento...

→ es. 23-26

L'Italia da vicino

Ma siamo informati bene?

In un Paese in cui sempre meno persone leggono i giornali, l'informazione televisiva rappresenta per la maggior parte della popolazione l'unica fonte d'informazione. Molte di queste persone credono che i telegiornali li informino su ciò che accade nel mondo, e si troverebbero increduli di fronte al solo pensiero che i Tg possano essere utilizzati per manipolare le loro opinioni. Eppure ciò appare sempre più evidente, dall'omissione di elementi indispensabili per capire i fatti, dall'alterazione di alcune notizie e dall'assenza di altre. Alcune notizie assumono nei Tg un certo rilievo, soprattutto quelle che evocano emozioni. I fatti di cronaca si prestano a questo scopo. Si tratta di un modo per distrarre l'attenzione pubblica da altri fatti [...] più importanti per la vita dei cittadini. I telegiornali sono ormai [...] sempre più orientati allo spettacolo, all'appiattimento e alla banalità.

adattato da *La manipolazione dell'opinione pubblica nei Tg italiani* di A. Randazzo

I nostri telegiornali passano minuti preziosi sul ping pong di governo, saltando da un politico all'altro in un gioco inutile che non interessa a nessuno e che tralascia di affrontare temi fondamentali ... In questo modo gli italiani non sono veramente informati perché non si affronta mai il problema alla base.

Intervista di Federica Santoro a Lidia Ravera

22 Read the texts. In your opinion, which sentence is the most significant? Comment on the texts.

23 How is the news presented on television and in newspapers in your country? Do you think the information is manipulated?

24 Television: blessing or curse? Talk about it with your classmates.

Secondo me, qui i giornalisti sono molto obiettivi ...

È vero, però io mi ricordo che una volta ...

Ripassiamo

UNITÀ 8

Comunicazione

Talking about the mass media and other news media

Guardiamo il telegiornale di sera, mentre ceniamo.

Io uso il cellulare per lavoro.

Leggo il giornale in treno, mentre vado al lavoro.

Io navigo in Internet per ...

La sera leggo un libro per rilassarmi.

È meglio leggere il giornale, ci sono più articoli su uno stesso argomento.

Reporting an unconfirmed news story

Gli automobilisti bloccati dalla neve sarebbero centinaia.

Making guesses

..., io leggerei i titoli per esercitarmi in italiano.

..., io guarderei le previsioni del tempo per meglio organizzare la mia giornata.

• Perché Andrea è in ritardo?	• Potrebbe essersi addormentato, era molto stanco.
	• Non lo so, forse si è addormentato, era molto stanco.
	• Magari si è addormentato, era molto stanco.

Talking about television / viewing habits

Guardo regolarmente la televisione. / Guardo spesso la televisione.

Non guardo quasi mai la TV. / Guardo raramente la TV.

Alla televisione le notizie sono superficiali.

Quanti televisori hai?

Hai la TV digitale / la pay TV?

Quante ore al giorno guardi la TV?

Quali sono le tue trasmissioni preferite?

Quali programmi invece non ti piacciono?

Asserting different points of view

Secondo me, Internet è molto utile.

È vero, Internet può creare problemi. Per questo dobbiamo stare attenti.

Non so, però ... / Forse sarebbe meglio ... / Posso solo dire che ...

Grammatica

The perfect tense of modal verb

Giancarlo ha voluto accompagnare Livia a casa.
Luca è voluto partire presto.
Paola è dovuta andare a casa.
Loro sono potuti restare da noi.
Hanno voluto essere i primi.

Negative sentences with *nessuno*

Non c'è nessuno.
Non mi aiuta nessuno.
Non parla con nessuno.
Non ha parlato con nessuno.
Non ha voluto parlare con nessuno.
Nessuno mi aiuta.
Nessuno mi ha aiutato.

edizioni Edilingua · settantacinque | 75

Cosa so fare?

Scheda di Autovalutazione dell'unità 8

Either mark the statements below with a ✔ to mean "I can do this well" or with an O to mean "I cannot do this well" and fill in the gaps.

☐ 1 I can talk about the mass media and other news media.	Per informarmi io .... perché ....
☐ 2 I can remember the names of the sections of a newspaper.	Nella sezione "........................" troviamo notizie dal mondo. Nella sezione "........................" si parla del fatto del giorno.
☐ 3 I can report an unconfirmed news story.	Il Premier inglese .... stasera da Londra e .... domani con il Presidente del Consiglio.
☐ 4 I can make guesses.	Una giornata senza televisione? Cosa farei? In estate .... al mare con i miei amici. In inverno, invece, ... rimanere in casa a leggere un bel libro.
☐ 5 I can talk about Italians and the media.	.... leggono regolarmente il quotidiano. La fonte d'informazione più .... è il telegiornale.
☐ 6 I can give my opinion.	.... me, i telegiornali trattano le notizie in .... superficiale.
☐ 7 I can talk about television viewing habits.	Non guardo .... mai la televisione. .... i giorni guardo la televisione fino alle 11 di sera.
☐ 8 I can talk about television programmes.	La domenica mattina guardo i .... con mia figlia. Mi piacciono molto i .... a ....
☐ 9 I can use the perfect tense with modal verbs.	Pierpaolo (*volere*) .... viaggiare in treno. Margherita (*dovere*) .... partire da sola. Finalmente (*potere*, io) .... vedere Anna.
☐ 10 I can form negative sentences with *nessuno*.	Parlano con tutti. ≠ .... Vedo qualcuno. ≠ .... Chiedono aiuto a tutti. ≠ .... Lo sanno tutti. ≠ ....

Go to page 270 to check your answers.

Facciamo il punto? 2

- Let's have fun reviewing our work (units 5 – 8)

1 Read the text by Luciano De Crescenzo and answer the questions.

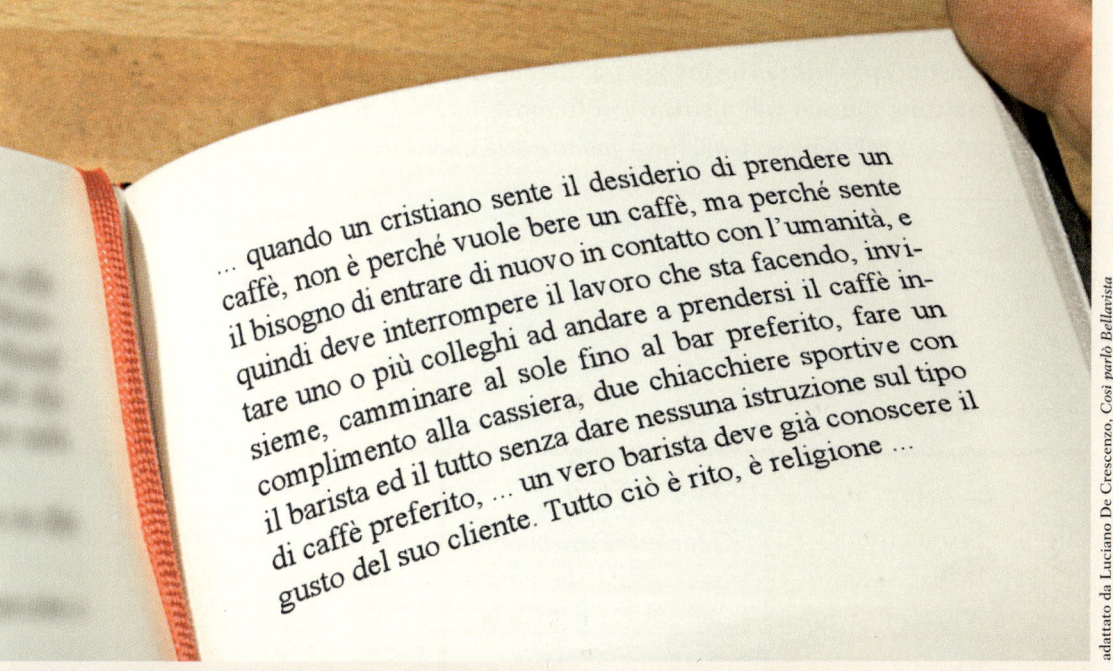

... quando un cristiano sente il desiderio di prendere un caffè, non è perché vuole bere un caffè, ma perché sente il bisogno di entrare di nuovo in contatto con l'umanità, e quindi deve interrompere il lavoro che sta facendo, invitare uno o più colleghi ad andare a prendersi il caffè insieme, camminare al sole fino al bar preferito, fare un complimento alla cassiera, due chiacchiere sportive con il barista ed il tutto senza dare nessuna istruzione sul tipo di caffè preferito, ... un vero barista deve già conoscere il gusto del suo cliente. Tutto ciò è rito, è religione ...

adattato da Luciano De Crescenzo, *Così parlò Bellavista*

1. Che cosa significa, secondo De Crescenzo, andare al bar a prendere un caffè?
2. Qual è la cosa più importante quando si va a bere un caffè?
3. Cosa pensate di questo rito del caffè? Esiste anche nel vostro Paese?

2 What does coffee mean in your country? With a partner, write a text of your own using the prompts provided to guide you. Discuss the differences between your country and Italy.

importanza del caffè
abitudini
quando e dove si beve il caffè

edizioni Edilingua settantasette | 77

3 Let's play.

You will need one die and some counters. Players take it in turns to roll the die and move their counter around the board; players must follow the instructions written on the squares they land on. Beware: squares depicting the sun will instruct you to move forward, but those depicting a lightning bolt will force you to move backwards!

4	5	14	15
EVVIVA! Fate tre passi avanti.	Completate con *buono*. una .... insalata un .... spumante un .... caffè	Dite i nomi di quattro mass media che avete in casa.	Mettete il pronome. *Mangia le melanzane!* → *Mangia*......!
3 Coniugate al condizionale un verbo in *-are*.	**6** Fate una frase con *non ... nessuno*.	**13** EVVIVA! Fate tre passi avanti.	**16** Fate gli auguri ai vostri amici che si sposano.
2 Dite due vantaggi e due svantaggi della vostra abitazione.	**7** Siete al ristorante e volete chiamare il cameriere. Cosa dite?	**12** Completate al passato prossimo. (Io, dovere) ... aspettare il treno per più di un'ora.	**17** *Occorrono tre uova.* = ... *tre uova.*
1 Collegate le due frasi con *che*. *Conosco un ottimo ristorante. Il ristorante ha aperto il mese scorso.*	**8** Offrite aiuto ad un amico. Cosa gli dite?	**11** Invitate un amico alla vostra festa di compleanno.	**18** Avete bisogno di un'informazione. Fermate un passante.
▲ PARTENZA	**9** PECCATO! Fate tre passi indietro.	**10** Offrite qualcosa ad un amico che è venuto a trovarvi.	**19** Dite in modo più gentile. *Posso fare una telefonata?*

Facciamo il punto? 2

26	27	40	41
Completate. *Mi servono dei fogli!* *Mi .... anche una penna.*	Trasformate alla forma negativa. *Questo libro è molto bello. Leggilo!*	**PECCATO!** Fate tre passi indietro.	Formulate due frasi al comparativo. *La festa di Elena è stata bella. / Questo bar è carino.*
25	**28**	**39**	**42**
Dite due vantaggi e due svantaggi di Internet.	Un amico vi ha invitato ad una festa. Non potete andarci. Cosa gli dite?	Qual è la parola estranea? *condominio – trasloco appartamento – casa*	Coniugate al condizionale un verbo in -*ire*.
24	**29**	**38**	**43**
Completate. *qualcosa .... buono qualcosa .... mangiare*	Prenotate un tavolo al ristorante.	*La TV non dovrebbe esistere.* Non siete d'accordo, cosa dite?	**EVVIVA!** Fate tre passi avanti.
23	**30**	**37**	**44**
Qual è la parola estranea? Perché? *risotto – tortellini scaloppine – gnocchi*	**EVVIVA!** Fate tre passi avanti.	Completate e rispondete con il verbo *bastare*. – *Quanto tempo ci vuole?* – *............... pochi minuti.*	Completate. *Di solito ci vuole mezz'ora, ma io .... 20 minuti.*
22	**31**	**36**	**45**
Coniugate il verbo *vendere* al condizionale.	Coniugate i verbi *aspettare, non trasferirsi* all'imperativo (*Lei*).	Coniugate i verbi *fare, dire, andare* all'imperativo (*Lei*).	Trasformate alla forma negativa. *Ci sono tutti?*
21	**32**	**35**	**46**
PECCATO! Fate tre passi indietro.	Qual è la parola estranea? *televisione – televideo telegiornale – giornale*	**PECCATO!** Fate tre passi indietro.	Che auguri fate a Natale, a Capodanno e in occasione della laurea?
20	**33**	**34**	**ARRIVO**
Trasformate. *Credo a quello che dice. = ... credo. / Parla del suo problema. = ... parla.*	Dite in un altro modo. *tutte le mattine = ... mattina*	Il proverbio dice: *............... con i tuoi, ... con chi vuoi!*	

4 Complete the following using a pronoun and the imperative.

1 tu, *leggere* Hai visto quest'articolo? ...., è molto interessante.
2 noi, *prenotare* Due camere a soli 60 euro! .... subito!
3 Lei, *prendere* È l'ultima pizzetta, ma .... pure!
4 tu, *fare* Gli spaghetti, ... al ragù!
5 voi, *comprare* Il pane? .... alla panetteria in fondo alla strada.
6 Lei, *comprare* Bella questa villetta, vero? Se Le piace, ... subito.

5 Read the story. Complete it using the conditional tense of the verbs in brackets.

Monika (1. *volere*) .... andare in Italia e studiare all'Università di Bologna. (2. *Volere*) .... trovare un lavoro, così (3. *avere*) .... i soldi per vivere. Ama molto i bambini e (4. *essere*) .... contenta di poter fare la baby-sitter. (5. *Lavorare*) .... il pomeriggio e la sera e così la mattina (6. *potere*) .... andare all'università.

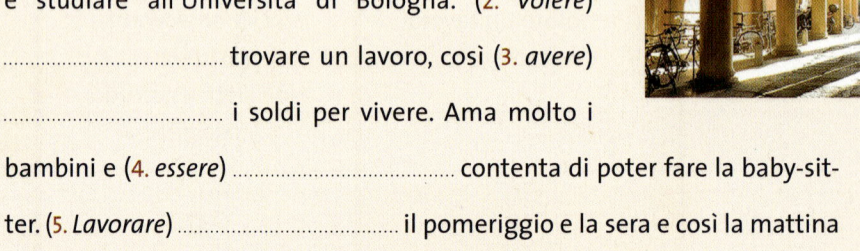

6 Complete the sentences using the indefinite adjectives and pronouns provided.

1 .... mattina mi alzo alle sette per andare al lavoro.
2 .... le mattine porto il bambino a scuola.
3 .... giorni fa ho visto Mariolina al supermercato.
4 Andiamo via per .... giorno.
5 Sono .... in giardino, dai, usciamo anche noi!
6 Gli invitati sono ancora in giardino, solo .... sono già entrati in casa.

ogni • qualche
alcuni • tutti
alcuni • tutte

7 Chain game: the first student says *Per fare il tiramisù ...* and adds one ingredient needed to make the dessert. The next student repeats the sentence, but adds a second ingredient. The third student adds a third ingredient, and so on. Whoever creates the longest sentence without making a mistake is the winner. Use *servire, volerci, bastare, bisognare*.

Ingredienti: uova, mascarpone, zucchero, caffè, biscotti savoiardi, cacao in polvere

Arrivederci!

UNITÀ 9

- Talking about work
- Considering job opportunities
- Expressing intentions
- Describing your job
- Giving advice
- Talking about a job interview
- *stare per* + infinitive
- Dependent clauses with *prima di* + infinitive
- Verb + preposition + infinitive or complement

Cosa fai nella vita?

1 Study the photos. Which people are working, do you think, and which are not? What are the various people doing?

2 Listen to the recording. Were you right?

3 What does work represent for you? Talk about it with your classmates.

> Il mio lavoro è come un hobby. Sono fortunato!

> Per me invece è tutt'altro che un piacere.

> Io lavoro per lo stipendio: in famiglia siamo in 5.

> Per me è un modo per essere indipendente.

edizioni Edilingua — ottantuno | 81

Cerco lavoro

Leggiamo

1 Read these adverts and complete the table.

a
Azienda cerca **programmatore con laurea** in informatica, automunito, max 35 anni. Requisiti: conoscenze PHP, JAVA e ottima conoscenza dell'inglese. Minimo tre anni di esperienza. Disponibilità a viaggiare.

Inviare curriculum a: hr@agix.it
oppure: Agix, Via Capello, 37
16151 Genova

b
Azienda leader nel campo allestimento fiere cerca hostess. Bella presenza, ottima conoscenza dell'inglese e di almeno un'altra lingua straniera. Anche prima esperienza.

Inviare curriculum con foto a:
info@allestimentofiere.it oppure:
AFC
Via De Roberto, 23 - 20052 Monza

c
Agenzia di Vibo Valentia cerca candidati ambosessi per attività di promoter/telefonista. Si richiede buona conoscenza dell'inglese e flessibilità. Fisso e commissioni. Anche part-time e studenti.

Inviare curriculum a:
vibo_v@promotel.it
oppure: Promotel
Piazza Diaz, 12
89900 Vibo Valentia

d
Studio legale cerca **segretario/a**, max 40 anni. Stipendio fisso. Il candidato ideale lavora in modo autonomo, ha esperienza e conosce l'inglese e SAP.

Contattare con curriculum: Dr. Luca De Santis,
Studio legale Altamira, Via Consoli, 15 – 95124 Catania
e-mail: luca.desantis@studio-altamira.it

e
AGENZIA IMMOBILIARE con sede a Siena cerca agenti ambosessi per acquisizione clienti tedeschi. Ottima conoscenza del tedesco, buona conoscenza dell'inglese e almeno due anni di esperienza nel campo degli immobili. Commissioni interessantissime.

Rivolgersi a: agente_immobiliare@studioone.it
o telefonare allo 0577-723456

Studi / conoscenze richieste	Condizioni di lavoro / tipo di stipendio
...	...

In Italy, every sizable council has a *Centro per l'impiego* ('Job centre') offering information and services to businesses, workers and the unemployed. But there are also *Agenzie per il lavoro* ('Recruitment agencies'). These are private organisations that match jobs to applicants; in other words, they find staff for employers and work for individuals.

2 Giorgio is interested in the job as a programmer. Listen to the first part of the telephone conversation. What do you think Giorgio is going to ask?

3 Now listen to and read the whole telephone conversation. Does Giorgio ask the questions you expected?

▸ *Agix*, buongiorno.
● Buongiorno. Mi chiamo Giorgio Maglioni, chiamo per l'annuncio che avete messo su *La Repubblica* e volevo farLe un paio di domande ...
▸ Certo, prego! Stavo proprio per rimettere l'annuncio sul giornale.
● Quindi cercate ancora un programmatore? ... Io sto per trasferirmi a Genova, per questo sarei molto interessato al posto che offrite. Devo spedire il curriculum per posta o lo posso mandare anche via mail?
▸ Se vuole lo può spedire via mail all'indirizzo che trova sull'annuncio, all'attenzione del dottor Marinelli, che è il responsabile del personale.
● Va bene. Senta, posso richiamare lunedì per sapere se ha ricevuto tutto?
▸ Se vuole, ma il dottor Marinelli è sempre molto occupato. Se il curriculum lo interessa appena può, La richiama lui.
● Va bene, La ringrazio. Arrivederci.

Parliamo

4 Work with a partner. Role-play the telephone conversation from exercise 3, but replace Giorgio's questions with yours.

→ es. 1-4

82 | ottantadue

Arrivederci!

Alla scoperta

5 Reread the dialogue from exercise 3. What is the meaning of each of the sentences below?

1. Stavo per rimettere l'annuncio ...
   a Ho messo da poco l'annuncio.
   b Tra poco metto l'annuncio un'altra volta.

2. Sto per trasferirmi ...
   a Tra poco tempo mi trasferisco.
   b Mi sono trasferito da poco.

> We use **stare per** + infinitive to indicate, without stating an exact time for it, that an action is imminent.

6 Rewrite the sentences below using *stare per* + infinitive.

1. A breve finisco il mio stage.
2. Tra poco andiamo a vivere in Italia.
3. A breve finisce il nostro corso d'italiano.
4. Adesso vado all'aeroporto.
5. Avevo intenzione di chiamarti.

Parliamo

7 With a partner, create a conversation based on one of the other adverts on page 82.

8 Compare with your classmates. Describe the jobs in the adverts from exercise 1 using the expressions below.

lavorare al chiuso / all'aperto
lavorare part-time / a tempo pieno
libero professionista / impiegato
avere contatti con la gente
passare molto tempo fuori casa
lavoro di squadra / autonomo
lavoro duro / facile
fare gli straordinari
fare i turni
avere un buono stipendio
guadagnare bene / guadagnare poco

> *Un programmatore lavora al chiuso, può essere un libero professionista o un impiegato e guadagna bene.*

9 You are thinking of changing jobs. What is important to you?

uno stipendio fisso • delle mansioni interessanti
dei colleghi disponibili • degli orari flessibili
un capo gentile • degli incarichi di responsabilità

Giochiamo

10 Describe a job that interests you. Your classmates will try to guess what the job is.

→ es. 5-11

Un colloquio di lavoro

Ascoltiamo

11 Listen to the telephone conversation and then read the dialogue. Find the expressions that fulfil the functions below.

▸ Pronto, signor Maglioni?
• Sì, chi parla?
▸ Sono la signora Melchiorri, la segretaria del dottor Marinelli, della *Agix*.
• Ah, buongiorno ...
▸ Le volevo dire che il dottor Marinelli ha letto il Suo curriculum e lo ha trovato molto interessante e così voleva vederla per un colloquio. Avrebbe tempo il 16 aprile, alle 10?

• Sì, credo di sì ... però prima di darLe una risposta definitiva guardo un attimo sulla mia agenda.
▸ Certo, faccia pure.
• Allora ... sì, il 16 va benissimo. Ha detto alle 10?
▸ Sì, prima di fare il colloquio con il dottor Marinelli, deve parlare con la dottoressa Galli. Il dottor Marinelli arriva poi verso le 10.30.
• Sì, va bene. Grazie mille e buona giornata.

What do we say to...?

comunicare qualcosa	Senta, il dottor ... / ....
chiedere qualcosa in modo gentile	Può venire da noi il 16 aprile? / ....
rispondere in modo affermativo	Molto probabilmente sì. / ....
chiedere conferma	Allora alle dieci? / ....

12 What advice would you give Giorgio for his interview?

- Io gli consiglierei di ...
- Io gli suggerirei di ...
- Al suo posto io ...
- Secondo me, dovrebbe ...
- Prima di andare potrebbe ...

Alla scoperta

13 Underline the sentences in the dialogue from exercise 11 that have the same meaning as those given below.

Guardo sulla mia agenda, poi Le do una risposta definitiva.
Deve parlare con la dottoressa Galli, poi fa il colloquio con il dottor Marinelli.

14 Rewrite the following sentences using *prima di* + infinitive.

1 Prima abbiamo letto l'annuncio, poi ci siamo presentati.
2 Prima Giorgio si è vestito bene, poi è andato al colloquio.
3 Prima hanno letto il mio curriculum, poi mi hanno contattato.
4 Prima hanno fatto i colloqui, poi hanno deciso chi assumere.

→ es. 12-14

Opinion verbs + *di* + *sì* / *no*:
Credo di sì. ('I believe so')
Penso di no. ('I think not')

▸ **Learning tips**

In order to improve your verbal fluency, rephrase sentences using different words. It will help you to communicate when you can't remember a word or grammatical structure.

We use *prima di* + infinitive only when the subject of the main clause is also the subject of the dependent clause.

Ascoltiamo

15 Listen to the conversation. Do you think Giorgio will get the job? Why?

16 Now read the dialogue and find sentences with the same meaning as those listed below.

> ➤ E allora, Giorgio, com'è andato il colloquio?
> • Molto bene. Sono sicuro che questa volta mi prendono.
> ➤ Te lo auguro! Dai, raccontami!
> • Beh, sono arrivato e la segretaria mi ha presentato la dottoressa Galli, poi è iniziato subito il colloquio.
> ➤ Cosa ti ha chiesto?
> • Beh, ha cominciato a parlare della ditta, di com'è organizzata, del lavoro eccetera. Poi appena ha finito di parlare dell'attività dell'azienda, è arrivato il dottor Marinelli e siamo passati a guardare il mio curriculum.
> ➤ Le tue qualifiche li hanno sicuramente colpiti, no?
> • Credo di sì. Mi hanno chiesto perché ho smesso di lavorare alla *Barni*, perché voglio trasferirmi a Genova, quando sarei pronto ad iniziare a lavorare eccetera.
> ➤ Quindi ti hanno preso!
> • Eh no, aspetta. La prossima settimana si decide tutto. Per ora il colloquio è finito così.

1 Abbiamo cominciato subito il colloquio di lavoro. ....
2 All'inizio ha parlato dell'azienda. ....
3 Quando ha concluso la presentazione dell'azienda, è arrivato il dott. Marinelli. ....
4 Mi hanno chiesto quando potrei andare a lavorare. ....
5 Abbiamo concluso il colloquio in questo modo. ....

Alla scoperta

17 Now complete the following by supplying the correct preposition in each case.

1 cominciare .... parlare   2 finire .... parlare
  iniziare .... lavorare   smettere .... lavorare

18 Choose the correct verb in each case.

1 Lunedì scorso ho iniziato   ho finito a lavorare allo studio legale.
2 La riunione è finito   è cominciata alle 10.
3 Da ottobre Sergio smette   inizia di fare i turni di notte.
4 Hai già iniziato   Hai già finito di fare lo stage?

Giochiamo

Quando hai finito gli studi?

Nel 2003 e ho iniziato subito a lavorare ...

19 Interview the student closest to you about his or her school and / or work life.

20 Divide into two groups. One group will think of a profession and the other will try to work out what it is by asking questions, which can only be answered with *sì* or *no*. Once the profession has been guessed, the groups will swap roles. The group that guesses correctly using the least number of questions is the winner.

È una professione che si fa all'aperto?
Si guadagna molto?
È un lavoro faticoso?

The perfect tense of *iniziare, cominciare* and *finire* can be formed using either **essere** or **avere** as the auxiliary:
avere when the verb is followed by a direct object,
essere when it is not followed by a direct object.

❗ When using **essere**, the past participle agrees with the subject.

smettere is not followed by a direct object.

→ es. 15-23

L'Italia da vicino

Emergenza lavoro per i giovani

I dati sull'occupazione presentano un Paese dove il 65% degli occupati lavora nel settore dei servizi, il 30% circa nel settore dell'industria e il 5% nell'agricoltura.

Secondo i dati Istat, l'Istituto Nazionale di Statistica, gli occupati in Italia tornano sopra i 23 milioni e crescono anche gli occupati di nazionalità straniera, che rappresentano l'11,6%. La crescita riguarda però la sola componente maschile, per le donne è più difficile trovare un lavoro. La disoccupazione rimane intorno al 7,9% e cresce, soprattutto, la disoccupazione giovanile (27,6%). A stare peggio i ragazzi sotto i 24 anni: il tasso di disoccupazione in questa fascia d'età è del 29,6%: uno su 3 è senza lavoro, rispetto al 21% della media europea.

Differenze esistono anche tra Nord e Sud: nelle regioni settentrionali il livello dei disoccupati è intorno al 6,4%, mentre nel Mezzogiorno raggiunge il 13,4%.

Fonte: Istat

servizi
agricoltura
industria

21 Read the title. Are you able to guess what the employment situation is like in Italy? Then, read the text to see whether you were right.

22 Reread the text. Are there any differences between the North and the South? And between the three sectors (agriculture, industry, services)? Talk about it with your classmates.

23 What is the work market like in your country? Does the situation resemble the one in Italy? Talk about it with your classmates.

86 | ottantasei *Arrivederci!*

Ripassiamo

UNITÀ 9

Comunicazione

Talking about work

• Cosa rappresenta il lavoro per te?	• Il mio lavoro è come un hobby. Sono fortunato! • Per me invece è tutt'altro che un piacere. • Io lavoro per lo stipendio. • Per me è un modo per essere indipendente.
• Cos'è importante per te quando cerchi lavoro?	• Avere uno stipendio fisso. • Avere/Svolgere delle mansioni interessanti / degli incarichi di responsabilità. • Avere colleghi disponibili / orari flessibili. • Avere un capo gentile.

Talking about work arrangements

Lavoro al chiuso / all'aperto.	Faccio un lavoro di squadra / autonomo.
Lavoro part-time / a tempo pieno.	Il mio lavoro è duro/facile.
Sono un libero professionista.	Faccio gli straordinari.
Sono un impiegato.	Faccio i turni.
Lavoro a contatto con la gente.	Ho un buono stipendio.
Passo molto tempo fuori casa.	Guadagno bene. / Guadagno poco.

Expressing intentions

Stavo per rimettere l'annuncio.
Sto per trasferirmi.

Giving advice

Io gli suggerirei/consiglierei di …
Al suo posto io …
Secondo me, dovrebbe …
Prima di andare potrebbe …

Grammatica

Stare per + infinitive

Stiamo per uscire.
Giorgio sta per arrivare.

Verb + preposition + infinitive

Inizio a lavorare domani mattina.
Quando finisci di scrivere quella mail?
Ho smesso di lavorare alle 10.

Verbs using as the auxiliary either *essere* and *avere*

Ho cominciato a lavorare a 20 anni.
Ieri ho finito di lavorare alle 9 di sera!
La riunione è iniziata alle 8 ed è finita alle 10.

Prima di + infinitive

Prima di iniziare il lavoro abbiamo preso un caffè.
(= Prima abbiamo preso un caffè, poi abbiamo iniziato il lavoro.)

Opinion verbs + sì / no

• *È arrivato il direttore?*
• *Credo di sì.*
• *Allora, ti prendono questa volta?*
• *Penso di no, il colloquio non è andato molto bene …*

Cosa so fare?

Scheda di Autovalutazione dell'unità 9

Either mark the statements below with a ✓ to mean "I can do this well" or with an ○ to mean "I cannot do this well" and fill in the gaps.

☐ 1	I can talk about work and jobs.	▸ Che lavoro fai? • .... ▸ Ti piace il tuo lavoro? • ....
☐ 2	I can read and understand job adverts.	**Cercasi insegnante madrelingua per corsi di italiano, flessibilità:** corsi serali e intensivi anche sabato e domenica, contattare dott. Marini al 3277554679. Cercano .... Richiedono .... Bisogna rivolgersi ....
☐ 3	I can express my interest in a job opportunity.	Pronto? Buongiorno, ... per l'........................ sul giornale. Sarei molto .... al posto che .... Devo spedire il .... per posta o lo posso mandare anche .... mail?
☐ 4	I can talk about work arrangements.	Ho un contratto a .... , lavoro dalle 9 alle 18. Il mio è un lavoro .... , ma interessante, infatti ho diversi .... di responsabilità. Quando c'è bisogno faccio gli ....
☐ 5	I can express intentions.	.... uscire , puoi richiamarmi più tardi? .... andare a correre quando è cominciato a piovere.
☐ 6	I can sequence events in various ways.	Prima ho parlato con Dario, poi ho chiamato Nicola. Prima di .... Prima della telefonata a Nicola ero tranquilla. Prima di ....
☐ 7	I can give advice.	Io al .... tuo, le .... la verità. .... me, tu .... mandare il C.V. a più ditte.
☐ 8	I can answer questions using *sì* and *no*.	▸ Viene anche Marta alla festa? ▸ .... sì. ■ Oggi finisci di lavorare presto? ■ .... no.
☐ 9	I can use a verb + preposition + infinitive or complement.	Se .... lavorare presto, ti chiamo, così usciamo. Va bene? Quando .... preparare la cena? Sono le 8 ...
☐ 10	I can form the perfect tense of *cominciare*, *iniziare* and *finire*.	Vieni, Chiara! Il film .... appena .... leggere il libro che mi hai regalo. Mi è piaciuto moltissimo.

Go to page 270 to check your answers.

- Reading and writing adverts
- Talking about love
- Talking about your feelings
- Reading horoscopes
- Asking and saying what someone's star sign is
- Talking about the future
- Expressing uncertainty
- Constructions with *si* + reflexive verbs
- The verb *riuscire*
- The future tense

UNITÀ 10

L'amore è ...

1 What kinds of love are depicted in the photos above, do you think?

sentimento d'amore:
amore materno / amore per i familiari
affetto per un amico
amore verso Dio / una persona / un animale / una cosa
attrazione fisica
passione per la lettura/musica/pittura ...

2 In your opinion, which of the photos best represents love? Talk about it with your classmates.

3 What else does the word 'love' mean to you? Make a list and compare it to the lists of others in the class.

amore/passione per ...
matrimonio
simboli: il cuore, il colore rosso ...
cena romantica a lume di candela
amare qualcuno / volere bene a qualcuno
...

Ti voglio bene ...

Io amo ...

Ho una passione per ...

edizioni Edilingua ottantanove | 89

Cercasi anima gemella!

Leggiamo

1 Read the following adverts. Which people would be good together and make a good couple, do you think? Give reasons for your answer.

1 **Mi chiamo Anna,** ho 40 anni. Sono alta, bionda e carina. Cerco un uomo tra i 45 e i 55 anni per vivere un amore serio e importante. In due ci si diverte di più e ci si aiuta sempre, nel bene e nel male! Scrivimi alla casella postale AR 236498.

2 **Ciao, sono Claudia,** 35 anni, separata senza figli e cerco l'anima gemella, massimo 45 anni, interessata a diventare il mio compagno di viaggio in questa vita. In due ci si sente meno soli! Ti aspetto, scrivimi: nuova-luce@alice.it

3 **Cerco l'anima gemella della mia vita, sui 30 anni:** ho molto da darti, so come renderti felice e amarti! Se mi vuoi, io sono Lorenzo, scrivimi: lorenzo@libero.it

4 **Salve, il mio nome è Mauro,** ho 45 anni, sono divorziato senza figli. Sono sincero, romantico, amo l'arte, viaggiare, gli animali. Sono alto 1,85, sportivo e di bell'aspetto. Lavoro come impiegato. Alla mia età ci si accorge del tempo che passa e dell'importanza di avere vicino una compagna. Scrivimi all'indirizzo della redazione del giornale.

2 What do the people in the ads say about themselves? Make a list of their characteristics.

Alla scoperta

> When the impersonal construction with *si* is used with a reflexive verb, repetition of the word *si* is avoided:
> *si* (impersonal) + *si* (reflexive) becomes *ci si*:
> *In due ci si diverte di più.*

3 Study the ads and find the impersonal forms of the following infinitives.

1. *divertirsi* ....
2. *aiutarsi* ....
3. *sentirsi* ....
4. *accorgersi* ....

4 Complete the following using the impersonal form of the verb in brackets.

1. Con il semaforo rosso (*fermarsi*) ....
2. In vacanza (*sentirsi*) .... sempre bene!
3. In inverno (*vestirsi*) .... pesante perché fa freddo.
4. In questa casa la mattina (*svegliarsi*) .... alle 7!

Scriviamo

5 Write a reply to one of the ads in exercise 1.

Parliamo

6 Read the cartoon. When people use the word 'love', are they only ever expressing a positive sentiment, do you think, or can the sentiment expressed be negative? Talk about it with one of your classmates.

→ es. 1-5

Arrivederci!

90 | novanta

Leggiamo

7 Read the following article on how to find your soul mate and then decide which statements are true.

1 Per trovare l'anima gemella può bastare un po' d'impegno, cioè una bella corsa di 7 chilometri! È l'idea dell'associazione sportiva *C.S. Single Events*. I partecipanti alla corsa, tutti single, indossano una maglietta rossa dove molti scrivono sopra il numero di cellulare. Il motto? "Se scappi, ti sposo!" Per sapere quando e dove si corre la prossima volta, ecco il sito: www.strasingle.it.

2 Riuscire a trovare il partner in 3 minuti è possibile ad uno *speed date*. Come? Prima di tutto ci si registra al sito www.speeddate.it, poi si guarda quando e dove ha luogo una serata con posti disponibili e si prenota (costa circa 20-25 euro). I locali per gli *speed date* accettano solo persone con prenotazione, quindi non portate amici non iscritti. Come funziona? 25 uomini e 25 donne siedono uno di fronte all'altro: si parlano per 3 minuti, poi cambiano partner, per 25 volte. Alla fine, eventualmente si sceglie.

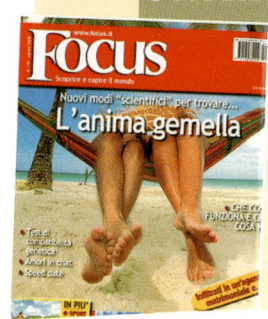

3 Il ricercatore italiano Guido Caldarelli, dell'Università di Roma 1, dice: "La carta vincente è agire per primi". E questa è l'unica certezza scientifica su un argomento così importante e particolare come quello dell'amore. Questo passo è riuscito a tanti, quindi, non aspettate: meglio provare subito, cercando un contatto con la persona che vi piace!

adattato da Focus

Per trovare l'anima gemella ...
☐ ... si deve fare sport. ☐ .... si deve dare il proprio numero di cellulare. ☐ ... ci si deve iscrivere ad uno *speed date*.
☐ ... si deve avere un computer. ☐ ... bastano tre minuti. ☐ ... si deve aspettare. ☐ ... non si deve avere paura.

8 Choose a title for each section of the article in exercise 7 from the options below.

1 a Corri che ti sposo.
    b Se fai sport, ti sposo!

2 a Incontri veloci.
    b Parliamo un po'!

3 a Provateci!
    b Aspettate!

Alla scoperta

9 The article in exercise 7 contained the verb *riuscire*. Read the rule on the right and complete the sentences using *riuscire* or *riuscire a*.

1 L'esperimento è ....
2 Ieri sera (tu) sei .... vedere la fine del film?
3 C'è troppo rumore: (io) non .... studiare!
4 Le feste a casa di Bartolomeo .... sempre bene.

Parliamo

10 Which of the ideas suggested in the article taken from *Focus* magazine do you like best?

11 Do you know of any other ways to meet your soul mate? Talk about it with your classmates.

12 Have a go at speed dating in class, with the aim of making new friends. Talk to one of your classmates for three minutes in Italian and then move on to the next person, and so on. When you have finished, choose a friend and explain why you picked them.

→ es. 6-12

Per me, è bella l'idea di fare sport per trovare l'amore!

No, meglio provarci alla vecchia maniera!

Italians do not use the word *amico/a* ('friend') when referring to their partner. The word carries the same meaning as its English translation. The word for partner is *ragazzo/a* (used by young people), *compagno/a*, *fidanzato/a*.

! *riuscire* conjugates like *uscire*. The preposition *a* + infinitive (that often follow the verb *riuscire*) can be substituted by *ci*:
– *Riesci a farlo?*
– *Sì, ci riesco.*

People often give **Baci Perugina** chocolates to a person they love (both to partners and others). Each chocolate is wrapped in a little love note.

"Il cuore ha le sue ragioni che la ragione non conosce." (Pascal)

Cosa dicono le stelle?

Leggiamo

Il mio compleanno è il 14 settembre, sono della Vergine

13 When is your birthday? *Di che segno siete?*

Ariete 21/03 – 20/04	Cancro 22/06 – 22/07	Bilancia 24/09 – 23/10	Capricorno 22/12 – 20/01
Toro 21/04 – 20/05	Leone 23/07 – 23/08	Scorpione 24/10 – 22/11	Acquario 21/01 – 19/02
Gemelli 21/05 – 21/06	Vergine 24/08 – 23/09	Sagittario 23/11 – 21/12	Pesci 20/02 – 20/03

14 *Oroscopo "fai da te"* (DIY horoscope): what do you hope the future will bring? Write your own horoscope on a sheet of paper; choose at least one sentence for each category (love, work, health), but feel free to write more if you wish.

AMORE:
- ✔ un amore inaspettato ti cambierà la vita.
- ✔ Venere non ti sorriderà questa settimana.
- ✔ la fortuna ti bacerà.
- ✔ qualcuno ti regalerà …

LAVORO:
- ✔ riuscirai ad ottenere un aumento di stipendio.
- ✔ troverai il lavoro che hai sempre desiderato.
- ✔ ti aspetteranno giorni di duro lavoro.
- ✔ la speranza sarà …

SALUTE:
- ✔ un week-end di riposo ti regalerà nuova energia.
- ✔ con un po' di sport ti sentirai meglio.
- ✔ non avrai nessun problema di salute.
- ✔ troverai benessere in …

15 Collect in all the horoscopes and hand them out again at random. Whose horoscope do you think you have?

Alla scoperta

16 Study the table on the left and then look for the verbs in the sentences from exercise 14 that are in the future tense. Write each under its infinitive in the table below.

sorridere	riuscire	sentirsi	essere	regalare
avere	trovare	baciare	aspettare	cambiare

17 Complete the following using the future tense of the verbs provided.

1. *restare*, noi — Il prossimo week-end .... a casa.
2. *vendere* — Prima o poi Maria e Gianni .... la casa al mare.
3. *sentire*, io — Domani vedo Giulia e .... cosa ne pensa.
4. *essere* — Tra un'ora Lorenza .... sicuramente a casa.

Giochiamo

18 Write the ideal horoscope. Divide into two groups: students will take it in turns to write a sentence in the second person plural of the future tense. The group that writes the most correct sentences in five minutes is the winner.

→ es. 13-22

The future tense

Amare
io	amer-**ò**
tu	amer-**ai**
lui/lei/Lei	amer-**à**
noi	amer-**emo**
voi	amer-**ete**
loro	amer-**anno**

prend**ere**: prender-**ò**, etc.
dorm**ire**: dormir-**ò**, etc.

Irregular verbs
essere: **sarò**, etc.
avere: **avrò**, etc.

▶ Learning Tips

The future tense is very simple! It is formed in the same way as the conditional tense, but takes different endings (-*ò*, -*ai*, etc.).
Verbs that are irregular in the conditional tense are also irregular in the future tense (*andrò*, etc.).

Italian also uses the future tense to express uncertainty or to make guesses:
– *Chi è Paolo Virzì?*
– *Sarà un regista.*

– *Che ore sono?*
– *Non so, saranno le tre.*

92 novantadue · *Arrivederci!*

Ascoltiamo

19 You want to go to the theatre. Listen to the radio: what's on?

20 Listen again. Which photos represent the cultural events mentioned?

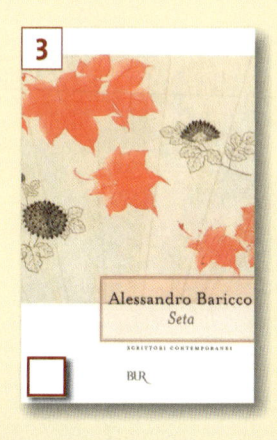

1. LE COMMEDIE DI CARLO GOLDONI — La locandiera
2. La vita è bella
3. Alessandro Baricco — Seta
4.
5.
6. CATERINA VA IN CITTÀ — un film di PAOLO VIRZÌ (Sergio Castellitto, Margherita Buy, con la partecipazione di Claudio Amendola)

letteratura: romanzo giallo - romanzo rosa - ...
teatro: commedia - tragedia - ...
cinema: film d'amore - film d'azione - ...
arte: scultura moderna - scultura classica - ...
musica: pop - rock - ...

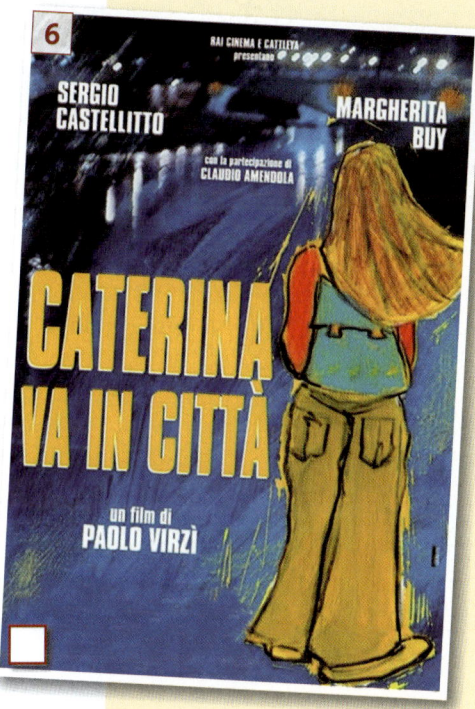

Parliamo

21 What love stories from film, literature, etc. do you know?

Scriviamo

22 Divide into groups. Each group will organise a cultural evening for Italians. The theme will be love, with examples from the art, literature and theatre of your country. Choose the most representative works, describe them briefly, translate their titles into Italian and draft a programme. Present your work to the class.

→ es. 23-25

L'Italia da vicino

Esiste ancora il latin lover?

L'Italia, terra dei latin lover, ci ha sempre regalato storie di uomini corteggiatori, galanti e rubacuori.

Chi non conosce Giacomo Casanova - scrittore, diplomatico, agente segreto e avventuriero - che nel suo libro *Storia della mia vita* racconta nei minimi dettagli i suoi numerosi incontri galanti?

E Marcello Mastroianni che dopo il film di Fellini *La dolce vita* (1960) è diventato per molte donne nel mondo il simbolo del latin lover perfetto?

L'Italia offre anche la scenografia giusta: spiagge, sole, ragazzi romantici e abbronzati che cantano serenate sotto le finestre ...

Ma è tutto vero?

Vediamo cosa scrivono alcuni quotidiani e come la pensano gli esperti:

... oggi il giovane maschio italiano è preoccupato, fragile e sempre in ansia per la sua vita sessuale.

Vita sessuale poco eccitante, rapporti poco frequenti e difficoltà a parlare con la partner delle proprie fantasie.

da Il Giornale

Come possono coesistere, in Italia, gli stereotipi opposti del latin lover e del mammone?

Il latin lover spesso è un mammone. Il latin lover psicologicamente non è un uomo adulto e maturo. Il latin lover non prende la responsabilità di una relazione di lunga durata o di una famiglia. Le sue relazioni sono brevi. Dopo le emozioni della seduzione e della conquista, spesso non resta molto. L'unica donna importante nel tempo, nella vita del latin lover, è la sua mamma.

intervista pubblicata su Psychology Today

23 When you hear or read the expression 'Latin lover', what image does it conjure up in your mind? As a class, make a list of the characteristics it evokes for you. Then, read the texts and add to your list. Which characteristics are positive and which negative?

corteggiatore, rubacuori, ...

24 Read the texts again. What is the situation in your country? Have you read any other surveys on this subject? Talk about it with your classmates.

25 Do you enjoy being courted? What should courtship be like? How would your ideal partner behave?

Ripassiamo

UNITÀ 10

Comunicazione

Talking about love / your feelings

Ti amo, Valeria!

Mamma, ti voglio tanto bene!

Ho una grande passione per la musica.

Asking and saying what someone's star sign is

• Di che segno sei?	• Sono dell'Ariete/Acquario. • Sono del Toro/Cancro/Leone/Sagittario/Capricorno. • Sono dei Gemelli/Pesci. • Sono della Vergine/Bilancia. • Sono dello Scorpione.

Talking about the future

Un amore inaspettato ti cambierà la vita.	Ti aspetteranno giorni di duro lavoro.
Riuscirai ad ottenere un aumento di stipendio.	Con un po' di sport ti sentirai meglio.

Espressing uncertainty or making guesses

• Che ore sono?	• Non so, saranno le tre.
• Chi è Paolo Virzì?	• Sarà un regista.

Grammatica

The impersonal construction with *si* + reflexive verbs

Ci si addormenta tardi.
Ci si lava ogni mattina.
In due ci si diverte di più.

Riuscire

io	riesco
tu	riesci
lui/lei/Lei	riesce
noi	riusciamo
voi	riuscite
loro	riescono

L'esperimento è riuscito.

• *Riesci a vederlo?*
• *No, non ci riesco.*

The future tense

comprer- prender- dormir-	ò ai à emo ete anno

La prossima volta pagherò io.
Mangerò un panino.

andare	andrò	fare	farò
avere	avrò	potere	potrò
bere	berrò	sapere	saprò
dire	dirò	vedere	vedrò
dovere	dovrò	venire	verrò
essere	sarò	volere	vorrò

edizioni Edilingua — novantacinque | 95

Cosa so fare?

Scheda di Autovalutazione dell'unità 10

Either mark the statements below with a ✔ to mean "I can do this well" or with an O to mean "I cannot do this well" and fill in the gaps.

☐ **1** I can read and reply to a personal ad.

> **Ho 35 anni,** sono alto, biondo, sportivo, ti cerco per viaggiare, fare sport ecc. Insomma, per vivere insieme!

....
....
....

☐ **2** I can use the impersonal construction with *si* + a reflexive verb.

Al mattino, (*svegliarsi*) .... (*alzarsi*) ....
(*lavarsi*) .... e (*vestirsi*) ....

☐ **3** I can talk about my feelings.

Io amo .... Ho una .... per ....

☐ **4** I can talk about the different kinds of love.

Per un amico si prova ....
Per una persona che ci piace proviamo .... fisica.

☐ **5** I can talk about star signs.

▸ .... sei?
● Sono ...., e tu?
▸ ....

☐ **6** I can read and understand horoscopes.

.... Cosa ti succederà?

> Sarete fortunati in amore, passerete giorni felici. Anche al lavoro sarà tutto tranquillo, non avrete problemi con nessuno.

....
....

☐ **7** I can use the verb *riuscire*.

Non ho bisogno d'aiuto, ... da solo.
Carlo, poi ieri .... riparare la macchina?

☐ **8** I can talk about the future.

Quest'estate io e la mia famiglia .... in affitto una casa in Sardegna.
Dopo la laurea .... subito per una bella vacanza.

☐ **9** I can express uncertainty.

▸ Ma dov'è Giorgia? È mezz'ora che l'aspetto ...
▸ .... ancora in ufficio.
● Che ore sono?
● Boh ... . quasi le 11.

☐ **10** I can form the future tense of irregular verbs.

bere – .... / dovere – .... / fare – .... (*io*)
sapere – .... / stare – .... / venire – .... (*io*)

Go to page 270 to check your answers.

96 | novantasei

Arrivederci!

- Formulating complaints, prohibitions, requests
- Giving information
- Talking about neighbourhood relations
- Keeping a conversation alive
- Expressing surprise, disbelief, relief
- Talking about stereotypes
- The relative pronoun *cui* after a preposition
- The names of countries (in more depth)
- *ce l'ho, ce l'hai* ...

UNITÀ **11**

Vivere insieme

1 Look at the photos. What aspect of 'living alongside others' does each depict, do you think?

2 Listen to the conversations and match each to a photo.

a ☐ b ☐ c ☐ d ☐ e ☐

3 In which of these situations would you least like to be? Why?

Io spero di non dover fare la coda alla posta ...

Io non vorrei trovarmi in una discoteca perché ...

edizioni Edilingua

novantasette | 97

I nostri vicini

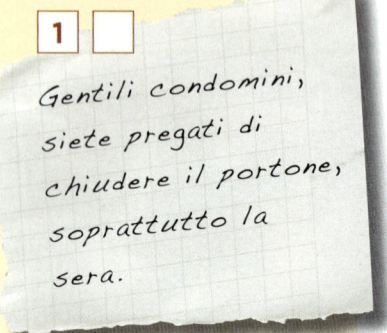

Leggiamo

1 Read the following notices. Which ones contain a request (RE), which a rule (RU) and which information (IN)?

1 Gentili condomini, siete pregati di chiudere il portone, soprattutto la sera.

2 È vietato buttare l'immondizia al di fuori dei seguenti orari: dalle 8 alle 13 e dalle 17 alle 22.
Comune di Bologna
Ufficio igiene

3 I signori condomini proprietari di un cane dovrebbero, come segno di civiltà, almeno pulire, dopo che i simpatici «amici» hanno fatto i loro bisogni, soprattutto davanti al portone. Grazie!

4 È severamente proibito giocare a pallone in cortile durante le prime ore del pomeriggio.
L'Amministratore
Geom. NEBULONI FRANCO
Via G. Nagri, 4 - tel. 94969829
20081 ABBIATEGRASSO (MI)

5 Si informano i signori condomini che martedì 20 marzo dalle ore 8.00 alle ore 12.00 non ci sarà acqua causa lavori nell'appartamento del sig. Pini.
L'Amministratore
Geom. NEBULONI FRANCO
Via G. Nagri, 4 - tel. 94969829
20081 ABBIATEGRASSO (MI)

2 Using a different colour for each, underline the expressions used for the following: to request, to prohibit and to inform.

3 In your opinion, what problems are behind each of the notices from exercise 1?

Dal primo avviso capiamo che i signori condomini lasciano aperto il portone e quindi degli estranei potrebbero entrare nel palazzo ...

Parliamo

4 Work with a partner: is there anything about the building or neighbourhood in which you live that bothers you? Do you have any problems with your neighbours?

I miei vicini, gli inquilini del piano di sopra, fanno sempre rumore ...

Io abito vicino ad un ospedale e purtroppo ogni giorno sento le sirene delle ambulanze ...

Scriviamo

5 Divide into groups of three to write a notice of your own. Make a request, complain about something or tell others about a new rule.

→ es. 1 e 2

98 | novantotto

Arrivederci!

Ascoltiamo

6 Listen to the conversation between two women as they talk about their neighbours. What do you think they will say next? What emotions are they expressing?

piacere ○   sorpresa ○   incredulità ○   gioia ○
esagerazione ○   sollievo ○   paura ○   dispiacere ○

7 Now read the dialogue and find the expressions that fulfil the functions below. Then, role-play the conversation with a partner remembering to emphasise the various emotions expressed.

➤ ... senti, hai visto i nuovi vicini del quinto piano?
● Ma chi? I Ghedini? Li ho visti una volta ... Come sono?
➤ Mah, che ti devo dire? A me sembrano un po' strani. Sì, insomma, sapevi che non sono sposati e hanno due bambini?
● Non sono sposati!? Ma tu come fai a saperlo?
➤ L'ho saputo dalla moglie dell'avvocato con cui ho parlato l'altro giorno. E lo sai che hanno anche un cane enorme?
● Con due bambini!? Ma davvero? ... Nell'appartamento in cui stanno, non c'è tutto questo spazio ...
➤ Eh già. Da non credere ... cosa vuoi, i tempi cambiano!
● In peggio, però! E a proposito, hai saputo invece che i Masi adesso hanno comprato un violoncello alla figlia?
➤ Addirittura! Non ci posso credere. Ecco cos'era quello scatolone enorme. Meno male che non abitano sopra di me!
● A proposito, scusa se ti interrompo, e la musica che ascolta il figlio dei Lazzarin?

What do we say to ...?

1 *manifestare sorpresa* ....
2 *esprimere qualcosa in modo diverso* ....
3 *far intendere che si è capito* ....
4 *esprimere sollievo* ....
5 *cambiare argomento* ....
6 *interrompere qualcuno* ....

Alla scoperta

8 Reread the dialogue in exercise 7. What does the word *cui* refer to?

1 L'ho saputo dalla moglie dell'avvocato con cui ho parlato l'altro giorno.
2 Nell'appartamento in cui stanno, non c'è tutto questo spazio ...

9 Complete the following using the pronoun *cui* and the appropriate preposition.

1 Le due signore parlano dei Ghedini.
   I Ghedini sono i vicini .... parlano le due signore.
2 Nello scatolone c'era un violoncello.
   La signora Rota ha visto uno scatolone .... c'era un violoncello.
3 La signora Rota parla con la signora Magli.
   La signora, ... parla la signora Rota, si chiama Magli.
4 I Masi hanno regalato il violoncello alla figlia.
   La persona .... i Masi hanno regalato il violoncello è la figlia.

➔ es. 3-11

> ### Learning Tips
>
> Practice talking at home: listen to the conversation more than once and repeat it. You could even stand in front of a mirror, emphasising words where appropriate; try to imagine how the emotions expressed would look.

The relative pronoun *cui* is invariable and is preceded by a preposition (*di, a, da, in, con, su, per, tra, fra*).

❗ *Luisa è la ragazza a cui ho dato il libro.*
= *Luisa è la ragazza cui ho dato il libro.*

Come ti trovi in Italia?

Ascoltiamo

10 Listen to three young people being interviewed. Where are they from?

11 Now read their answers. What do these foreigners say about their relationship with Italians? What stereotypes do they mention?

a

Io vengo dal Brasile. Studio economia. … Il mio rapporto con gli italiani è buono anche se spesso molti, se sei brasiliano, non ti chiedono cosa studi, ma se giochi a calcio o balli il samba. E poi pensano che noi brasiliani siamo tutti allegri e cantiamo e balliamo sempre, non pensano ai grossi problemi che anche noi abbiamo. Però io mi trovo bene in Italia e gli italiani in genere sono molto simpatici.

b

Io sono tedesca, vengo da Dortmund. … Anch'io studio economia. Sono qui come studentessa Erasmus. … Beh, gli italiani amano parlare e discutere. La gente è molto socievole, soprattutto i ragazzi. Mi chiedono spesso come si vive in Germania … per loro la Germania è un Paese dove tutto funziona perfettamente, ma freddo e dove la gente non sorride e non si diverte mai. Ovviamente non è così … solo il clima qui è migliore!

c

Io sono egiziano, studio medicina e intanto lavoro. L'Italia è un Paese che io amo molto, anche perché qui c'è lavoro. Io mi trovo bene, ma il mio Paese mi manca … Qui sento parlare dell'Egitto solo come meta per le vacanze, mare e piramidi, e come Paese musulmano.

! *La Germania è un Paese dove tutto funziona perfettamente.*
= *La Germania è un Paese in cui tutto funziona perfettamente.*
('Germany is a country where / in which everything works perfectly')

In Italian, the names of countries usually require the definite article:
L'Italia è uno stato europeo.
There is no definite article after the preposition *in* (*in Italia*), but there are exceptions:
– plural country names:
 negli Stati Uniti;
– when referring to a specific geographical area:
 nell'Italia del Nord;
– when making a specific reference:
 nell'Italia del terzo millennio.

Parliamo

12 What do you think of the stereotypes mentioned in the interviews? Do you know any others? Talk about it as a class.

13 What do the countries listed below bring to mind?

> Brasile • Germania • Egitto • Messico
> Polonia • Spagna • Stati Uniti • Italia • …

Il Brasile mi fa pensare a …

14 Divide into small groups and interview each other. What things about Italy and your own country do you like? What don't you like?

Giochiamo

15 Divide into two groups. Group *A* will choose a country and tell one person from group *B* what it is. That person will then list things associated with the country to his or her team (without naming any of the cities). Once group *B* has guessed the name of the country, the groups will swap roles. The group that guesses the most countries in the shortest amount of time is the winner.

È il Paese delle Alpi, del cioccolato, degli orologi …

È la Svizzera!

→ es. 12-17

Arrivederci!

Leggiamo

16 Mr Mario Rossi is trying to arrange a registry office ceremony for his marriage to Karin Müller. Read the comic strip and then complete the statements below by choosing the correct option in each case.

[Comic strip panels:]

1 Buongiorno. Senta, io vorrei sposarmi con una cittadina tedesca. Di cosa ho bisogno?
La signora, un documento valido, ce l'ha?

2 Sì, ce l'ha. Ecco la sua carta d'identità. Se vuole c'è anche il passaporto!
Ha anche lo stato di famiglia? Suo e della signora.

3 Ce li ho anche questi. Eccoli qui!
Perfetto. Vediamo...

4 Ma questi documenti sono in tedesco...
Eh beh, certo. Lei è tedesca!

5 Mi dispiace, ma questi documenti non posso accettarli. Ci vogliono le traduzioni autenticate.
E che cosa sono?

6 Non lo sa? Sono traduzioni fatte da un traduttore giurato. Ce le ha o no?
No! Ma scusi, e se Le spiego io cosa c'è scritto?

1 Il signor Rossi ha bisogno ...
   a della carta d'identità e del passaporto.
   b di un documento di identità.

2 Ci vuole lo stato di famiglia ...
   a di tutti e due.
   b della signorina Müller.

3 Servono le traduzioni autenticate ...
   a dei documenti della signorina Müller.
   b dei documenti del signor Rossi.

A foreign citizen, even if married to an Italian, has to reside on Italian soil for 10 years before he or she can apply for Italian citizenship.

Alla scoperta

17 Reread the comic strip. What does each of the following refer to?

ce l'ha .... ce li ho .... ce le ha ....

18 Work with a partner. Person A will ask person B if he or she has or has not got something, and person B will reply. Then, swap roles. Use the words provided on the right.

➤ Ce l'hai una matita?
● Sì, ce l'ho. E tu ce li hai due fogli bianchi?

matita • fogli bianchi • foto di famiglia
penne nere • macchina sportiva • bicicletta
giardino • computer • cellulari • caramelle
monete da 1 euro • ...

Parliamo

19 Do you know any foreigners? How does 'living alongside others' work in your country? Talk about it in class.

➔ es. 18-23

edizioni Edilingua

centouno | 101

L'Italia da vicino

Italiani e stranieri

Gli italiani sugli immigrati:

... il 42% degli italiani dice di provare sentimenti di «comprensione, disponibilità e fiducia» nei confronti degli immigrati ...

... il 33% parla di «disagio, rabbia e insicurezza».

... due terzi degli italiani non conoscono il numero degli immigrati sul territorio nazionale ... pochi indicano una cifra fra i 2 milioni e mezzo e i 3, che si avvicina al dato reale.

Gli immigrati sugli italiani:

Il ... 36,7% ... ha una buona opinione degli italiani e desidera integrarsi.

Per il ... 33,2% ... gli italiani sono razzisti. Seguono quelli che ... non li definiscono razzisti e criticano gli altri immigrati; ... quelli che non desiderano integrarsi.

In Italia oltre l'85% degli immigrati si trova bene. Tre immigrati su quattro lavorano e la maggior parte ha contratti regolari. I lavori più diffusi: operaio, badante, colf e cameriere. Quasi la metà degli immigrati vive con la propria famiglia in case in affitto o di proprietà, ha la macchina o un motorino. Il 93% ha il telefonino. Sono molti quelli che hanno un conto in banca e che mandano soldi a casa.

Non tutti gli immigrati intendono rimanere in Italia: circa la metà vuole tornare nel proprio Paese, il 55% invece sarebbe interessato a richiedere la cittadinanza italiana. Poco meno della metà considera giusti i test sulla conoscenza della lingua. Tanti immigrati, infatti, oltre alla loro lingua, conoscono altre lingue straniere meglio dell'italiano.

adattato dal *Corriere della Sera*

20 Draw a table to show the opinions of both Italians and foreigners. What are the criticisms?

21 What is it like for foreigners in your country?

22 In your opinion, in order to feel integrated, how important is it to know the language of the country you are living in? What else would facilitate integration? Talk about it with your classmates.

Ripassiamo

UNITÀ 11

Comunicazione

Formulating complaints, prohibitions, requests (in an apartment block)

Gentili condomini, siete pregati di chiudere il portone.

È vietato buttare l'immondizia al di fuori dei seguenti orari: dalle ... alle ... .

È severamente proibito giocare a pallone in cortile durante le prime ore del pomeriggio.

Giving information (in an apartment block)

Si informano i signori condomini che ...

Expressing surprise / disbelief

Ma davvero?

Addirittura!

Non ci posso credere!

Ma tu come fai a saperlo?

Da non credere ...

Expressing relief

Meno male che ...

Interrupting someone / Changing the subject

Scusa se ti interrompo, ma ....

A proposito, ...

Talking about stereotypes

I brasiliani sono sempre allegri.

Per gli italiani la Germania è un Paese dove tutto funziona perfettamente.

Grammatica

The relative pronoun *cui* after a preposition

La signora del primo piano, con cui parlo spesso, si chiama Maria.
Quali sono i documenti di cui ho bisogno?

Il signore, a cui ho inviato l'email, è l'amministratore del condominio.
(= Il signore, cui ho inviato l'email, è l'amministratore del condominio.)

Il palazzo in cui abito si trova nel centro storico.
(= Il palazzo dove abito si trova nel centro storico.)

Ce l'ho, ce l'hai ...

• Hai un fazzoletto?	• Non, non ce l'ho.
• Hai una penna?	• Sì, ce l'ho.
• Hai tu le chiavi?	• Non, ce le ho io.
• Hai tu i passaporti?	• Sì, ce li ho io.

The name of countries

la Francia, l'Italia, la Svizzera
but il Canada, il Kenya, il Sudafrica

il Portogallo, il Brasile, il Perù

i Paesi Bassi, gli Stati Uniti, le Filippine

Israele, Cuba, Cipro

La Spagna è un Paese fantastico.
I nostri vicini vengono dal Messico.

In Germania si vive bene.
but
Faremo un viaggio negli Stati Uniti.
Nell'Italia del Nord ...
Nell'Italia del terzo millennio ...

edizioni Edilingua

Cosa so fare?

Scheda di Autovalutazione dell'unità 11

Either mark the statements below with a ✔ to mean "I can do this well" or with an ○ to mean "I cannot do this well" and fill in the gaps.

☐	1 I can write a notice.	(*Alcuni vicini ascoltano la TV a volume alto fino alle 2 di notte*) .... (*Alcuni vicini lasciano l'immondizia davanti alla porta*) ....
☐	2 I can say that something is banned.	.... severamente .... giocare a pallone in cortile.
☐	3 I can write sentences using the relative pronoun *cui*.	Oggi vedo Lia. A Lia presterò la mia auto per due giorni. = Oggi vedo Lia .... Abbiamo dormito in un hotel. L'hotel si trova in centro. = L'hotel ....
☐	4 I can keep a conversation alive.	▸ ... e poi ha iniziato a nevicare. ● Noo,..............................? ▸ Sì... e la sera c'era quasi mezzo metro di neve! ● Ad...................? .... credo!
☐	5 I can express disbelief, surprise and regret.	1 ☐ Oh, che peccato! a dispiacere 2 ☐ Cosa? L'hai fatto tu?!? b incredulità 3 ☐ Non ci posso credere. c sorpresa
☐	6 I can remember the names of countries.	Vado ...., voglio vedere New York. Torna stasera ...., è stata a Roma.
☐	7 I can use *ce l'ho, ce l'hai*, etc.	▸ Allora ... avete preso tutto? ● Sì! ▸ E i biglietti,......................? ● Sì,...................... . ▸ E il passaporto,...................? ● Sììì, adesso andiamo, ciao!
☐	8 I can talk about stereotypes.	Non è .... che gli italiani mangiano solo pasta e .... Sono molto legati alla famiglia, ma non sono tutti ....
☐	9 I can talk about problems with neighbours.	Quelli del .... di sopra fanno una festa ogni sera. I figli dei signori Belli lasciano sempre il .... aperto.
☐	10 I can talk about immigration in Italy.	Più di un terzo degli immigrati vuole .... nella società che li ospita. La metà degli immigrati desidera richiedere la .... italiana.

Go to page 270 to check your answers.

104 | centoquattro   *Arrivederci!*

- Describing a region / a landscape
- Talking about nature
- Asking a more specific question
- Talking about the environment
- Prepositions with means of transport (revision)
- The adjective and interrogative pronoun *quale*
- The perfect tense with *ne*

UNITÀ 12

Godiamoci la natura!

1 Look at the photos. Which ones make you immediately think of Italy? Why?

2 Match the parks named below to the words provided. Then, mark their location on the map of Italy (inside front cover). Work in groups.

1 Parco Nazionale del Gran Paradiso
2 Area marina protetta Porto Cesareo
3 Area marina protetta Penisola del Sinis – Isola di Mal di Ventre
4 Parco del Delta del Po
5 Parco Nazionale d'Abruzzo

3 Would you like to visit one of these parks? Which one? Why?

Io amo il mare, le immersioni sono la mia passione e quindi visiterei volentieri l'area marina protetta di Porto Cesareo ...

monti ☐☐ • ghiacciaio ☐ • bosco ☐ • spiaggia ☐☐ • fondale ☐ • zone umide ☐

Una gita a ...

Leggiamo

1 Read the three leaflets and then match them to the parks named on the left.

Ambiente costiero con zone umide (paludi), spiagge sabbiose, pinete, colline, campi coltivati e pascoli: aspetti dolci e selvaggi di questo parco che il visitatore può scoprire da solo o in gruppo, con o senza una guida.

---

7 *sentieri natura*: in estate alcuni itinerari sono visitabili solo con una guida. Sono possibili escursioni con guida in lingua tedesca, inglese e francese.

Le visite sono organizzate in pullman, a piedi, ma anche in bicicletta, in carrozza, in canoa e a cavallo.

Tutte le escursioni permettono di trascorrere un po' di tempo a pieno contatto con la natura: in mountain bike e soprattutto a cavallo si possono avvicinare animali come cinghiali, vacche e cavalli maremmani.

1

Scoprite le Valli di Comacchio <u>in auto, a piedi, in bicicletta o in barca!</u>

In auto si arriva alle Vallette di Ostellato: un'oasi naturalistica di particolare fascino.

A piedi o in bicicletta si segue il <u>fiume Reno</u>, un'area che è un paradiso per gli uccelli: fenicotteri, gabbiani ecc. Qui il paesaggio offre angoli di grande interesse naturalistico.

<u>Il tour in barca, della durata di circa due ore,</u> segue un percorso circolare sui canali interni e fa conoscere uno straordinario sito naturalistico, "zona umida d'importanza internazionale" per la protezione degli uccelli.

2

☐ Parco del Delta del Po
☐ Parco naturale della Maremma
☐ Area marina protetta di Capo Rizzuto

❗ **in** + means of transport, but **a piedi** ('on foot'), **a cavallo** ('on horseback')

salire sull'autobus, sul treno, ... ('to board a bus, train, ...')
but **salire in macchina** ('to get into the car')
scendere dall'aereo, dal treno, ... ('to get off the plane, train, ...')

🇮🇹 Italy has 24 national parks, over 100 regional parks and various marine protected areas. Approximately 10% of the country's territory has protected status.

▶ Learning Tips

When reading brochures, try to understand the meaning of words belonging to the same family: for example, understanding **sabbia** ('sand') will lead to understanding the adjective **sabbioso** ('sandy'); understanding **mare** ('sea') will lead to understanding **marino** ('sea', adj.).

Ammirate gli splendidi fondali dell'area marina protetta a bordo di una barca dal fondo trasparente.

Si tratta di un'esperienza unica: ci si lascia cullare dalle onde e si osservano stupendi pesci multicolori. La gita di circa un'ora prevede – per chi vuole – anche una sosta per fare il bagno nelle bellissime acque del luogo. A bordo, una guida dà informazioni sull'area marina protetta e sui fondali.

Per i gruppi è possibile la prenotazione di un'uscita notturna.

Interessante è anche il percorso archeologico subacqueo (distanza massima dalla costa: 200 m.). Non è un percorso lungo, forma un anello e si percorre in un tempo medio di una mezz'ora. Data la bassa profondità (circa 5 metri) e la particolare limpidezza dell'acqua è possibile seguire il percorso anche a nuoto.

3

---

2 Reread the leaflets and, using a different colour for each as in the example (text 2), underline the words or sentences used to describe the landscape and those used to give tourist information.

Parliamo

3 Which one do you like? Which destination would you choose?

4 Divide into small groups. Put together a tourist itinerary of your area for some Italian friends coming to visit you.

I vostri amici italiani sono:
- una coppia con dei bambini
- un gruppo di giovani
- una coppia sopra i 50 anni

Cosa c'è da vedere?
Dove si può andare?
Cosa si può fare?
...

→ es. 1 e 2

Arrivederci!

UNITÀ 12

Ascoltiamo

5 **Listen to the conversation and decide whether the following are true or false.**

		vero	falso
1	La famiglia Ganzina fa una gita in alta montagna.	○	○
2	Vogliono andare al rifugio *Vittorio Emanuele II*.	○	○
3	La bambina ha già fatto questa gita.	○	○
4	Portano da mangiare, da bere e dei vestiti pesanti.	○	○

The Gran Paradiso National Park was Italy's first national park, established in 1922. The park has been under independent management since 1947.

6 **Read the recommendations made on the park's homepage. Listen to the conversation again. Have the Ganzinas thought of everything?**

> ... sono indispensabili:
> - zaino
> - pedule o scarponi da trekking
> - una giacca e un capo impermeabile per la pioggia e per il vento
> - un maglione o una felpa in pile e dei capi di abbigliamento comodi
> - occhiali e cappello da sole, ma anche un berretto di lana
> - viveri e bevande
> - se li possedete, il binocolo e la macchina fotografica
> - e ... tanta voglia di camminare!

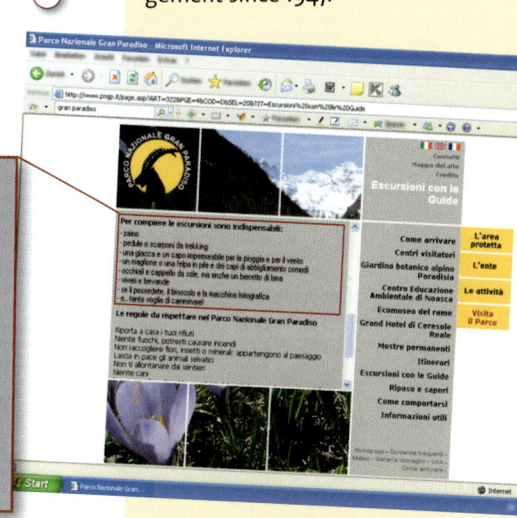

Alla scoperta

7 **With reference from exercise 5, match each question to the correct answer.**

1 Che gita facciamo?   a Al *Vittorio Emanuele II*.
2 A quale rifugio andiamo? b Non ci sei mai stata.
3 Qual è?   c Andiamo ad un rifugio.

The interrogative pronoun **quale** can also be used with a preposition. When it precedes the verb **essere** it becomes **qual** (without an apostrophe). In spoken language people often use **che** in place of **quale** when the next word is a noun.

8 **Complete the sentences using the correct forms of *quale* and, if necessary, a preposition.**

1 .... rifugio siete stati?
2 .... gita volete fare?
3 .... valle siete andati?
4 .... vestiti dovete portare?

A che altezza si arriva?

Da quale località si parte?

Qual è la difficoltà dell'escursione?

Parliamo

9 **Work with a partner. Person A will suggest a trip to the *Vittorio Sella* mountain retreat, whilst B will suggest going to a retreat in the Cinque Terre. Ask each other questions using *quale* and then agree on where you would like to go.**

Rifugio *Vittorio Sella*
località di partenza: Valnontey (1.666 m. slm)
località di arrivo: Laghi del Lauson (2.584 m. slm)
dislivello: 918 m.
tempo di percorrenza: 4,5 ore
difficoltà: ottimi camminatori / esperti
periodo consigliato: da luglio a settembre

***Il sentiero azzurro*, Cinque Terre**
località di partenza: Riomaggiore (35 m. slm)
località di arrivo: Monterosso (6 m. slm)
dislivello: 500 m.
tempo di percorrenza: 5 ore
difficoltà: media
periodo consigliato: da aprile a ottobre

→ es. 3-10

edizioni Edilingua   centosette | 107

Ami la natura?

Ascoltiamo

10 Listen and match each of the topics below to one of the people.

riciclaggio dei rifiuti ☐ • giri in bicicletta in campagna ☐ • zoo ☐
prodotti biologici ☐ • piante e fiori ☐ • agriturismo ☐ • rinuncia all'auto ☐

11 Read what Mr Carboni said. Underline the words and expressions in the text to do with the environment.

Amo la natura e cerco di rispettare l'ambiente. Da anni rinuncio all'auto, riciclo i rifiuti, compro solo prodotti biologici, insomma nel mio piccolo cerco di comportarmi nel modo migliore. Ma lo so anch'io, c'è tanta gente che non fa niente per proteggere il nostro patrimonio naturale. Anche con i miei vicini per esempio, di riciclaggio dei rifiuti non se ne parla. Di macchine ne hanno sempre avute due e non parliamo poi dei consumi. Di soldi per acqua e corrente ne hanno spesi e ne spendono sicuramente tanti.

... PERCHÉ NON DIFFERENZIANO ANCHE LA CARNE DALLA VERDURA?
... SAREBBE IL TOP!

12 Some of the words to do with the environment are positive and some negative. Separate the two and add any other words you already know.

salvaguardia dell'ambiente   inquinamento

Alla scoperta

13 What does Mr Carboni say? Find the sentences in the text with the same meaning as those given below.

Hanno sempre avuto due macchine.   Di macchine .... due.
Hanno speso tanti soldi per acqua e corrente.   Di soldi .... tanti.

14 What is the correct rule?

Se *ne* si trova in una frase al **passato prossimo**,
a il participio si accorda.   b il participio rimane invariato.

! Remember: *ne* = "of something", see **Arrivederci! 1**, unit 10.

Un po' di più

15 Complete the following.

1 Di bottiglie ne ho buttat........ via un bel po'.
2 Di gatti ne ha tenut........ due.
3 Di rifiuti ne hanno raccolt........ tantissimi.
4 Di fiori ne hai ricevut........ molti.

→ es. 11-16

Leggiamo

16 Do the following test.

Rispetti l'ambiente?

Ogni giorno, da quando ci svegliamo a quando andiamo a dormire, facciamo centinaia di azioni che, direttamente o indirettamente, hanno un impatto sull'ambiente.

1 Quando compri della carta, scegli quella riciclata?
  a sì
  b a volte
  c mai

2 Quando fai una sosta con l'auto per più di 5 minuti la lasci accesa?
  a no, mai
  b a volte
  c sì, sempre

3 Fai la raccolta differenziata?
  a sì, sempre
  b a volte
  c no, mai

4 In casa usi lampadine a risparmio energetico?
  a sì, in tutti i locali
  b ne ho qualcuna
  c no

5 Se devi comprare un elettrodomestico fai attenzione al suo consumo energetico?
  a sì
  b sì, però sto attento anche al rapporto prezzo / consumo
  c no, mi interessa solo il prezzo

6 Preferisci usare i mezzi pubblici o l'auto?
  a i mezzi pubblici, sempre
  b i mezzi pubblici, il più possibile
  c l'auto

7 Lasci il rubinetto dell'acqua aperto quando non ne fai uso diretto?
  a no, mai
  b quasi mai
  c spesso

8 Quando vai a letto lasci la luce rossa della TV accesa?
  a mai
  b a volte
  c non lo so

17 Compare your answers to those of the rest of the class. Create a chart showing the class results.

più di 4 risposte **a**:	Complimenti! Sei un ecologista nato! Rispetti l'ambiente anche nei piccoli gesti di tutti i giorni.
più di 4 risposte **b**:	Si può dire che sei una persona abbastanza attenta all'ambiente. Nel tuo piccolo cerchi di trovare soluzioni per proteggere la natura, ma puoi fare ancora tanto!
più di 4 risposte **c**:	Sei poco sensibile ai problemi legati all'ambiente. Dovresti fare più attenzione a quei piccoli gesti che potrebbero migliorare il mondo in cui vivi.

Parliamo

18 Do you love nature? What do you do to protect nature and the environment?

19 What environmental problems are there in your area? Talk about it with your classmates.

→ es. 17-22

L'Italia da vicino

Raccolta differenziata? Sì, ma non solo!

*compostaggio

Albairate, bidoni col microchip: "Si paga per quanto si produce"

Il comune di Piane Crati, in provincia di Cosenza
Ecco il paese senza cassonetti: ricicla il 93% dell'immondizia

Chi gestisce meglio i rifiuti? La classifica dei Comuni Ricicloni, realizzata da Legambiente, ci dà una risposta.

Per poter entrare in classifica non è sufficiente da parte dei comuni aumentare la percentuale di raccolta differenziata, che deve superare il 60%, ma devono rispettare anche altri parametri: la riduzione in genere della produzione di rifiuti, la percentuale di rifiuti recuperati, l'introduzione del compostaggio* domestico, gli acquisti verdi da parte degli stessi comuni, la sicurezza dello smaltimento e l'efficacia generale del servizio.

Ben 1289 sono i "comuni ricicloni" (su un totale di 8104 comuni) e altri 448 comuni hanno superato il 50% di raccolta differenziata. La maggior parte dei "comuni ricicloni" sono al Nord e soprattutto nel Nord-Est, nelle regioni del Veneto, Trentino Alto Adige e Friuli Venezia Giulia. Ma buone pratiche, anche se isolate, si diffondono al Centro e al Sud: nella regione Marche, nel Lazio, in Toscana, in Campania, presente con 48 comuni, in Sardegna e in Abruzzo.

Fuori classifica le grandi città: Milano, Torino, Roma e Napoli.

*compostaggio: composting

20 Look at the photos and read the two newspaper headlines. Are they images you associate with Italy? Give reasons for your answers.

21 Read the text. List the criteria that councils need to meet if they are to qualify.

22 What do you think of this initiative? Based on the statistics presented, how do you feel Italy is doing? What is the situation in your country? Does your country have similar initiatives?

Secondo me, se in Italia ci sono circa 8 mila comuni, c'è ancora molto da fare...

Da sottolineare è la differenza tra Nord e Centro-Sud...

Arrivederci!

Ripassiamo

UNITÀ 12

Comunicazione

Describing a landscape

È un ambiente costiero con zone umide (paludi), spiagge sabbiose ecc.	È una "zona umida d'importanza internazionale" per la protezione degli uccelli.
È un'oasi naturalistica di particolare fascino.	È uno straordinario sito naturalistico.
L'area è un paradiso per gli uccelli.	È un'area marina protetta dagli splendidi fondali.
Qui il paesaggio offre angoli di grande interesse naturalistico.	

Giving tourist information

Alcuni itinerari sono visitabili solo con una guida.	Ammirate gli splendidi fondali a bordo di una barca dal fondo trasparente.
Sono possibili escursioni con guida in lingua …	La gita prevede anche una sosta per fare il bagno.
Le visite sono organizzate in pullman, a piedi, …	Per i gruppi è possibile la prenotazione di un'uscita notturna.
Tutte le escursioni permettono di trascorrere un po' di tempo a contatto con la natura.	Interessante è anche il percorso archeologico subacqueo.
Si possono avvicinare animali come …	È possibile seguire il percorso anche a nuoto.
Il tour in barca, della durata di circa due ore, segue un percorso circolare sui canali interni.	

Asking a more specific question

Che/Quale gita facciamo?	Che/Quali vestiti dovete portare?
A quale rifugio andiamo?	A che altezza si arriva?
In quale valle siete andati?	Da quale località si parte?

Talking about the environement

Cerco di rispettare l'ambiente.	Rinuncio all'auto.
Riciclo i rifiuti. / Faccio la raccolta differenziata.	Compro solo prodotti biologici.
Compro carta riciclata.	Preferisco usare i mezzi pubblici.
Uso lampadine a risparmio energetico.	Faccio attenzione al consumo energetico di un elettrodomestico.

Grammatica

Preposition with means of transport

Facciamo una gita in barca.
Oggi vado al lavoro in treno.
Nel Parco della Maremma offrono escursioni a cavallo.
Salgo sull'autobus. / Salgo in macchina.
Scendo dall'autobus. / Scendo dalla macchina.

The perfect tense with *ne*

Di parchi ne ha visitati diversi.
Quest'estate di gite ne ho fatte solo due.

The adjective and interrogative pronoun *quale*

Quale prendi?
Quali parchi hai già visitato?
(= *Che parchi hai già visitato?*)
Qual è il tuo zaino?
A quale rifugio andate?
(= *A che rifugio andate?*)
Da quale località si parte?
In quale valle siete andati?

edizioni Edilingua — centoundici | 111

Cosa so fare?

Scheda di Autovalutazione dell'unità 12

Either mark the statements below with a ✔ to mean "I can do this well" or with an ○ to mean "I cannot do this well" and fill in the gaps.

☐	1 I can describe a landscape.	Queste zone .... sono un paradiso per i fenicotteri e i gabbiani. A Porto Cesareo puoi ammirare degli splendidi .... marini.
☐	2 I can give tourist information.	Alcuni itinerari sono .... solo con una guida. La gita .... anche un tour in barca .... due ore.
☐	3 I can use prepositions with means of transport.	Siamo arrivati al rifugio .... macchina e poi alcuni di noi hanno continuato l'escursione .... cavallo.
☐	4 I can organise a trip or excursion.	• Andiamo al rifugio *Vittorio Sella* domenica? ▸ Cosa c'è da ....? Cosa .... fare? • È vicino a un lago. Possiamo fare un'escursione a piedi. Si parte da una .... di 1.500 metri e si arriva a 2.300 metri.
☐	5 I can list what is required for a trip to the mountains.	Prendi gli .... da trekking, una giacca .... per la pioggia, gli .... da sole e la .... fotografica.
☐	6 I can ask a question that is more specific using *quale*.	A che fermata dobbiamo scendere? = ...? Che borse devo prendere? = ...?
☐	7 I can talk about protecting the environment.	il .... dei rifiuti il .... energetico la .... differenziata la .... riciclata
☐	8 I can remember the names of Italy's main national parks.	Parco Nazionale del .... Paradiso Area .... protetta di Porto Cesareo Parco Nazionale d'....................
☐	9 I can find words from the same word family.	riciclare ⇨ .... rispetto ⇨ .... partenza ⇨ .... mare ⇨ ....
☐	10 I can use the perfect tense with *ne*.	In montagna, quest'estate, di gite ne ho fatt...... molte, ma di animali ne ho vist...... pochi. Però, nel bosco, di funghi, ne ho raccolt...... tantissimi.

Go to page 270 to check your answers.

112 | centododici   *Arrivederci!*

Facciamo il punto? 3

- Let's have fun reviewing our work (units 9 – 12)
- A song: *Parole, parole* (Mina)

1 | **33** Study the photos, listen to the recording and read. Then, match each of the words listed below to a photo.

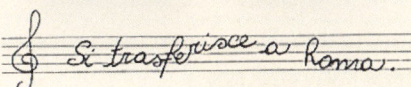

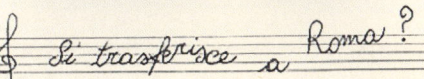

1. Si trasferisce a Roma.
2. Si trasferisce a Roma?
3. Si trasferisce a Roma!
4. Si trasferisce a Roma!?
5. Si trasferisce a Roma...

dispiacere
domanda
informazione
sorpresa
gioia

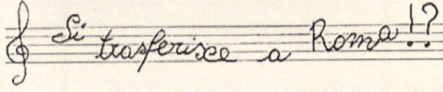

2 | **33** Listen again and match each of the responses below to a photo. Read the resulting dialogue out loud, remembering to use the correct intonation.

a ☐ Noo, così lontano ...
b ☐ Sì, si trasferisce a fine marzo.
c ☐ Sì! Ci potremo vedere spesso!
d ☐ Traslocherà a fine marzo.
e ☐ A Roma!? E perché?

3 Choose one of the following situations. Say the sentence *Viene in macchina* with the intonation that is appropriate for your chosen scenario. Your classmates will try to guess which of the situations you find yourself in.

1. Non sapete se Angelo viene da voi in macchina o in treno e lo chiedete.
2. È nevicato e fa freddo. Vi hanno detto che Angelo viene in macchina. Siete sorpresi.
3. Vi hanno chiesto se Angelo viene in macchina o in treno e voi rispondete.
4. Vi dicono che Angelo viene da voi con la sua nuova macchina, siete contenti di poterla vedere.

edizioni Edilingua

4 Let's play.

You will need one die and some counters. Players take it in turns to roll the die and move their counter around the board; players must follow the instructions written on the squares they land on. If a player is unable to follow the instructions correctly, he or she misses a turn. Note: players that land on a picture can roll the die again! The first person to reach the end wins.

4	5 Trasformate (con *prima di*). *Prima chiedi il permesso, poi lo fai.*	14	15 Mettete al plurale. *Quale valigia prendi? Che borsa vuoi?*
3 Dite cosa vi piace / non vi piace del vostro lavoro.	**6** Dite in altro modo. *cominciare* = ... *smettere* = ...	**13** Dite il nome di quattro professioni.	**16** Dite in altro modo. *Cercano uomini e donne. Cercano candidati* ....
2 *Se avete già il cappotto e siete sulla porta, vuol dire che* .... *uscire.*	**7** Il vostro compagno di banco apre sempre la finestra. Lamentatevi!	**12** Completate la frase. *Per me, l'amore è*	**17** Completate. *Adesso inizio* .... *capire. Hai finito* .... *studiare?*
1 *Chi non ha un lavoro è*	**8** Trovate i contrari. *part-time* ≠ .... *lavoro autonomo* ≠ .... *occupazione* ≠	**11** Coniugate al futuro un verbo in *-are*.	**18** *Gli studenti sono pregati di essere puntuali.* = *Si* .... *gli studenti ad essere puntuali.*
⬆ **PARTENZA**	9	**10** Rispondete. *– Hai un cellulare? – Sì,*	19

Arrivederci!

Facciamo il punto? 3

26 Coniugate al presente il verbo *riuscire*. io … – lui … – voi …	**27** Dite una cosa che fate per rispettare l'ambiente.	**40**	**41** Completate. – Riesci ……… finire per le 4? – Sì, ……… riesco.
25 Dite il nome di tre animali.	**28** Cercate lavoro. Che cosa potete fare?	**39** Trasformate. *Hai finito la telefonata?* = *Hai finito ……… telefonare?*	**42** Rispondete. Siete interessati a un posto di lavoro. Che cosa dovete presentare?
24	**29** Collegate le due frasi con *cui*. *Prima ti parlavo di Nadia.* *Nadia non abita più qui.*	**38** Interrompete la persona che sta parlando con voi.	**43**
23 Qual è la parola estranea? *lago – bosco* *ghiacciaio – rifugio*	**30** Trovate il contrario. *è permesso* ≠ *è* ………	**37** Qual è la parola estranea? *canterai – parlerai* *amerei – giocherò*	**44** Completate. *Andiamo* ……… *Portogallo /* ……… *Paesi Bassi /* ……… *Spagna.*
22 Coniugate al futuro i verbi *essere* e *avere*. io sarò, tu … io avrò, tu …	**31**	**36** Dite il nome di un parco nazionale italiano.	**45** Completate. *Siete quasi arrivati!* *Dai!* ……… *vincere!*
21 Rispondete. Quando siete nati? Di che segno siete?	**32** Completate: *la Francia* ……… *Canada* ……… *Stati Uniti* ……… *Austria*	**35** Completate. – Prendi un caffè? – No, grazie, oggi ne ho bevut…… già troppi!	**46** Rispondete. – Quante risposte avete già dato? – Ne ……… diverse.
20 Trasformate. *Andiamo, ci presentiamo,* *ci divertiamo.* → *Si va,* ………, ………	**33** Qual è la parola estranea? *pittura – scultura* *tragedia – architettura*	**34**	**ARRIVO**

edizioni Edilingua   centoquindici | **115**

5 Find the song *Parole, parole* by Mina on YouTube and listen to it. Have you heard it before? Do you like it? What is different about it?

ritmo • melodia • dialogo parlato-cantato • ...

Parole, parole is a song by Mina from 1971. The male voice is that of Alberto Lupo.

6 Listen to the song again and then discuss the statements below as a class. Which of the lyrics correspond to each statement?

- È una canzone d'amore.
- Per la donna quest'amore è finito.
- L'uomo fa dei complimenti alla donna.
- L'uomo ama ancora la donna.
- La donna non crede più alle parole dell'uomo.

7 Listen again and read the lyrics below. What expressions does Mina use to respond to the man's words?

Parlato:	Cara, cosa mi succede stasera, ti guardo ed è come la prima volta
Canto:	Che cosa sei, che cosa sei, che cosa sei
Parlato:	Non vorrei parlare
Canto:	Cosa sei
Parlato:	Ma tu sei la frase d'amore cominciata e mai finita
Canto:	Non cambi mai, non cambi mai, non cambi mai
Parlato:	Tu sei il mio ieri, il mio oggi
Canto:	Proprio mai
Parlato:	E il mio sempre, inquietudine
Canto:	Adesso ormai ci puoi provare chiamami tormento dai, già che ci sei
Parlato:	Tu sei come il vento che porta i violini e le rose
Canto:	Caramelle non ne voglio più
Parlato:	Certe volte non ti capisco
Canto:	Le rose e violini / questa sera raccontali a un'altra, violini e rose li posso sentire / quando la cosa mi va se mi va, quando è il momento e dopo si vedrà
Parlato:	Una parola ancora
Canto:	Parole, parole, parole

Parlato:	Ascoltami
Canto:	Parole, parole, parole
Parlato:	Ti prego
Canto:	Parole, parole, parole
Parlato:	Io ti giuro
Canto:	Parole, parole, parole, parole, parole soltanto parole, parole tra noi
Parlato:	Ecco il mio destino, parlarti, parlarti come la prima volta
Canto:	Che cosa sei, che cosa sei, che cosa sei,
Parlato:	No, non dire nulla, c'è la notte che parla
Canto:	Cosa sei
Parlato:	La romantica notte
Canto:	Non cambi mai, non cambi mai, non cambi mai
Parlato:	Tu sei il mio sogno proibito
Canto:	Proprio mai
Parlato:	È vero, speranza
Canto:	Nessuno più ti può fermare chiamami passione dai, hai visto mai
Parlato:	Si spegne nei tuoi occhi la luna e si accendono i grilli
Canto:	Caramelle non ne voglio più
	...

8 Divide into two groups (men and women) and sing the song. Sing it more than once and, if you like, change some of the lyrics: think of different compliments and endearments, and alternative responses the woman could give.

Role-play Material

Unit 1, exercise 6, page 10

lunedì	martedì	mercoledì	giovedì	venerdì	sabato	domenica
18.30 aperitivo con Mauro				17.30 shopping con Vale		
		19.30 partita in TV				19.00 cena da Luca
			20.30 cinema			
					22.00 discoteca	

edizioni Edilingua — centodiciassette | 117

Role-play Material

Unit 1, exercise 6, page 10

lunedì	martedì	mercoledì	giovedì	venerdì	sabato	domenica
					16.00 Maurizio!	
19.00 nuoto			19.00 nuoto			
		20.00 cena di lavoro				21.00 cinema con Paola

Role-play Material

Unit 6, exercise 4, page 54

Role-play Material

Unit 6, exercise 4, page 54

Federica Colombo - Cinzia Faraci - Pierpaolo De Luca

Arrivederci! 2
for English speakers

Elementary

A multimedia Italian course

Workbook

EDILINGUA

www.edilingua.it

Un po' di più ...

Buon divertimento!

	Index	
1	Hai voglia di uscire?	page 123
2	Buone vacanze!	page 131
3	Ti sta benissimo!	page 139
4	Mi sento bene	page 146
5	Auguri!	page 154
6	Cambi casa?	page 162
7	Buon appetito!	page 170
8	Ultime notizie	page 179
9	Cosa fai nella vita?	page 187
10	L'amore è ...	page 194
11	Vivere insieme	page 201
12	Godiamoci la natura!	page 209
	Final Test	page 217

Arrivederci!

Hai voglia di uscire?

UNITÀ 1

1 Complete the sentences using an adverb of quantity in each case.

1 Sono stanchi: hanno dormito _ _ _ _ .
2 Sono già stati in diversi Paesi: viaggiano _ _ _ _ _ .
3 Mi fa male la pancia, forse ieri sera ho mangiato _ _ _ _ _ _ .
4 Ti ha aspettato _ _ _ _, poi è andato via.
5 Valeria parla _ _ _ _ _, ma ha sempre cose interessanti da raccontare.
6 Ho studiato _ _ _ _ _ _ _ _ _, ora vado a fare un giro al parco.

2 Study the pictures and respond to each statement as instructed.

- A me piace leggere.
➤ ....

- Io non so sciare.
➤ ....

- A me lo sport non piace.
➤ ....

- Io amo la musica rock.
➤ ....

3 Rank your preferences and interests using the expressions provided.

Mi piace/piacciono …
A me interessa …

tantissimo/moltissimo • tanto • molto • poco • abbastanza • un po' • …

1° .... 4° ....

2° .... 5° ....

3° .... …

edizioni Edilingua

centoventitré | **123**

Hai voglia di uscire?

4 The verbs listed on the right are either followed by **qualcuno** or by **a qualcuno**. Add them to the table under the correct heading, as in the example.

Complemento diretto	Complemento indiretto
aspettare qualcuno	chiedere a qualcuno

aspettare • chiedere
aiutare • ringraziare
piacere • sentire
telefonare • vedere
cercare • accompagnare
credere • dire
rispondere • chiamare
scrivere • raccontare

5 Rewrite the following sentences replacing the parts highlighted in blue with an indirect pronoun in each case.

1 Chiediamo a Giorgio di organizzare qualcosa.
2 Scrivono una cartolina ai nonni.
3 Racconta tutto a sua madre.
4 Adesso telefono al dottor Marchesi.

6 Complete the following using indirect pronouns.

1 Domani sera andiamo da Anna e Pietro, che cosa .... possiamo portare?
2 Leggo tutto molto volentieri, ma .... piacciono tantissimo i gialli.
3 Adesso chiamo Laura e .... chiedo se può venire.
4 Va bene se .... telefono dopo le 9? Sei a casa?
5 Ho visto Giancarlo e .... ho detto della festa di sabato.
6 .... interessa la musica jazz? Se volete, il 30 maggio c'è un concerto in piazza.

7 Rewrite the following sentences replacing the parts highlighted in blue with an indirect pronoun in each case.

1 Il giovedì pomeriggio Lorenzo e Pierpaolo vanno in piscina. A Lorenzo e a Pierpaolo piace nuotare.

2 Nicola e i suoi amici si vedono spesso in piazza, a Nicola e ai suoi amici piace divertirsi insieme.

3 Daria vuole andare al cinema con le sue amiche, ma non sa se i suoi genitori sono d'accordo. Prima deve chiedere ai suoi genitori il permesso.

124 centoventiquattro   *Arrivederci!*

UNITÀ 1

4 Michela va sicuramente anche alla festa di Chiara: a Michela piacciono tanto le feste!

5 Ho visto Marco e a Marco voglio chiedere se domani viene a mangiare da noi.

6 Mia figlia è in vacanza in Sardegna. Oggi telefono a mia figlia per sapere come sta.

7 Ilaria e Giacomo sono andati anche ieri sera in discoteca. A Ilaria e a Giacomo piace molto ballare.

8 Stefania frequenta un corso di italiano. A Stefania interessa imparare bene l'italiano.

8 Write appropriate responses to the following.

1 ➤ Che ne dite di andare al Museo d'Arte Moderna?
   • *Trovate l'idea fantastica.*
   • *Non vi piacciono i musei e proponete qualcos'altro.*

2 ➤ Possiamo uscire tutti insieme domani!
   • *Avete in programma qualcos'altro.*
   • *Siete d'accordo e chiedete dove potete incontrarvi.*

3 ➤ Sei libero sabato sera? C'è una festa da Nicola.
   • *Non avete nient'altro in programma Volete sapere l'ora della festa.*
   • *Avete già un appuntamento e chiedete se potete portare un amico / un'amica.*

4 ➤ Hai voglia di andare a teatro domani sera?
   • *Andate volentieri a teatro e volete sapere cosa c'è in programma.*
   • *Lavorate fino alle 20 e chiedete quando inizia lo spettacolo teatrale.*

9 Respond to each of the following statements, as in the example.

		Anche per me / noi è così	Per me / noi non è così
1	Io non vado mai a teatro.	Neanch'io.	Io sì.
2	A me piace leggere.		
3	A noi piace andare in discoteca.		
4	A me non piacciono i videogiochi.		
5	Io ascolto volentieri la musica rock.		
6	Noi andiamo spesso a cena fuori.		

edizioni Edilingua   centoventicinque | 125

Hai voglia di uscire?

10 Read the questions and then rearrange the words provided to complete the answer (which will contain a relative superlative).

1. ➤ Che sport fai? sport / più / È / lo / completo
   • *Il nuoto.* ....

2. ➤ Quale quadro ti piace di più? quadro / più / è / il / bello
   • *Quello a destra,* ....

3. ➤ Che giacca compri? giacca / è / meno / pesante / la
   • *Quella nera,* ....

4. ➤ Che film vai a vedere? film / il / è / più / interessante
   • *L'ultimo di Tornatore,* .... *del momento.*

11 Write sentences that contain a relative superlative.

1. La Sicilia è grandissima.
   Sicilia / isola / grande / Mediterraneo ....

2. La *Ferrari* è velocissima.
   Ferrari / macchina / veloce / tutte ....

3. Il Burj Khalifa è altissimo.
   Burj Khalifa / grattacielo / alto / mondo ....

4. Reykjavik non è popolatissima.
   Reykjavik / capitale / popolata / Europa ....

5. Il Monte Bianco è altissimo.
   Monte Bianco / montagna / alta / Europa ....

6. L'album *Thriller* di Michael Jackson è famosissimo.
   Thriller / album / famoso / mondo ....

Arrivederci!

UNITÀ 1

12 Complete the short dialogues using the words and expressions provided.

1 ➤ Non seguo più il ciclismo. Si parla solo di doping.
   • ....! Tutti i grandi sono dopati!
   ■ .... C'è qualcuno che si salva!

2 ➤ È giusto non vendere bevande alcoliche dopo le 2 di notte.
   • ....? Il problema resta. Chi vuole bere, beve prima.

3 ➤ Non capisco chi va ai concerti rock. Il rock non è musica.
   • Sono .... con te! È rumore e basta!
   ■ Mi dispiace, ..., ci sono canzoni rock bellissime ...

4 ➤ Secondo me, questo quadro rappresenta Venezia.
   • Per me .... Perché dici Venezia?
   ➤ Mah, ... questa è l'acqua e quella la Basilica di San Marco ...
   • Non ....

| no |
| d'accordo |
| Hai ragione |
| forse |
| No, scusa, perché |
| ma non è vero |
| No, dipende |
| sono sicuro |

13 Write alternative responses with the same meaning.

1 La salute è la cosa più importante. — Non lo so. / ....
2 Bisogna risparmiare acqua! — Giusto! / ....
3 Ha ragione lei. Ne sono sicuro. — Per me no. / ....
4 Tutti oggi pensano soltanto a se stessi. — Non sono d'accordo. / ....
5 Oggi viviamo in una società più aperta. — Sì, è proprio così. / ....
6 Bere un bicchiere di vino a pasto fa bene alla salute. — Dipende. / ....

14 Which word or expression is the odd one out?

1 letteratura – scherma – lettura
2 ciclismo – pallavolo – opera lirica
3 balletto – teatro – lounge bar
4 radio – arte – televisione
5 quadri – velodromo – mostra
6 musica – concerti – palestra

15 Study the six photos. What are the people shown doing?

edizioni Edilingua   centoventisette | 127

Hai voglia di uscire?

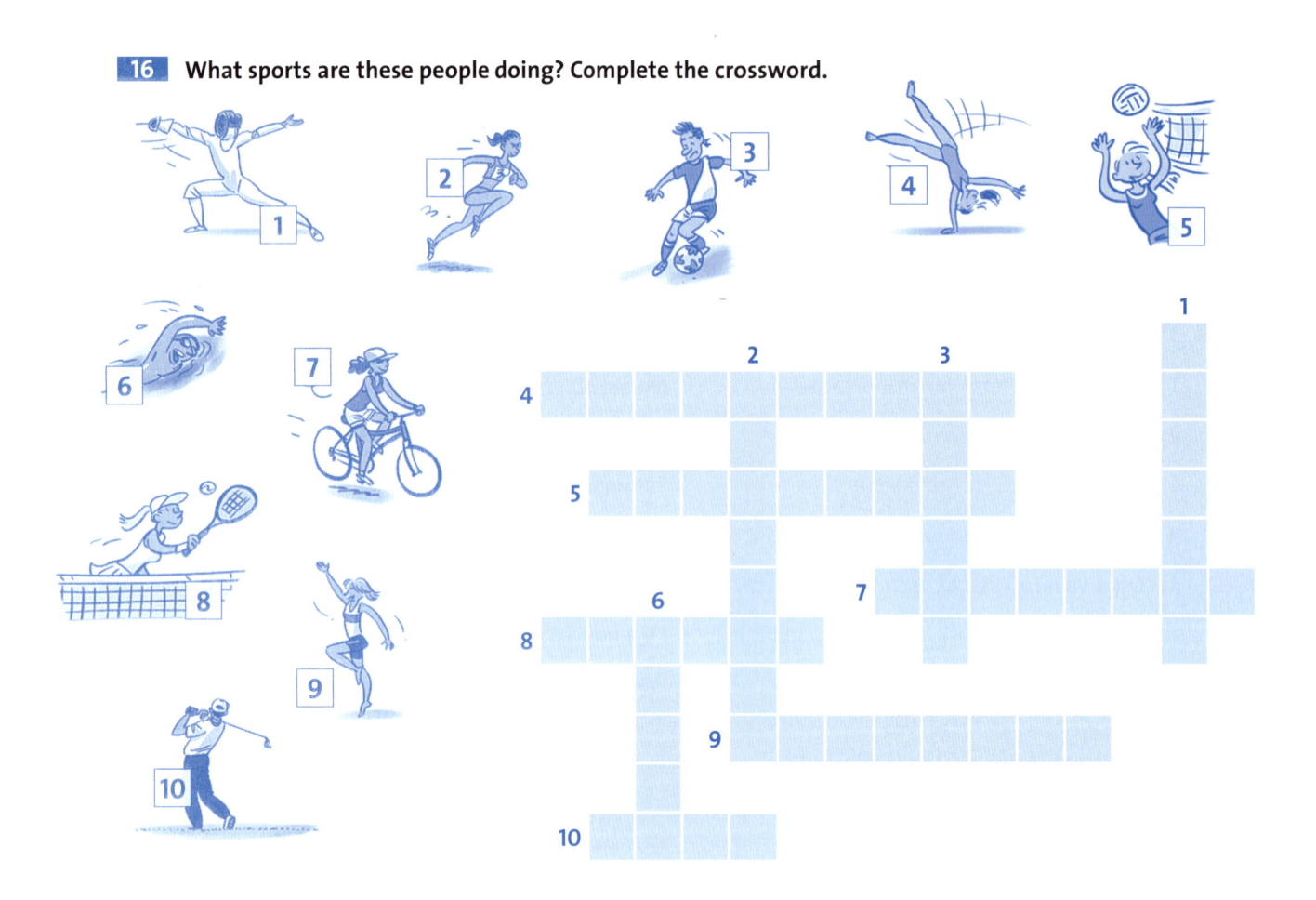

16 What sports are these people doing? Complete the crossword.

17 Complete the following sentences using the correct forms of the verb *uscire*.

1 Loro .... tutti i sabati sera.

2 Tu a che ora .... di casa la mattina per andare al lavoro?

3 – Che cosa fai? – ...., vado a fare la spesa.

4 Non .... mai! Vi piace così tanto stare in casa?

5 Monica .... dalla palestra verso le otto.

6 – .... insieme domani sera? – Perché no? Dove andiamo?

128 | centoventotto

Arrivederci!

UNITÀ 1

18 Write sentences with the opposite meaning to those given. Note: you need to use the verb *uscire*.

1 Domani sera rimango a casa. ≠ ....
2 Stai a casa stasera? ≠ ....
3 Carla entra in un ristorante. ≠ ....
4 Stiamo entrando adesso in casa. ≠ ....
5 Bambini, dai, entrate! ≠ ....
6 Lisa e Sara entrano in un negozio del centro. ≠ ....

19 What are they doing? Describe the pictures as in the example.

1 Sta correndo.   2 ....   3 ....   4 Noi ....   5 Ah, voi .... ?   6 ....

20 The people depicted below are all having brief conversations. In your notebook, write their conversations using the information provided in the table.

	che cosa? /dove?	quando?	come?
1	palestra	oggi, verso le 3	in bicicletta
2	in piazza	domani, tra le 5 e le 5 e mezza	
3	cinema	stasera, secondo spettacolo	in macchina
4	festa	sabato	

Ciao! Sabato faccio una festa, ti va di venire?

21 *Hai voglia di uscire?* Write three text messages in which you suggest doing something.

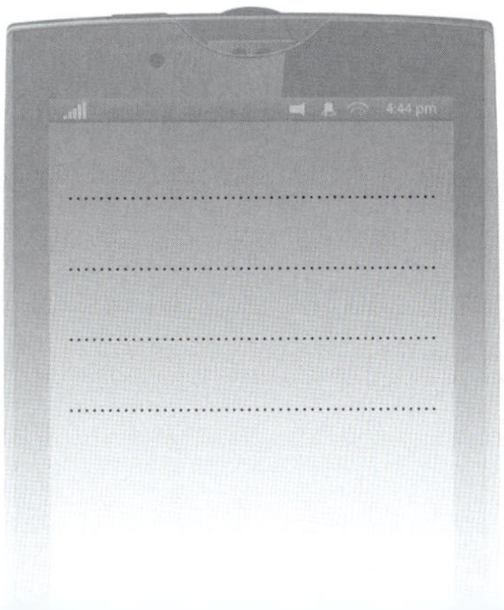

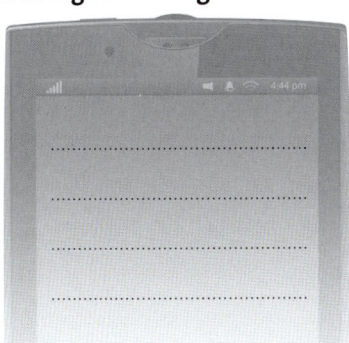

centoventinove | 129

Hai voglia di uscire?

22 What are these people doing? In your notebook, write sentences using **stare** + **gerund**.

1. prendere il sole / dormire / pensare / riposarsi / ... 
2. far da mangiare / preparare / ascoltare / ...
3. aspettare / parlare / ascoltare / raccontare / ... 
4. fare la cyclette / parlare al telefono / bere / ... 

23 Use the verbs provided to write a question that will complete the following brief conversations.

1 ▶ ....? (*interessare*)
● Non tanto, però quando giocano gli Azzurri qualche partita la guardo.

2 ▶ ....? (*andare spesso*)
● Quando ho tempo sì, mi piace l'arte moderna e contemporanea.

3 ▶ ....? (*andare*)
● Beh, sì, con gli amici è bello passare una serata mangiando bene!

4 ▶ ....? (*piacere*)
● Quelli di musica pop sì, ma i concerti rock assolutamente no.

24 Read the comic strip. What special preparations do you make before going to one of the following appointments?

dentista • ristorante di lusso • colloquio per un posto di lavoro • concerto rock • serata romantica

Buone vacanze!

UNITÀ 2

1 Study the photo. What words spring to mind? List them on the right.

mare

2 Search the puzzle for 11 words to do with holidays. The unused letters are needed to complete the sentence below.

I	S	O	L	A	V	È	M
H	O	T	E	L	I	F	O
E	L	R	S	L	A	G	N
R	E	A	T	A	G	U	T
S	P	I	A	G	G	I	A
G	O	S	T	O	I	D	G
M	A	R	E	T	O	A	N
O	V	A	C	A	N	Z	A

_ _ _ _ _ _ _ _ _ _: tutti al mare!

3 Read the text. What did Mr Marchetti like? Write at least six sentences using the verb *piacere*, as in the example. Remember to check you have agreed the past participle correctly.

Sono in vacanza al mare. L'hotel è nuovo e confortevole. Alla reception sono tutti molto gentili.
La mia camera è grande e ho una stupenda vista sul mare.
Ci sono due piscine, c'è la possibilità di giocare a tennis e c'è un bel parco.
Al ristorante il servizio è ottimo e i menù ricchi e vari.
In spiaggia gli animatori propongono attività per intere giornate, devo dire che sono molto bravi.

Mi è piaciuto l'hotel.

edizioni Edilingua

centotrentuno | 131

Buone vacanze!

4 Maurizio is back from his holiday. What did he like? What didn't he like? Write sentences using the verb *piacere* in your notebook.

5 Complete the following sentences using *da* or *fa*.

1 .... sette anni .... vado sempre in vacanza in Sicilia.
2 .... una settimana .... ho conosciuto Marcella.
3 Conosco Enrico .... circa tredici anni ....
4 Ho visto il film *La dolce vita* per la prima volta .... due anni ....
5 Siamo stati in Basilicata .... due mesi ....
6 .... otto anni .... abitiamo in questa casa.

6 Match each photo to a holiday destination or type of holiday.

a campagna
b campeggio
c mare
d città d'arte
e lago
f montagna
g vacanza culturale

UNITÀ 2

7 Match each word from the first list to a word from the second list.

mare • cultura • animatori • partire • in famiglia • aperto

ritornare • da soli • città d'arte • villaggio • chiuso • montagna

8 Complete the following sentences using the imperfect tense of the verbs provided.

passare • fare • partire • avere • stare • essere

1. A giugno, Teresa .... sempre per il mare.
2. Da bambini, io e mio fratello .... tutta l'estate al mare.
3. Io, da piccolo, ... spesso con mia nonna.
4. Prima tu .... una FIAT 500 del '62, vero? Che fine ha fatto?
5. Voi prima .... tanto sport, vero?
6. Da ragazze, Maria e Luisa .... due amiche inseparabili.

9 Read the e-mail that Sandra has sent to her friend Carla. Complete the message using the imperfect tense of the verbs provided.

fare • essere • ridere • passeggiare • parlare • camminare

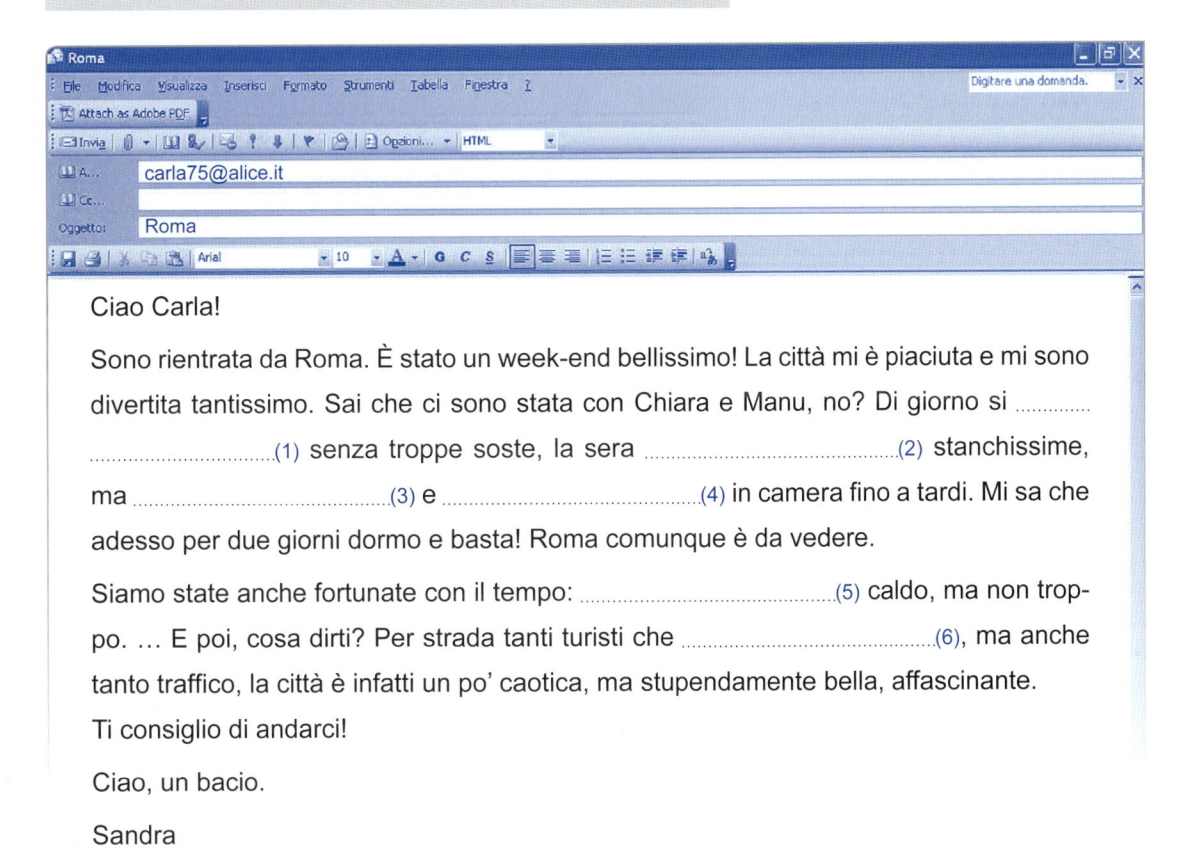

Ciao Carla!

Sono rientrata da Roma. È stato un week-end bellissimo! La città mi è piaciuta e mi sono divertita tantissimo. Sai che ci sono stata con Chiara e Manu, no? Di giorno si .... (1) senza troppe soste, la sera .... (2) stanchissime, ma .... (3) e .... (4) in camera fino a tardi. Mi sa che adesso per due giorni dormo e basta! Roma comunque è da vedere.

Siamo state anche fortunate con il tempo: .... (5) caldo, ma non troppo. ... E poi, cosa dirti? Per strada tanti turisti che .... (6), ma anche tanto traffico, la città è infatti un po' caotica, ma stupendamente bella, affascinante.
Ti consiglio di andarci!

Ciao, un bacio.

Sandra

Buone vacanze!

10 *Com'erano gli anni '60?* Combine the elements provided to create statements, as in the example, with the verb in the imperfect tense.

Le donne	avere	(..........)	la radio.
Gli studenti	essere	(..........)	in vacanza con la famiglia.
Gli italiani	andare	(..........)	la minigonna.
Poche famiglie	ascoltare	(..........)	la FIAT 500.
La macchina degli italiani	fare	(..........)	manifestazioni politiche.
La gente	portare	(*portavano*)	la televisione.

11 Read the text and then write similar texts for the other pictures.

1. In questa foto Piero non aveva ancora sei anni e non andava ancora a scuola. Era sempre contento quando poteva passare il pomeriggio con suo nonno. Giocavano insieme per ore …

2. In questa foto ....
....

3. In questa foto ....
....

4. In questa foto ....
....

12 Describe what you used to do when you were younger.

Quando ero piccolo, giocavo sempre con mia sorella …

134 centotrentaquattro · *Arrivederci!*

13 Which tense: perfect or imperfect? Complete the following sentences.

1 *andare*, io   Quest'anno .... in vacanza con un amico.

2 *passare*   Da ragazzino, Vittorio .... le vacanze dai nonni in campagna.

3 *partire*, noi   .... in macchina la mattina presto per arrivare a Soverato la sera.

4 *essere*, voi   .... anche quest'anno in campeggio in Puglia?

5 *guidare*   Mentre .... continuavo a pensare alle belle vacanze passate.

6 *fare*   Fino all'anno scorso, tutti gli anni, i Rossi .... tre mesi di ferie, da giugno a settembre.

14 Which tense: perfect or imperfect? Provide the appropriate form of the verb in brackets.

L'anno scorso io e mio marito (*andare*) .... in vacanza a Sorrento. L'albergo (*essere*) .... molto bello e pieno di turisti. (*Conoscere*) .... una coppia di tedeschi di Monaco e (*andare*) .... tre volte a mangiare una pizza insieme. Ogni giorno (*fare*) .... una gita e una volta mentre (*camminare*) .... per le strade di Ercolano, (*incontrare*) .... i nostri vicini di casa! Pensa un po'!

15 Describe a memorable trip or excursion.

....
....
....
....

16 Study the pictures and write the story in your notebook. How do you think the story ends?

Due settimane fa sono uscita con Michele a cena. ...

edizioni Edilingua   centotrentacinque | **135**

Buone vacanze!

17 *Che giorno è oggi?* Write each of the dates out in full.

1 18/06/2010   Oggi è
2 21/09/2000
3 01/04/2011
4 31/03/2012
5 08/10/2012
6 12/12/2011

18 Choose the correct date for each of the following and then write that date out in full, as in the example.

1 Natale
2 la Festa del Lavoro
3 la Festa della Liberazione
4 la Festa della Repubblica   due giugno
5 la festa della donna
6 l'ultimo dell'anno

☐ 25/12   ☐ 25/04   ☐ 01/05   ☑ 4 02/06   ☐ 31/12   ☐ 08/03

19 *Mentre* or *quando*? Choose the correct option in each case.

1 Mentre Quando andavamo al mare, abbiamo avuto un piccolo incidente.
2 Ci divertivamo sempre mentre quando andavamo in vacanza in Puglia.
3 Mentre Quando ero giovane, facevo più sport.
4 Mentre Quando ho conosciuto Elena avevo dodici anni.
5 Ho visto Marina mentre quando uscivo dal supermercato.
6 Mentre Quando siamo stati in Calabria abbiamo visto Capo Rizzuto.

20 Complete the following using *mentre* or *quando*.

1 .... faceva jogging, ascoltava la musica.
2 .... uscivo con Simona, frequentavo ancora l'università.
3 .... sono arrivati, erano già le 20.
4 Stamattina, ... è uscita, ha incontrato Teresa.
5 .... i bambini giocavano insieme, noi abbiamo letto il giornale.
6 L'altra settimana, ... andavo al lavoro, ho avuto un piccolo incidente.

UNITÀ 2

21 Write at least two sentences for each of the following pictures, using the perfect and imperfect tenses.

1 le nove • uscire

2 bella giornata
camminare • vedere ragazza

3 guidare
trovare la strada chiusa

4 tornare a casa
iniziare a piovere

22 Complete the following using the correct forms of the verbs provided. Pay attention to the adverbs of time used.

1 *andare / partire*   Io .... sempre in vacanza con la mia famiglia. L'anno scorso
.... con i miei amici.

2 *fare / prendere*   Ogni giorno .... un'escursione in auto. Una volta
.... la Circumvesuviana.

3 *andare / essere*   In estate Liviana e Mario .... al mare. Solo una volta
.... in montagna.

4 *prenotare / andare*   Di solito noi .... un hotel, ma un anno .... in
campeggio.

23 Study the photos. Read the text and complete it in your notebook. Then, write a short text for each of the other two photos.

Siamo stati in montagna, abbiamo fatto diverse gite. Di solito partivamo la mattina presto e rientravamo nel pomeriggio. Un giorno siamo partiti in tantissimi e siamo arrivati ad un lago ...

edizioni Edilingua   centotrentasette | 137

Buone vacanze!

24 Read the postcard.

Cara Liviana,
Indovina dove sono? Riconosci la città?
Sto passando una bella vacanza in Umbria, abbiamo trovato un agriturismo tranquillo dove mangiamo splendidamente! Un giro nel centro storico di questa bellissima città non poteva però mancare!
A presto, un bacione
Bianca

Liviana Casto
Viale Mazzini,
29121 Piacer

a. Can you guess what city Bianca sent it from? ....
b. Now write a similar postcard to an Italian friend.

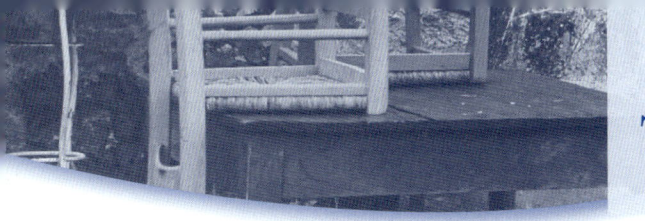

Ti sta benissimo!

UNITÀ 3

1 Complete the crossword using the present tense of the verb *dare*.

1. Loro ... i soldi a Franco.
2. ... tu il sale a Michela, per favore?
3. Perché non ... voi il buon esempio?
4. Nicoletta ... solo un'occhiata, non vuole comprare niente.
5. Ti ... un bacio, sei stata bravissima!
6. Noi ... una mano a Luigi.

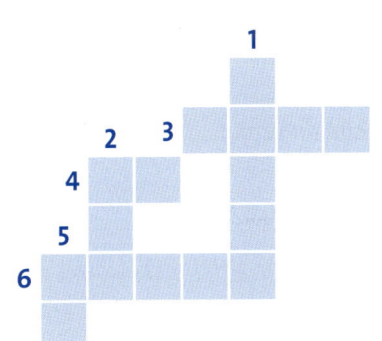

2 Complete the sentences using the correct forms of the verb *dare*.

1. Marco, mi .... le chiavi, per favore?
2. Voi .... sempre buoni consigli!
3. Scusi, mi .... il *Corriere della Sera*?
4. Ti .... la mia bicicletta.
5. Noi .... lavoro a tre persone.
6. Le hostess .... informazioni ai visitatori.

3 You are at the main entrance of a museum and need to ask questions to find out the following:

1. l'orario di chiusura del museo
2. il costo di una visita guidata
3. se potete fare fotografie
4. se potete avere il catalogo della mostra

4 Read the conversation taking place at a trade show's information desk. Supply the missing questions.

➤ Buongiorno, ho un appuntamento allo stand 102, padiglione 4.
....?

● Certo! Noi siamo qui, quindi deve andare dritto e poi trova il padiglione 4 sulla Sua destra.

➤ E ....?

● All'interno del padiglione i corridoi sono numerati e quindi trova facilmente lo stand 102.

➤ Grazie, ...?

● Certamente, la può tenere.

➤ Ehm, scusi ... un'altra domanda:
....?

● Sì, qui ci sono tutti gli espositori in ordine alfabetico.

➤ Perfetto. E scusi ancora,
....?

● Prego, lo può guardare con calma.

➤ Grazie.

● Di niente!

edizioni Edilingua

centotrentanove | 139

Ti sta benissimo!

5 **Ask for permission.**

1 *Volete guardare una cosa sul giornale del vostro collega.*

   ....

2 *Arrivate con un gruppo di amici in un bar e volete prendere una sedia libera dal tavolino vicino al vostro.*

   ....

3 *Siete alla reception dell'hotel e volete avere una piantina della città.*

   ....

4 *Parlate con un conoscente e volete avere il suo numero di cellulare.*

   ....

6 *Chiedere il permesso.* Write a question and a response for each of the following pictures.

7 Search the puzzle for 14 words to do with trade shows. The unused letters are needed to complete the expression below.

S	I	N	F	O	P	O	I	N	T	O	I	L	E	T	T	E
T	S	A	E	R	E	S	P	O	S	I	T	O	R	E	F	N
E	T	V	I	S	I	T	A	T	O	R	E	V	I	Z	I	T
W	A	E	O	R	G	A	N	I	Z	Z	A	T	O	R	E	R
A	N	T	P	I	A	N	T	I	N	A	I	I	S	T	R	A
R	D	T	P	A	D	I	G	L	I	O	N	E	O	R	A	T
D	C	A	T	A	L	O	G	O	H	O	S	T	E	S	S	A

S _ _ _ _ _ _ _ O R _ _ _ _ _ _ O

140 | centoquaranta   *Arrivederci!*

UNITÀ 3

8 Read the sentences below and then replace the superlatives with words ending in *-issimo*.

1 Wow, sei superelegante!
....

2 Ehi, questo cellulare è ultramoderno! È nuovo?
....

3 Hai veramente una casa super! È molto bella e grande!
....

4 Stai molto bene con i capelli così!
....

5 Questa festa è straorganizzata! Bravi!
....

6 Sei un tipo molto originale! Sono contenta di averti conosciuto.
....

9 Complete the sentences using the absolute superlative of one of the adjectives provided in each case.

caro • gentile • pesante • interessante • giovane • elegante

1 Voglio finire di leggere questo libro. È ....
2 Ho conosciuto il dottor Luini, è una persona ....
3 Sono uscito con gli amici di Valentina. Sono tutti ....
4 Non ha comprato niente. Era tutto ....
5 Aveva una valigia .... Non riusciva ad alzarla.
6 Tutte le hostess portavano un vestito blu. Erano ....

10 Finish labelling the picture with the missing names of the items of clothing and accessories, as in the examples.

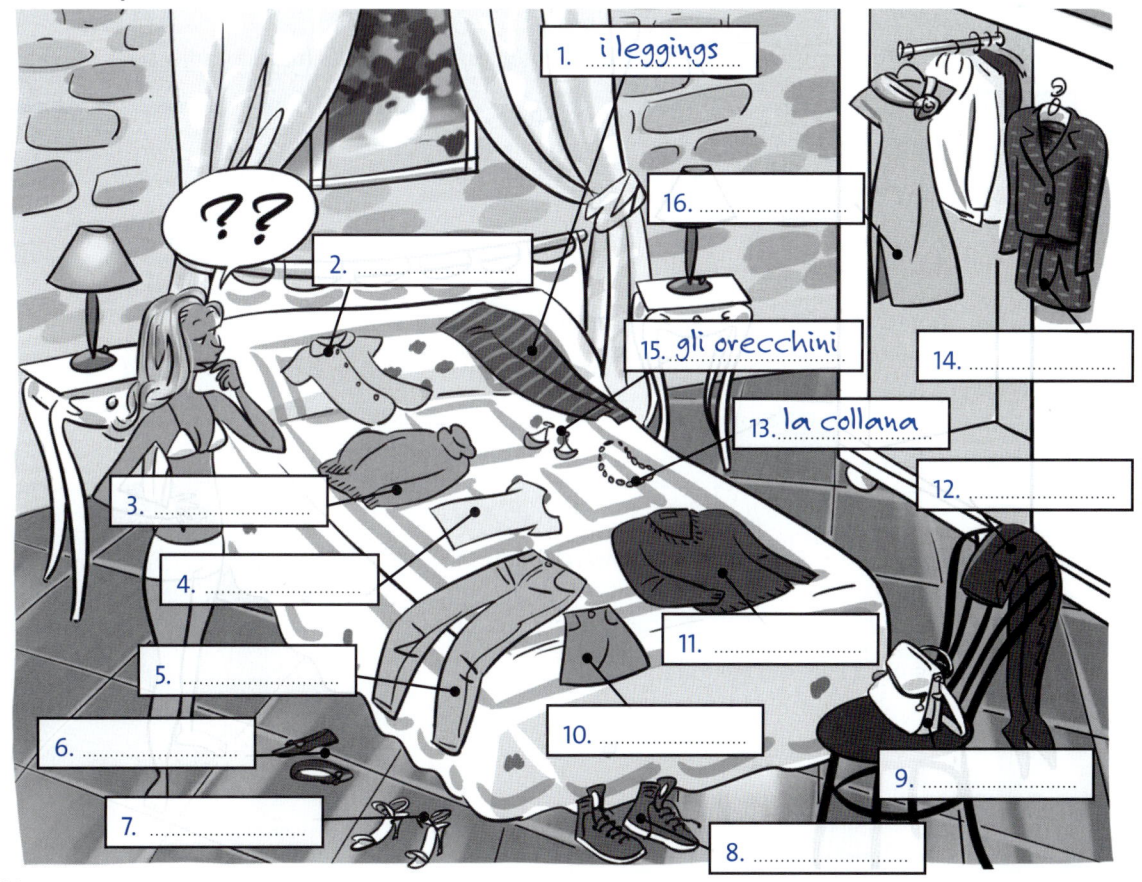

1. i leggings
2. ....
3. ....
4. ....
5. ....
6. ....
7. ....
8. ....
9. ....
10. ....
11. ....
12. ....
13. la collana
14. ....
15. gli orecchini
16. ....

edizioni Edilingua centoquarantuno | **141**

Ti sta benissimo!

11 Match each of the questions below to the correct answer.

1 Quale maglione preferisci?
2 Qual è la tua macchina?
3 Che scarpe metti?
4 Quali sono gli stivali di Marta?

a Quelle rosse.
b Quella rossa.
c Quello rosso.
d Quelli rossi.

12 Complete the following using the correct forms of *questo* and *quello* (used as adjectives).

1. Allora, prendo .... maglione e .... giacca.

2. Mmh, provo .... gonna o .... pantaloni?

3. Andiamo prima a vedere .... negozio là in fondo?

4. .... gonna è bella, ma .... vestito rosso ti stava meglio.

13 Complete the following using the correct forms of *questo* and *quello* (used as adjectives or pronouns).

1 ➤ Ma perché ti cambi ancora? .... gonna stava benissimo con .... maglietta.

● Volevo provare .... pantaloni ...

➤ No, allora rimetti .... di prima. Oppure esci con .... vestito che hai provato prima, prendi .... borsa nera e .... scarpe là, le ballerine, e sei perfetta!

2 ➤ Ti piacciono .... stivali neri là in fondo?

● Non tanto, ... scarpe qui mi piacciono di più e forse sono anche più comode.

➤ Mmh, e .... là marroni?

● No, dai, allora preferisco gli stivali!

142 | centoquarantadue

Arrivederci!

14 Supply the missing direct pronouns, remembering to also supply the correct past participle agreement.

1 ➤ Valeria, guarda, questo vestito ti piace?
  • Sì, ... ho anche provat......, però non mi sta bene.
  ➤ Peccato, e questa gonna?
  • .... ho già vist...... e volevo provarla.
  ➤ Secondo me, è molto bella, è particolare ...

3 ➤ Allora ... sei stato alla fiera? Hai visto il signor Boni?
  • Sì, ... ho vist...... e abbiamo parlato un po'. Sai che ha due figlie? .... ho conosciut...... perché lo aiutano allo stand come hostess. Parlano tutte e due diverse lingue ...

2 ➤ Ale, vieni qui un attimo! Ci sono gli stivali che cerchi da una vita!
  • Sì, ... ho vist...... prima. Belli, vero?
  ➤ Sì, però sono carissimi!
  • Infatti ... e poi sei tu oggi che devi comprarti qualcosa, non io!

4 ➤ Non hai trovato un parcheggio?
  • Sì, ... ho trovat......, ma era tutto pieno. Ha fatto bene Massimo: la macchina lui .... ha lasciat...... in garage!

15 Reply to the questions using direct pronouns.

1 – Avete ringraziato Giancarlo? – Sì, ...
2 – Hai visto Alessia? – No, ...
3 – Hanno invitato anche te? – Sì, ...
4 – Franca ha comprato i pantaloni? – No, ...
5 – Hanno fatto le valigie? – Sì, ...
6 – Avete chiamato me e Luca? – Sì, ...

16 Describe one of your friends. What does he or she look like? What is he or she wearing?

....
....
....
....

17 What are you wearing today? Is your outfit smart or casual? Is the clothing light or heavy? Write a description, remembering to mention colours and fabrics.

....
....
....

Ti sta benissimo!

18 Match the words appropriately.

1 maglione	alte	di lino
2 maglietta	leggeri	di pelle
3 scarpe	elegante	di nylon
4 pantaloni	bianca	di seta
5 sciarpa	pesante	di lana
6 collant	nero	di cotone

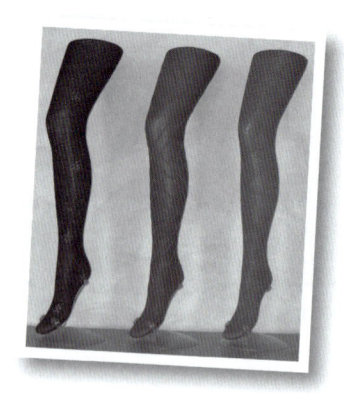

19 Which expression is the odd one out?

1 Hai fatto un ottimo lavoro! • Sei stato bravissimo! • Stai benissimo!
2 Ti sta benissimo! • Sei in forma! • Sei molto elegante!
3 Bravissima! • Sei bellissima! • Sei stupenda!
4 Che bel completo! • Che bello! • Come mai così elegante?

20 You are at a party. Which of the following is not a compliment?

1 ☐ Grazie per la festa. 2 ☐ Wow, che look! 3 ☐ Ehi, questo cellulare è ultramoderno! È nuovo?
4 ☐ Sei molto gentile! 5 ☐ Questa festa è straorganizzata! 6 ☐ Mi sto divertendo un mondo!
7 ☐ Ti trovo bene, sei stata in vacanza? 8 ☐ Che belli i tuoi jeans, sono nuovi?

21 Complete the following using the correct forms of *bello*.

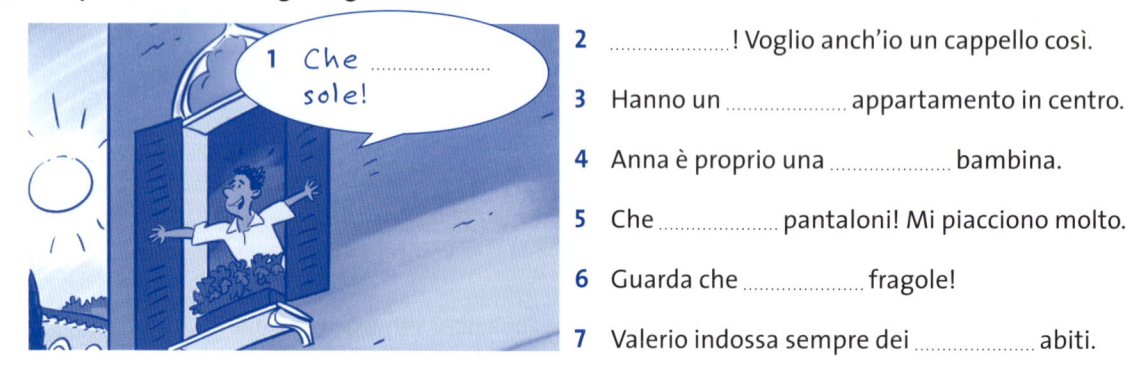

1 Che .... sole!

2 ....! Voglio anch'io un cappello così.
3 Hanno un .... appartamento in centro.
4 Anna è proprio una .... bambina.
5 Che .... pantaloni! Mi piacciono molto.
6 Guarda che .... fragole!
7 Valerio indossa sempre dei .... abiti.

22 Rewrite the sentences as in the example. Place the adjective *bello* in front of the noun.

1 Questa gonna è bella.   *È una bella gonna!*
2 Questo smoking è bello.
3 Questo tailleur è bello.
4 Questi stivali sono belli.
5 Queste camicie sono belle.
6 Questi impermeabili sono belli.
7 Quest'abito è bello.
8 Questi pantaloni sono belli.

144 | centoquarantaquattro   *Arrivederci!*

UNITÀ 3

23 Study the photos. Pay the people pictured compliments.

|1|2|3|4|

24 Read this text about Milan and complete it using the words provided.

annualmente • ricchezza • abitanti • principale • sede • volontariato • importanza • competizione

PERCHÉ MILANO
Milano con l'Expo vuole mettersi al servizio della crescita del Paese, vuole essere la prima ambasciatrice dell'Italia nel mondo.

Alcuni record di Milano:
- è al centro di un'area con quasi 10 milioni di ....(1), come Londra o Parigi
- produce il 10% della ....(2) nazionale, un livello pari a Bruxelles o Madrid
- vende ....(3) 10 milioni di biglietti per spettacoli d'arte, musica, cinema, come Berlino, Amsterdam e Barcellona
- è la ....(4) di 650 show-room di moda, in ....(5) con Parigi e New York
- è la capitale italiana del ....(6) e del terzo settore

Milano, metropoli-nodo mondiale
Milano, che si trova nel cuore della Lombardia, la regione più ricca e popolata, non è solo la ....(7) città del Nord Italia ma è anche una metropoli di ....(8) mondiale grazie alla sua posizione centrale all'interno dell'Europa.

25 In your notebook, write down 3 or 4 statistics about your city or country that set it apart. Use the Milan text as a guide.

edizioni Edilingua | centoquarantacinque | 145

Mi sento bene

1 Complete the following expressions using the parts of the body indicated. Then, write down any words you know for other parts of the body.

1 dire di sì con la ....
2 chiudere un .... su qualcosa
3 turarsi il ....
4 tapparsi le ....
5 non aprir ....
6 alzare le ....
7 battere le ....
8 fare segno di no con il ....

....
....
....
....

2 Look at the pictures and complete the sayings. Match each to one of the meanings given below.

1 Non chiudere ....
2 Avere le .... bucate. 
3 Restare a .... aperta. 
4 Avere la .... fra le nuvole. 
5 Avere un diavolo per .... 
6 Essere tutt'................. . 

- a essere distratto/a
- b essere molto arrabbiato/a
- c rimanere immobile per la sorpresa
- d non potere dormire
- e essere molto attento/a
- f spendere soldi molto facilmente

146 | centoquarantasei					*Arrivederci!*

UNITÀ 4

3 Use ordinal numbers to complete the crossword.

1. 5°
2. 3°
3. 2°
4. 7°
5. 4°
6. 6°
7. 1°
8. 10°
9. 11°
10. 9°
11. 8°

4 Write down the corresponding ordinal numbers.

1. sedici ....
2. ventitré ....
3. cento ....
4. dodici ....
5. diciannove ....
6. sessantasei ....

5 Study the rankings and complete the text.

1	Stati Uniti	6	Giappone	11	Argentina	16	Taiwan	21	Australia
2	Cina	7	Corea del Sud	12	Russia	17	Regno Unito	22	Venezuela
3	Brasile	8	Germania	13	Italia	18	Colombia	23	Arabia Saudita
4	India	9	Turchia	14	Francia	19	Grecia	24	Olanda
5	Messico	10	Spagna	15	Canada	20	Thailandia	25	Portogalllo

Secondo la ricerca della IPSAS (The International Society of Aesthetic Plastic Surgery) per il numero di interventi di chirurgia plastica, l'Italia è al .... posto, la Francia al .... posto, il Regno Unito al .... posto, il Venenzuela al .... e il Portogallo al .... posto.

6 Add words that can be used to describe a person to the table. Then, write a brief description of yourself or of someone you know (a friend, a relative, etc.).

altezza	basso
capelli	
occhi	
altro	

edizioni Edilingua — centoquarantasette | 147

Mi sento bene

7 In your notebook, describe the two famous people pictured.

Alessandro Gassman

Angelina Jolie

8 Rewrite the following sentences using the imperative.

1 Devi andare in farmacia. ....
2 Dovete raccontare tutto. ....
3 Dobbiamo andare a fare la spesa. ....
4 Non devi mangiare troppo cioccolato. ....
5 Dovete venire subito qui. ....
6 Devi provare a fare dei massaggi. ....

9 What is the boy's mother saying to him? Use the imperative of the verbs provided to complete her instructions.

andare • prendere • mettere • suonare

a Hai la tosse, ... lo sciroppo!

b ....! Il papà ti aspetta!

c Non .... il pianoforte a quest'ora! È tardi!

d Che scottatura! .... la crema!

10 Rewrite the sentences below using the imperative.

leggere il testo
aprire il libro
stare attento
rispondere alla domanda
fare l'esercizio
ascoltare questa musica

tu	voi

11 Now rewrite your sentences from exercise 10 in the negative.

tu: ....

voi: ....

UNITÀ 4

12 Write down the prohibitions suggested by the pictures. Write them once using the second person singular (*tu*) imperative, and then again using the second person plural (*voi*) form.

raccogliere / fiori .... far entrare / cani ....

abbandonare / rifiuti .... circolare / biciclette e moto ....

13 Paolo's mum is giving her son instructions. Complete the following using the imperative of the verbs provided.

studiare • passare • chattare • mangiare • ascoltare • mettere

1. .... la musica a volume così alto!
2. .... in ordine la tua camera!
3. .... le ore al telefono!
4. .... tutto il giorno in Internet!
5. .... davanti alla TV!
6. Adesso .... !

14 Complete the advice below.

1 *pensare*, tu   Prima di decidere, ... bene a tutto!
2 *fare*, tu   Sei così stanco, ... una pausa!
3 *seguire*, voi   .... Giuseppe, lui sa la strada.
4 *finire*, tu   .... in fretta! Poi puoi uscire.
5 *mettere*, voi   Dopo una giornata al mare, ... la crema doposole!
6 *dire*, tu   .... a tuo marito di lavorare meno!

Mi sento bene

15 What ailments do the people pictured have?

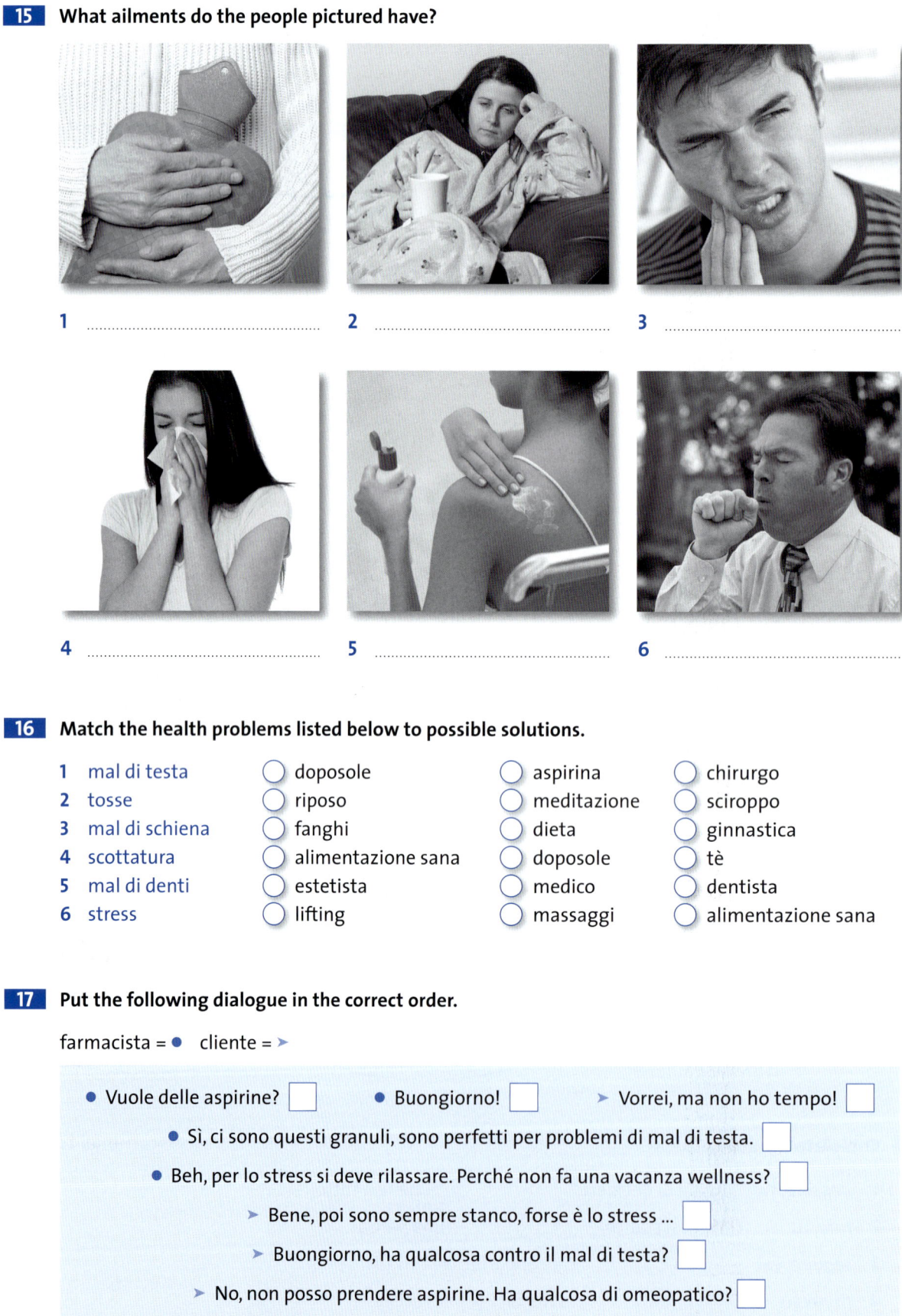

1 .... 2 .... 3 ....

4 .... 5 .... 6 ....

16 Match the health problems listed below to possible solutions.

1	mal di testa	○ doposole	○ aspirina	○ chirurgo
2	tosse	○ riposo	○ meditazione	○ sciroppo
3	mal di schiena	○ fanghi	○ dieta	○ ginnastica
4	scottatura	○ alimentazione sana	○ doposole	○ tè
5	mal di denti	○ estetista	○ medico	○ dentista
6	stress	○ lifting	○ massaggi	○ alimentazione sana

17 Put the following dialogue in the correct order.

farmacista = ● cliente = ➤

● Vuole delle aspirine? ☐   ● Buongiorno! ☐   ➤ Vorrei, ma non ho tempo! ☐

● Sì, ci sono questi granuli, sono perfetti per problemi di mal di testa. ☐

● Beh, per lo stress si deve rilassare. Perché non fa una vacanza wellness? ☐

➤ Bene, poi sono sempre stanco, forse è lo stress ... ☐

➤ Buongiorno, ha qualcosa contro il mal di testa? ☐

➤ No, non posso prendere aspirine. Ha qualcosa di omeopatico? ☐

● Allora Le consiglio di prendere una camomilla! ☐   ➤ Ha ragione ... ☐

150 | centocinquanta   *Arrivederci!*

UNITÀ 4

18 What is wrong with these people? Why are they at the doctor's surgery?

1 ....
2 ....
3 .... rotto.
4 Si è fatto male a ...
5 ....
6 ....

19 The people pictured are your friends. Give them advice using the words provided below.

medicine • frutta e verdura • centro benessere • sport • vestiti più pesanti • ridere

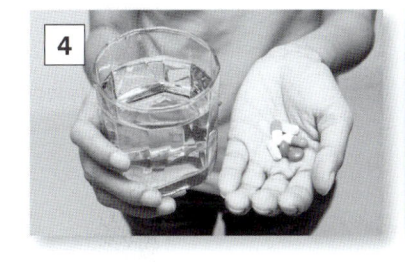

20 In your notebook, summarise the advice you gave in exercise 19 and put it in a short e-mail to a friend.

21 Rewrite the following words in the plural.

1 il fango ....
2 il braccio ....
3 il chirurgo ....
4 il ginocchio ....
5 la mano ....
6 l'orecchio ....
7 il dito ....
8 l'occhio ....

edizioni Edilingua

centocinquantuno | **151**

Mi sento bene

22 Match each picture to the correct statement.

1a  1b  2a  2b  3a 3b

- [ ] Luisa non può fare i massaggi.
- [ ] Riccardo non sa suonare il pianoforte.
- [ ] Oggi Fabio non può riparare la macchina.
- [ ] Martina non sa fare i massaggi.
- [ ] Luigi non può suonare il pianoforte.
- [ ] Fabio sa riparare le macchine.

23 Rewrite the following words in the plural.

a	b
1 il farmacista	1 il parco ....
2 l'estetista	2 il lago ....
3 la protagonista	3 il gioco ....
4 lo stilista	4 il fungo ....
5 la dentista	5 il dialogo ....
6 lo stagista	6 il tacco ....
7 il regista	7 il catalogo ....
8 la giornalista	8 l'elenco ....

24 *Sapere* or *potere*? Choose the correct verb for each sentence.

1 Paolo non .... parlare, ha mal di gola e non ha voce.

2 Margherita non .... leggere, ma vuole fare come suo padre!

3 A Fulvio piacciono molto i dolci, ma non .... mangiarli perché è a dieta.

4 Ciao, Carlo, ... aiutarmi, per favore? .... riparare le bici?

152 | centocinquantadue *Arrivederci!*

UNITÀ 4

25 Do the following test.

Sei sportivo/a?

1. In vacanza preferisci ...
- a ☐ prendere il sole
- b ☐ provare sport tipici del posto (surf, trekking ecc.)
- c ☐ visitare la zona

2. Sei appena tornato/a dal supermercato, che è a circa 700 m. da casa, e hai dimenticato il latte. Cosa fai?
- a ☐ fai senza
- b ☐ ne chiedi un po' ai vicini di casa
- c ☐ torni al supermercato

3. La domenica preferisci ...
- a ☐ Gran Premio e partite in TV (o film e relax)
- b ☐ un giro in bicicletta o al parco
- c ☐ una gita in campagna

4. Vai in palestra e/o fai sport?
- a ☐ no
- b ☐ sì, ogni tanto
- c ☐ sì, regolarmente

5. A quale piatto non puoi rinunciare?
- a ☐ hamburger (McDonald's) e patatine fritte
- b ☐ spaghetti al ragù
- c ☐ insalata verde con tonno e uova sode

6. L'ultima volta che hai fatto un po' di sport è stato ...
- a ☐ più di 3 mesi fa
- b ☐ circa 2 settimane fa
- c ☐ meno di 1 settimana fa

7. Cosa ti piacerebbe fare in questo momento?
- a ☐ giocare a scacchi
- b ☐ giocare a golf
- c ☐ andare in bicicletta

8. Devi salire al secondo piano. Cosa fai?
- a ☐ prendi l'ascensore
- b ☐ vai per le scale
- c ☐ fai le scale di corsa

Se hai più risposte ...
a: Non dimenticare che lo sport fa bene!
b: Un po' più di sport non ti farebbe male!
c: Continua così, bravo/a!

Auguri!

1 Complete the following puzzle. What word do the blue squares reveal?

1. La festa degli sposi.
2. Il primo giorno dell'anno.
3. Il giorno di ferie del 15 agosto.
4. Può essere a marzo o ad aprile.
5. La festa del primo maggio.   f e s t a d e l
6. La festa per il giorno di nascita.

La festa del 25 dicembre: ....

2 A birthday wouldn't be complete without the following elements. Supply the missing nouns and their articles.

1.

2.

3.

4.

5. Chiara è ...

3 Choose the correct indefinite adjective in each case.

1. Ho invitato qualche/alcuni amici.
2. Quasi tutte le/ogni domeniche andiamo a pranzo da mia nonna.
3. Ho preso qualche/alcuni giorno di ferie.
4. Tutti i/Ogni giorno fa mezz'ora di jogging.
5. Tutti gli/Ogni anni, per il mio compleanno, mia madre prepara la torta.
6. Da alcuni/qualche anno festeggiamo il Natale in montagna.

154 | centocinquantaquattro   *Arrivederci!*

UNITÀ 5

4 Complete the following sentences using *ogni*, *qualche*, *alcuni*, *tutto*. Remember that some indefinite adjectives agree!

1 .... volta è bello andare in vacanza da soli.
2 Ho lavorato duro .... la settimana; sabato vado in campagna.
3 .... i giorni sempre la stessa storia: adesso basta!
4 Fulvio ha invitato anche .... amici di Stefania.
5 .... feste in Italia sono proprio uniche.
6 Le telefona .... giorno!

5 Complete the responses below using the expressions provided.

1 ● Sicuramente hai dimenticato che oggi compio gli anni!
  ➤ No, cara, ecco il tuo regalo. ....!

2 ● Ragazzi, ieri pomeriggio è nata Romina. Sono diventato papà!
  ➤ Allora, ...!

3 ● Oh, che bell'uovo, mamma! Grazie. Voglio vedere subito la sorpresa.
  ➤ Sì, Tommaso. ....!

4 ● Ciao, Francesco, come va? Lo so che siamo già a metà gennaio, ma ti faccio lo stesso gli auguri: ....!
  ➤ Grazie, anche a te! Dove avete festeggiato?

> Buona Pasqua
> Buon compleanno
> congratulazioni
> buon anno

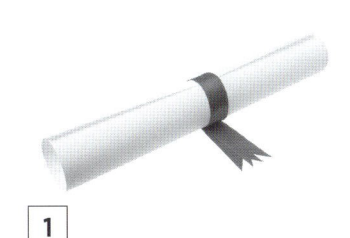

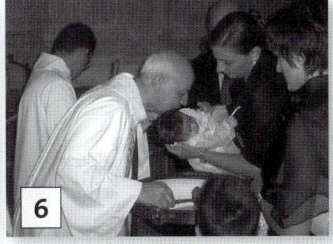

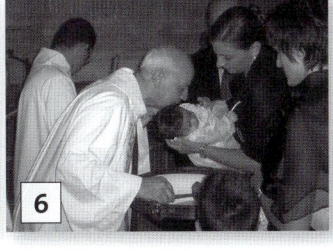

6 Write down a suitable greeting for each occasion.

edizioni Edilingua — centocinquantacinque | 155

Auguri!

7 Read the card shown below. What is the occasion?

....

....

Fabrizio e Maria vi fanno i loro più sentiti auguri per questo giorno del tutto speciale.

8 Write a friend a card to mark an occasion of your choice.

9 Match each word from the first list to a word from the second list.

compleanno • Capodanno • nozze • Pasqua • Natale

uovo • torta • bomboniera • spumante • albero

10 Search the puzzle for 13 words to do with celebrations. The unused letters are needed to complete the sentence below.

A	N	N	I	V	E	R	S	A	R	I	O
U	C	O	N	F	E	T	T	I	U	I	L
G	A	P	V	N	O	Z	Z	E	O	L	R
U	L	A	I	N	E	T	T	O	V	A	E
R	B	A	T	T	E	S	I	M	O	U	G
I	E	B	O	M	B	O	N	I	E	R	A
N	R	E	C	O	L	O	M	B	A	E	L
C	O	M	P	L	E	A	N	N	O	A	O

__ __ _____

è il tipico dolce di Natale.

11 Adjective or pronoun? Complete the text using the correct forms of *tutto* (+ article, if required).

.... volte che andiamo in Puglia facciamo delle vacanze indimenticabili. .... regione è veramente splendida: quest'anno siamo andati in un campeggio a Vieste. Abbiamo conosciuto molte persone e .... sono stati gentilissimi con noi. .... giorni andavamo in un posto diverso. Il 10 maggio siamo stati a Bari e abbiamo visto la festa di San Nicola. Per questa festa .... città si trasforma: la gente segue la processione e .... sembra avere un'atmosfera particolare. È stata proprio un'esperienza bellissima.

156 | centocinquantasei   *Arrivederci!*

UNITÀ 5

12 Complete the following sentences by supplying the missing indefinite pronouns.

1 Ha invitato ....; ci sarà anche Stefano!
2 .... trascorrono il Natale in famiglia.
3 C'è .... in casa?
4 Al primo piano stanno festeggiando ...., sono tutti eleganti!
5 Solo .... sapevano dove andare, la maggior parte chiedeva informazioni.
6 Mi hanno regalato un uovo di Pasqua grandissimo, ma l'ho già mangiato ....

13 *Qualcosa* or *qualcuno*? Complete the following sentences.

1 Buongiorno, signorina. È già arrivato ....?
2 Andiamo a prendere .... insieme al bar?
3 C'è .... che non mi convince nel suo racconto.
4 Ha chiamato .... per te, ma non ha lasciato il nome.
5 Mamma, vieni, c'è la signora Rosa. Deve chiederti ....
6 .... ha detto ....?

14 Think of your friends, acquaintances or classmates and complete the sentences below using *alcuni/e*, *tutti* and *qualcuno*.

1 .... ha/hanno i capelli neri.
2 .... porta/portano gli occhiali.
3 .... è/sono molto alto/i.
4 .... arriva/arrivano spesso in ritardo.
5 .... parla/parlano benissimo l'italiano.
6 .... usa/usano il computer.

15 Choose the correct form of the verb in each case. Then, write your own ending to the story.

Era È stata l'estate del 1990, io frequentavo ho frequentato un corso di spagnolo a Madrid e ogni giorno andavo sono andata a scuola in autobus. Lo prendevo ho preso sempre con due amiche che erano sono state a Madrid per lo stesso motivo.
Un giorno, alla fermata dell'autobus, vedevo ho visto un bel ragazzo che aspettava ha aspettato l'autobus per la prima volta. Anche le mie amiche lo notavano hanno notato per il suo aspetto: era è stato alto e bello.
Per alcuni giorni prendeva ha preso anche lui l'autobus alla stessa ora, poi una mattina, mentre parlavo ho parlato alla fermata con le mie amiche, lui arrivava è arrivato in macchina e mi chiedeva ha chiesto se volevo ho voluto salire. Ovviamente non accettavo ho accettato perché non lo conoscevo l'ho conosciuto, ma da quel giorno, ogni mattina, passava è passato in macchina, si fermava si è fermato e chiedeva ha chiesto se andavo sono andata con lui.
Un bel giorno gli dicevo ho detto di sì e ....
....
....

edizioni Edilingua centocinquantasette | 157

Auguri!

16 In your notebook, rewrite the following story in the past tense. Use both the perfect and imperfect tenses.

Esco con Loredana e altri amici. Andiamo a Brera. In Via dei Fori Chiari ci sono circa 50 chiromanti con i loro tavolini. Vado verso una di loro, Lulli, e le chiedo di leggermi la mano. Ad aspettare ci sono tante altre persone, tutte donne. Lulli ha gli occhi verdi e i capelli lunghi e rossi, mi dice: "Va tutto benissimo fino ai 40 anni, poi qualche problema di salute, ma in fondo una vita tranquilla". Io sono curiosa e così vado da un'altra chiromante, Rosy. Lei mi predice una vita intensa, tanti amori e tanta fortuna. Un po' per gioco, un po' per sentire se qualcuno trova un'altra vita scritta nella mia mano, mi siedo ad un terzo tavolino, quello di un uomo. Tony mi parla di un matrimonio, di tre figli prima dei 35 anni ... Quante belle storie!

17 Write down a date that is important to you. Why is this date so important?

Qual è il giorno dell'anno più importante per voi?

....
....
....
....

18 Look at the photos. How do you celebrate Christmas? Do you do the same things, or do you do things differently? In your notebook, write a brief description of this holiday.

Da noi ...

19 Rewrite the following using the relative pronoun *che* to produce a single sentence in each case.

1 Stamattina ho letto il messaggio. Laura mi ha scritto il messaggio alle 3 di notte.

....

2 Conosco un'amica di Luigi. Quest'amica è nata il primo gennaio.

....

3 Roberta e Piero sono due miei amici. Roberta e Piero si sono sposati a maggio.

....

158 | centocinquantotto   *Arrivederci!*

4 Valeria è una mia amica. Conosco Valeria da più di 10 anni.

....

5 Ho ricevuto un regalo. Non posso aprire questo regalo fino al giorno del mio compleanno.

....

6 Ieri sera ho visto un film. Il film mi è piaciuto moltissimo.

....

20 What does the relative pronoun *che* in each sentence replace?

1	Mando sempre gli auguri a Maria che però non ringrazia mai.	○ io	○ Maria
2	Mauro, che conosce Maria, le scrive ogni tanto.	○ Mauro	○ Maria
3	Il biglietto, che ha scritto Mauro, fa ridere.	○ il biglietto	○ Mauro
4	Il biglietto, che ho ricevuto, è di Mauro.	○ il biglietto	○ io
5	Maria, che di solito non scrive, ha scritto un biglietto.	○ il biglietto	○ Maria
6	Mauro ha ricevuto un biglietto che gli ha mandato Maria.	○ il biglietto	○ Maria

21 Rewrite the following using *che* to produce a single sentence in each case.

1 Ho fatto una torta. Era molto buona.

2 Camilla sta parlando al telefono. Dovrebbe studiare.

3 Claudia è un'amica di Luca. Anch'io conosco Claudia.

4 Ho finito un lavoro. L'avevo iniziato ieri.

5 Marzia ha invitato Giancarlo. Io, però, non lo conosco.

6 Questo articolo è molto interessante. Dovresti leggerlo.

22 You have received a number of invitations. Congratulate the people concerned and then accept or decline the invitation. If you decline, give your reason.

1 Sabato è il mio compleanno e ho invitato alcuni amici a cena. Venite anche voi?

....! ☺ ....

2 Io e Ilaria ci sposiamo il 12 marzo. Vieni al matrimonio?

....! ☺ ....

3 Ieri sera sono diventato papà e oggi voglio festeggiare con tutti i colleghi al bar. Vieni con noi?

....! ☹ ....

4 Laura ha un nuovo lavoro e io venerdì voglio farle una festa a sorpresa. Volete venire?

....! ☹ ....

Auguri!

23 Some people have received an invitation: do they accept or decline? Write sentences using the words provided.

Sabato sera faccio una festa, venite?

1. andare da Edoardo e Sara / fare da baby-sitter al loro bambino

2. cena con Claudia e Marco / presentare una loro amica

3. partire per il mare / giorni di ferie

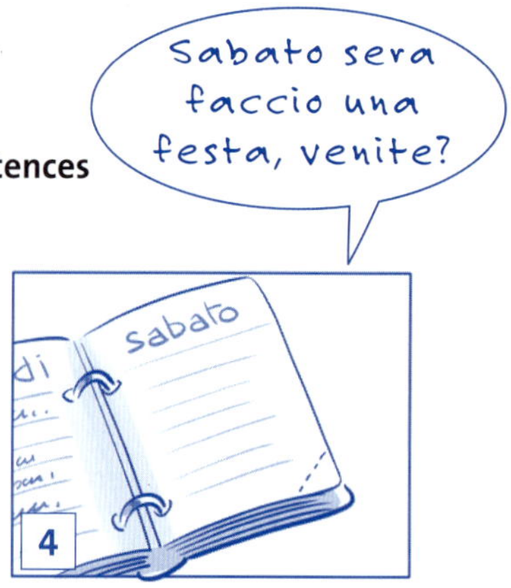

4. non avere impegni / venire volentieri

24 In your notebook, write an invitation for each of the following.

compleanno   laurea   Capodanno

25 Combine the elements provided to produce sentences.

1. Oggi mi è successo qualcosa
2. Luca, hai comprato qualcosa
3. Per il viaggio ho preso qualcosa
4. Avete notato qualcosa
5. Nella sua famiglia c'è sempre qualcosa
6. La Colomba è qualcosa
7. In questa storia c'è qualcosa

di
da

a. mangiare?
b. particolare?
c. tipicamente italiano.
d. festeggiare.
e. leggere.
f. molto bello.
g. strano.

26 Study the pictures and then write a sentence that includes the word *qualcosa* for each.

1. buono / mangiare
2. fresco / bere 
3. nuovo / raccontare 
4. fare 

160 | centosessanta   *Arrivederci!*

27 **Complete the dialogue by supplying the missing questions.**

➤ ....

● Io festeggio il compleanno il 13 giugno.

➤ ....

● 30 anni.

➤ ....

● Organizzo una festa a casa mia.

➤ ....

● Da mangiare c'è un buffet, antipasti e diversi piatti, e da bere bibite e un vino buonissimo prodotto dai genitori di Carla. Infine, una grande torta.

➤ ....

● No, veramente non ho bisogno di nulla. Tu pensa a venire e a divertirti!

28 *È proprio il regalo giusto!* **Which present would you choose for the three people pictured? Justify your choice.**

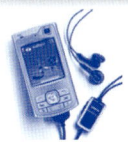

Enrico | Letizia | Anna

A Enrico, che è sempre lontano da casa, posso regalare un cellulare ...

....

A Letizia, ...

....

Ad Anna, ...

....

Cambi casa?

1 What are the types of dwelling pictured called?

2 Solve the puzzle (4, 11).

3 Finish labelling the picture. Supply the missing nouns along with their articles, as in the examples.

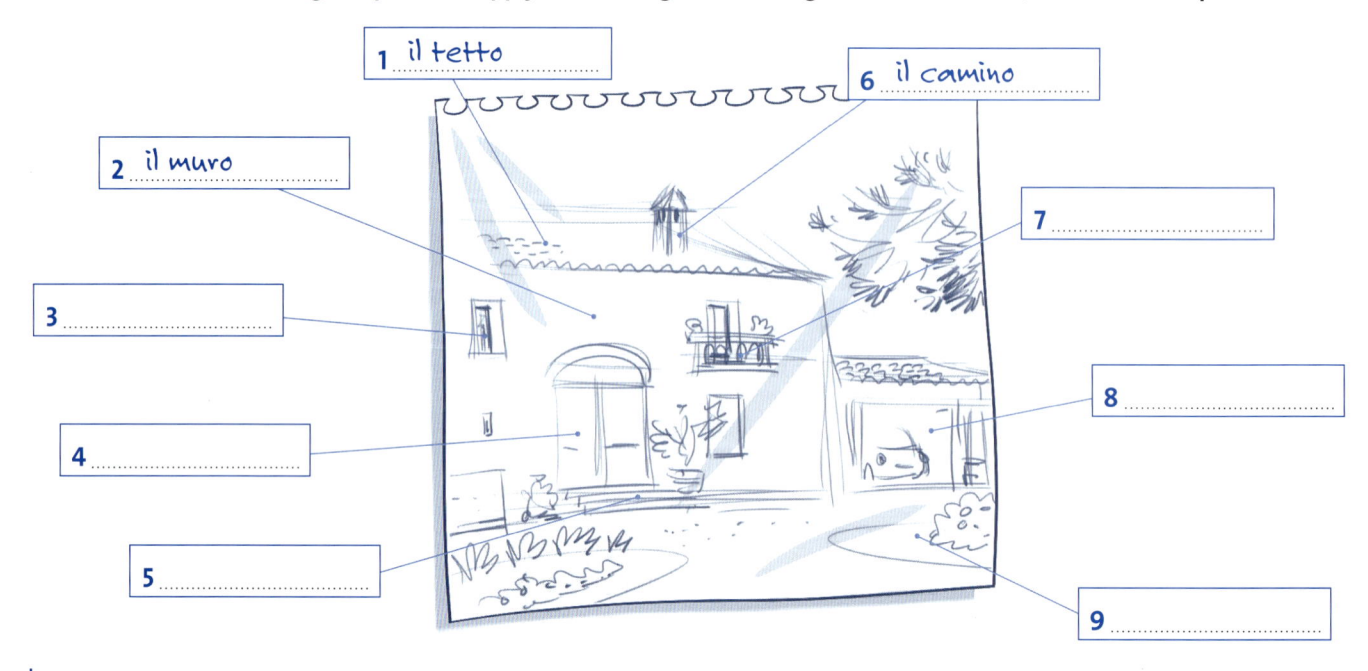

1. il tetto
2. il muro
3. ...
4. ...
5. ...
6. il camino
7. ...
8. ...
9. ...

162 | centosessantadue

Arrivederci!

UNITÀ 6

4 Which is correct: *ci* or *ne*?

1 Scusa, ma ora non ho tempo! Ci Ne parliamo più tardi!
2 Non ne ci credo; non può essere vero.
3 Ne Ci parla spesso, deve essere qualcosa che lo interessa veramente.
4 Va bene, è partito presto, non ne ci dubito, ma è comunque arrivato in ritardo.
5 Ci hanno invitati un'altra volta e dobbiamo accettare. Ci Ne contano!
6 Questi sono i fatti! Adesso ci ne credi?

5 Complete the following sentences using either *ci* or *ne*.

1 Dei suoi problemi? Non .... parla mai con me.
2 Non .... dubitare: .... parlo domani con Daniela! Poi ti faccio sapere.
3 .... pensate ancora a quella bella gita in Abruzzo?
4 Ho visto Michele con un'altra, ... credi?
5 Domani ti aspetto davanti alla stazione, alle 3. .... conto!
6 .... ho pensato bene e ho deciso di trasferirmi in campagna.

6 Match each of the following infinitives to its imperative below. In your notebook, use each in a sentence.

andare • prendere • comprare • dare • fare • sentire • affittare • avere • dire • credere • vivere

prenda! • dica! • compri! • senta! • affitti! • dia! • creda! • abbia! • vada! • viva! • faccia!

7 Use the third person singular (*Lei*) imperative of the verbs provided to complete the following.

1 *stare* .... attento, il semaforo è rosso!
2 *essere - andare* .... gentile, ... dal mio collega.
3 *fare* .... attenzione!
4 *leggere* .... prima le informazioni!
5 *dare* .... a me la valigia.
6 *avere* .... pazienza, non ho capito. Può ripetere?

8 You need to move house. Complete the conversation below that you have with the estate agent.

● Agenzia immobiliare *Cattaneo*, buongiorno!
▸ *Salutate e dite che state cercando un piccolo appartamento a Varese.*

....

● Ne abbiamo diversi. A quanti locali pensavate?

edizioni Edilingua · centosessantatré | 163

Cambi casa?

> *Dite che siete da solo e che un bilocale o un trilocale andrebbe bene.*

....

● Un momento, guardo cosa Le posso offrire ... Sì, abbiamo quello che fa per Lei: un bilocale in una zona vicino al centro ... Se vuole, lo può vedere.
> *Dite che siete interessato e chiedete se potete vederlo il giorno dopo.*

....

● Domani nel primo pomeriggio Le va bene?
> *Siete d'accordo e chiedete l'indirizzo.* ....
● Via Val Cismon, numero 2.
> *Dite che non avete capito l'indirizzo.* ....
● Via Val Cismon, al 2.
> *Ripetete l'indirizzo e chiedete l'ora dell'appuntamento.*

....

● Alle 14?
> *Dite all'agente di attendere un momento. Controllate. Confermate l'orario e salutate.*

....

● Grazie a Lei e arrivederLa.

9 How else could you say it? Rewrite the sentences below using the imperative.

1 Può chiudere la porta per piacere? ...., per favore.

2 Può entrare, prego. ...., prego.

3 Può sedersi, prego. ...., prego.

4 Vuole prendere ancora qualcosa? ...., prego.

5 Può venire per le 8. ...., per favore.

6 Deve fare attenzione! ...., per favore!

10 Which word or expression is the odd one out?

1 villetta - rustico - appuntamento - casa di campagna
2 centro - periferia - campagna - riscaldamento
3 cercare casa - trasferirsi - aiutare - traslocare
4 via - numero civico - portone - CAP
5 smog - traffico - verde - inquinamento
6 paese - metropolitana - città - campagna

11 Complete the diagrams by adding other words you associate with the terms 'house' and 'city'.

casa — locale, palazzina

città — periferia, fermata dell'autobus

UNITÀ 6

12 Search the puzzle for 10 words to do with city life (some of the words go from right to left and from bottom to top). The unused letters are needed to complete the statement below.

M	C	A	I	R	E	F	I	R	E	P	E	T	G	R
M	E	T	R	O	P	O	L	I	T	A	N	A	O	U
I	N	Q	U	I	N	A	M	E	N	T	O	R	M	M
O	T	P	O	T	R	A	F	F	I	C	O	L	S	O
E	R	U	T	T	U	R	T	S	A	R	F	N	I	R
I	O	T	N	E	M	E	C	P	A	L	A	Z	Z	I

la __ __ __ __ __ __ __ __ = una grande città o capitale

13 Write two comparative sentences for each of the sentences below.

1 La casa di Sofia è grande, quella di Rosa è piccola.

....

....

2 Pavia è una bella città; anche Lucca è bella.

....

....

3 La vita in campagna è tranquilla, quella in città no.

....

....

4 Gli affitti a Milano sono alti, ma anche a Roma gli affitti sono alti.

....

....

14 Study the picture and then use a comparative to complete each of the sentences below. Use the adjectives *alto*, *basso* and *abbronzato*. Various solutions are possible.

1 Maria è .... di Pietro.
2 Maria è .... di Stefania.
3 Stefania è .... di Maria.
4 Pietro è .... di Maurizio.
5 Maurizio è .... di Stefania.
6 Maurizio è .... di Maria.

edizioni Edilingua
centosessantacinque | 165

Cambi casa?

15 Read the following statements and then write them in the table under the appropriate heading.

1 Nella mia città si vive bene. 2 Per andare a fare la spesa devo prendere la macchina. 3 Ci sono tanti parchi. 4 Purtroppo c'è poco verde. 5 È un posto tranquillo. 6 Non c'è tanto traffico. 7 Ci sono musei, teatri, ... 8 La mia città non è molto interessante. 9 Dove vivo io gli affitti non sono alti. 10 C'è troppo traffico. 11 Dalle mie parti non si trova facilmente casa.

Città	Campagna

16 Imagine you are posting a description of your house or apartment on the Internet. Include information on the area.

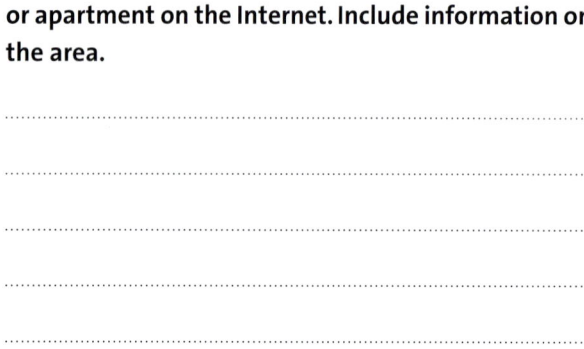

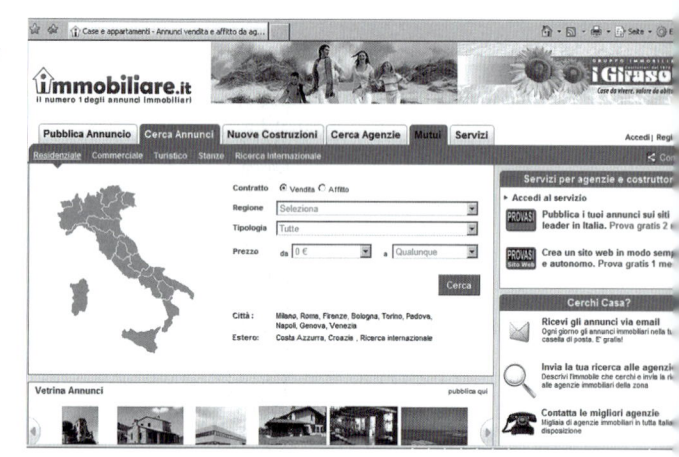

17 Read the two texts. What are the advantages and disadvantages of the choice made by Vincenzo and of the one made by Katia and Alessandro?

Vincenzo viene da Castro, un comune in provincia di Lecce, e vive da diversi anni a Torino dove lavora come meccanico. Si è trasferito per motivi di lavoro, ma è contento della scelta che ha fatto. Ha moglie e figli e un appartamento confortevole. In Puglia ritorna con la famiglia per le ferie.

UNITÀ 6

Katia e Alessandro hanno deciso di cambiare vita ed ora vivono a Lampedusa, un'isola che è più vicina alla Tunisia che alla Sicilia. L'idea è nata mentre i due erano in vacanza a Lampedusa. Si sono innamorati dell'isola e così hanno lasciato il lavoro, hanno venduto il loro appartamento a Milano e hanno comprato casa sull'isola dove ora hanno un Bed & Breakfast.

	Vincenzo	Katia and Alessandro
Vantaggi		
Svantaggi		

18 Look at the photos and then, in your notebook, list the advantages and disadvantages of living in Bologna and those of living in Colledimezzo.

Bologna

Colledimezzo

19 Match each of the following questions to an appropriate answer. There are several possibile solutions.

1 Scusa, mi aiuti?
2 Scusi, mi può aiutare?
3 Posso chiederti un favore?
4 Posso chiederLe una cosa?
5 Ha bisogno d'aiuto?
6 Hai bisogno d'aiuto?

a Sì, volentieri!
b E cosa devo fare?
c Sì, grazie!
d Quale favore?
e Sì, ne ho proprio bisogno!
f Certo! Mi dica!

edizioni Edilingua

Cambi casa?

20 What do we say in the following situations?

1 *Dovete chiedere qualcosa a qualcuno.* ....
2 *Chiedete aiuto a qualcuno che conoscete bene.* ....
3 *Chiedete un favore a qualcuno che non conoscete bene.* ....
4 *Offrite aiuto a qualcuno che conoscete bene.* ....
5 *Offrite aiuto a qualcuno che non conoscete bene.* ....
6 *Dite a qualcuno che l'aiutate volentieri.* ....

21 Write the following expressions in the imperative, replacing the parts highlighted in blue with a pronoun.

	tu	Lei
1 cercare un corso su Internet		
2 scrivere una e-mail		
3 chiedere il programma		
4 spedire la domanda		
5 pagare il corso		
6 frequentare il corso		

22 Rewrite the sentences below using the imperative. Where possible replace the direct object with a pronoun, as in the example. Note: it is possible to use *ne* on one occasion.

Voi non dovete comprare la casa. — *Non compratela.*

1 Tu devi leggere questo romanzo. ....
2 Lei non deve parlare di politica. ....
3 Noi dobbiamo andare via. ....
4 Voi dovete fare subito questo lavoro. ....
5 Tu non devi perdere sempre le chiavi. ....
6 Lei non deve prendere la macchina. ....

23 Rewrite the sentences using the third person singular (*Lei*) imperative.

1 Non stare lì, vieni qui! ....
2 Fai qualcosa, mi cadono tutti i libri! ....
3 Vai dritto! ....
4 Sii ragionevole, pensaci ancora un po'. ....

5   Dammi quella borsa, per favore!

6   Non avere fretta, aspetta un attimo.

24 Rewrite the sentences replacing the parts highlighted in blue with a pronoun. Note: it is possible to use *ci* on one occasion.

1   Non vendete la casa!

2   Sandrino, fai subito la doccia!

3   Aspettiamo Veronica!

4   Sta' vicino a Flavio!

5   Pensi bene all'offerta!

6   Non mettere lo zucchero nel mio caffè!

7   Di' a Silvia di telefonare a Carla!

8   Invitate Roberto e Daniela!

25 Read the following text and underline the characteristics and locations of what Italians consider to be the ideal house.

Vorrei una casa... grande, bella e in aperta campagna

Da una ricerca del Centro Studi e Documentazione *Direct Line*.

[...] Per il 64% degli italiani la casa deve essere accogliente*, per il 52% anche funzionale.

Il comfort non è molto importante: solo il 27% vuole una casa confortevole. [...] Per il 12% degli italiani la casa deve anche rispettare l'ambiente. L'aspetto tecnologico, invece, è importante solo per l'8% [...].

I risultati della ricerca confermano il significato che ha la casa per la maggior parte degli italiani: per il 41% infatti la propria abitazione è sinonimo di "casa dolce casa", è il posto dove rifugiarsi* (31%) e dove sentirsi al sicuro (24%). [...]

Ma dove sognano di abitare gli italiani? Il 63% ha risposto che preferisce una casa lontano dalla città, mentre il 37% preferisce una casa in centro.

E quanto grande deve essere la casa? [...] Il 42% non dà importanza alle dimensioni della casa, mentre il 47% preferisce vivere in una casa grande e il 57% in una villa. Il 23% ha risposto che preferisce vivere in un appartamento e il 19% in un attico.

adattato da www.quotidianocasa.it

accogliente: welcoming
rifugiarsi: to take refuge

26 What is your ideal house? Describe it in your notebook and draw a picture of it, perhaps.

Buon appetito!

1 You want to book a table in a restaurant for Saturday night. Complete the conversation.

▷ ....

● Sì, certo. In quanti siete?
▷ ....

● E verso che ora?
▷ ....

● Allora a sabato. Buona giornata!
▷ ....

2 Complete the following sentences using the conditional tense of *dovere*, *potere* and *volere* to make what you say sound more polite.

1 *dovere*, Lei .... fare un po' di sport: fa bene alla salute!
2 *potere* Questa volta .... chiederlo voi a Luisella?
3 *potere*, tu .... ripetere, per favore?
4 *dovere*, tu .... stare più attento!
5 *potere*, noi .... partire dopo cena.
6 *volere* .... aiutarti io.

3 Divide the words provided into four groups.

> primo • pranzo • preparazione • ristorante • dolce • ricetta • cena
> pizzeria • colazione • trattoria • secondo • ingredienti

1 .... 3 ....
2 .... 4 ....

4 Complete the crossword.

1 Il prosciutto crudo, la mortadella ecc. sono …
2 Lo mangiamo all'inizio di un menù completo.
3 Un piatto di carne o pesce con verdure è un …
4 Lo mangiamo alla fine di un pasto, a volte al posto della frutta.
5 La lasciamo dopo aver pagato il conto.
6 Verso le 4 del pomeriggio facciamo …
7 Lo prendiamo, in genere al bar, prima di pranzo o di cena.
8 Un piatto di pasta o riso è un …
9 Per fare una ricetta abbiamo bisogno di diversi …
10 Prima di iniziare a mangiare, diciamo *buon* …

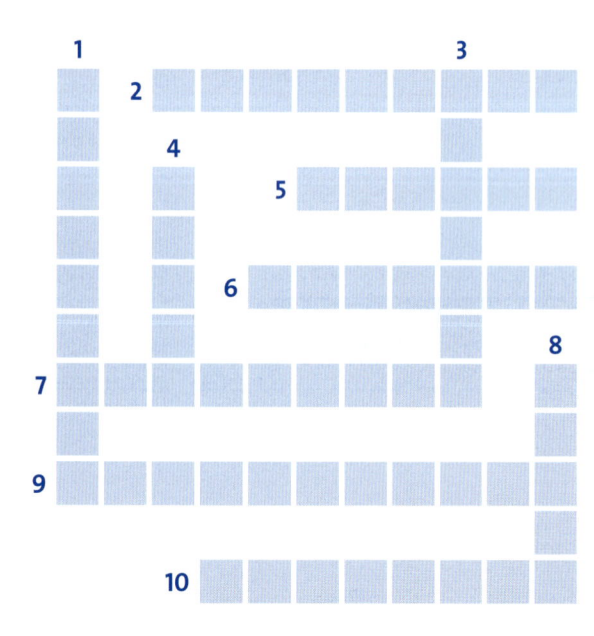

170 | centosettanta

Arrivederci!

UNITÀ 7

5 Find the pairs of opposites and use them to write five sentences.

dolce   cotto   crudo   fresco   duro   salato   tenero   piccante   surgelato   insipido

1 ....
2 ....
3 ....
4 ....
5 ....

6 Complete the following sentences using the conditional tense of the verb provided in each case.

1 *comprare*   Quella camicia mi piace, la .... volentieri.

2 *sapere*   Non ...., forse è meglio se chiedi a Luca.

3 *prenotare*   Piero, ... un tavolo a *Il Castello* per domani?

4 *dire*   Questa volta io .... che ha proprio ragione lei.

5 *essere*   Scusi, ma questa .... la mia giacca.

6 *avere*   Io e Teresa .... voglia di andare al ristorante greco qui vicino.

7 Use the conditional tense of the verbs provided to complete the cartoons below.

passare • accendere • rispondere • dare • lasciare • sapere

1. Mi .... l'acqua, per favore?

2. Mi .... passare, per favore? Il mio treno parte tra due minuti. — Anche il mio!

3. .... tu, per piacere?

4. Mi .... una penna, per favore?

5. .... la luce, per piacere?

6. Scusi, mi .... dire che ore sono? — Mi dispiace, non lo so.

edizioni Edilingua

Buon appetito!

8 How else could you say it? Rewrite each of the following sentences using the conditional tense, as in the example.

1 Un sogno? Comprarmi una macchina più grande.
....

2 Il mio desiderio più grande è di vivere in un Paese caldo.
....

3 Mi fai un favore? Mi chiami un taxi?
....

4 Va' in soggiorno a telefonare, per piacere.
....

5 Non so, ma secondo me, bisogna parlarle subito.
....

6 Perché non lavori di meno?
Dovresti lavorare di meno.

9 Rewrite the following questions and statements using a more polite verb form.

1 Stasera voglio andare a cena fuori.

2 Ti va di andare al cinema?

3 Devi dirlo a tuo padre!

4 Senta, possiamo avere un tavolo vicino alla finestra?

5 Marcella, vuoi uscire con me stasera?

6 Mi dai il sale, per favore?

10 Complete the two conversations with staff at *La cantina* restaurant.

a ➤ Buongiorno! Ristorante *La cantina*!

● ....

➤ Certo, per quando?

● ....

➤ Sì, va bene, verso le 8 e mezza?

● ....

➤ Per quante persone?

● ....

➤ A che nome?

● ....

b ■ Prego, cosa prende?

➤ ....

■ Bene, e di primo?

➤ ....

■ Vuole ordinare già il secondo?

➤ ....

■ Perfetto. E da bere?

➤ ....

172 | centosettantadue   *Arrivederci!*

UNITÀ 7

11 You are dining with a friend in a restaurant. Study the menu and choose what you would like. Complete the dialogue.

➤ Buongiorno, posso portare un aperitivo?
● Mmh, no, grazie.
➤ Avete già scelto?
● Sì.
➤ Cosa vi posso portare?
● Io prenderei il carpaccio di zucchine come antipasto.
■ ....
➤ Benissimo, e come primo cosa vi porto?
■ ....
● Anche per me, grazie.
➤ E di secondo?
● Io prendo il pesce spada al vino bianco.
■ Io, invece ....
➤ Perfetto. Vi porto dell'acqua?
● Sì, grazie.
➤ Naturale o gassata?
■ ....
➤ E una bottiglia di vino?
■ ....
➤ Va bene. Grazie.

...
● Cosa vorresti prendere poi come dolce?
■ ....

Menu:

Antipasti
Carpaccio di zucchine
Vitello tonnato
Insalata di polpo e patate
Affettati

Primi
Spaghetti alle vongole
Lasagne
Orecchiette ai broccoli
Gnocchi di patate agli asparagi
Risotto alla parmigiana

Secondi (carne e pesce)
Saltimbocca alla romana
Arrosto di vitello
Pollo con peperoni
Pesce spada al vino bianco
Grigliata di pesce misto

Contorni
Insalata mista
Formaggi misti
Spinaci al burro
Patate al forno

Dolci
Semifreddo al caffè
Mousse al cioccolato
Torta di mele
Gelati (diversi gusti)

12 Your friend Filippo has a date with a girl on Saturday night and wants your advice. Look at the pictures and tell Filippo what you would do if you were him.

1 Io al tuo posto prenoterei un tavolo ...
2 ....
3 ....
4 ....

edizioni Edilingua   centosettantatré | **173**

Buon appetito!

13 Read the speech bubbles. Use the conditional tense to give advice on how best to learn Italian.

1 Non capisco i testi registrati.
2 Mi dimentico sempre il genere del nome, se è maschile o femminile.
3 Non mi ricordo mai i nuovi vocaboli.
4 Non so pronunciare bene le doppie.
5 Spesso non ricordo i verbi.
6 Io ho problemi con le preposizioni.

1 Potresti leggere i dialoghi sempre ad alta voce.
2 ....
3 ....
4 ....
5 ....
6 ....

14 What do the following sentences express? Write them under the appropriate heading in the table.

1 La trattoria dovrebbe essere qui vicino.
2 Potrei avere un caffè?
3 Potremmo prendere un antipasto misto.
4 Sarei felicissimo di venire a cena da voi.
5 Mi daresti la ricetta?
6 Potresti essere più gentile.
7 Vorrei tanto venire a pranzo con voi.
8 Ti andrebbe di mangiare una pizza insieme?

Richiesta gentile	Possibilità	Desiderio	Proposta

174 centosettantaquattro *Arrivederci!*

UNITÀ 7

15 Match each of the following questions to an appropriate answer.

1 Prendi un caffè?
2 Potrei prenotare un tavolo?
3 Che cosa ci consiglia di buono?
4 Hai la ricetta?
5 Avete del pesce?
6 Prende un dolce?

a Certo, signora. Freschissimo!
b Il risotto è ottimo.
c Sì, ed è facile da fare!
d Sì ... Magari qualcosa di fresco.
e Certo. Per quando?
f Sì, grazie, con un po' di zucchero.

16 Aside from the options provided, how else could we express ourselves?

Offrite qualcosa a qualcuno.
  Ti posso offrire qualcosa?
  Prendi volentieri un caffè?

....

....

Accettate qualcosa.

....

....

Poco, grazie.
Mah, un caffè, lo bevo volentieri.

Rifiutate qualcosa.

....

Niente, grazie.
No, non disturbarti.

....

17 Complete the following sentences using the correct form of *metterci* in each case.

Milano <-> Roma
600 km circa

1 Il treno Intercity .... più di 6 ore.
2 Se prendete però il *Frecciarossa*, ... solo 3 ore e mezza.
3 Se invece prendi l'aereo, ... un'ora e 15 minuti.
4 In macchina io .... 7 ore.
5 Però Luca dice che lui e Mara
   .... un'ora in meno.
6 Federico, una volta,
   .... solo 5 ore.

edizioni Edilingua centosettantacinque | 175

Buon appetito!

18 Do you know these dishes? Write their names in the table under the appropriate heading.

carpaccio di pesce spada   risotto ai funghi   profiterol   saltimbocca alla romana   frittura di pesce

risotto ai funghi • carpaccio di pesce spada • insalata caprese • profiterol • insalata di riso
tiramisù • gnocchi al gorgonzola • saltimbocca alla romana • melanzane alla parmigiana
tortellini in brodo • spaghetti aglio e olio • peperoni ripieni • torta al cioccolato
frittura di pesce • carne alla griglia • vitello tonnato • spaghetti alla carbonara

Antipasti	Primi piatti	Secondi piatti	Dolci

19 Choose the correct verb and use it to complete the sentences.

1 *bisognare / volerci*   Per trovare un buon tavolo .... prenotare in tempo.

2 *bastare / bisognare*   Per arrivare al lago .... pochi minuti.

3 *servire / metterci*   Hai visto quanto tempo .... Roberta a decidersi?

4 *bisognare / servire*   Per friggere le melanzane .... una padella.

5 *servire / metterci*   Per andare al matrimonio mi .... un vestito nuovo.

6 *volerci / bastare*   Bisogna aver pazienza, ... tempo!

20 *Volerci* or *metterci*? Choose the correct verb and use it to complete the sentences.

1 Quanto tempo .... Maria a prepararsi?

2 Per fare un buon ragù .... più di due ore.

3 Di solito per tornare a casa io e Laura .... 20 minuti.

4 Per fare il pesto .... tanto basilico.

5 Tu quanti minuti .... per preparare gli spaghetti aglio e olio?

6 Di solito .... un'ora, ma se cammini in fretta .... 40 minuti.

176   centosettantasei   *Arrivederci!*

UNITÀ 7

21 Rewrite the following questions in your notebook, as in the example. Then, answer them.

1 Quanto tempo è necessario per cuocere gli spaghetti?
   – *Quanto tempo ci vuole per cuocere gli spaghetti? – Ci vogliono circa 8 minuti.*
2 Cosa ti occorre per fare il pesto?
3 Sono sufficienti 10 minuti di sport al giorno?
4 Di quanto tempo avete bisogno per prepararvi?
5 Cosa si deve avere per andare a un concerto?

22 Use *buono* or *buon* to complete the following.

1 Berrei volentieri un .... caffè.
2 Vai alla biblioteca dell'università, Dario? Allora, ... studio!
3 *Il faro* è davvero un .... ristorante.
4 A colazione mangio spesso un .... yogurt.
5 Ho ancora un .... ricordo dell'ultima serata da Maria.
6 Oh, ecco la pasta. .... appetito!

23 *Vi piace?* Complete the sentences using the correct form of *buono* in each case.

1 Avrei voglia di una .... pizza stasera, che dici?
2 Come dolce prenderei un .... gelato.
3 Qui le lasagne sono molto ....
4 Questo tiramisù è ...., ma quello che faccio io è migliore!
5 Che .... questi tortellini, li hai fatti tu o li hai comprati?
6 Ho bevuto un .... caffè, non prendo più niente, grazie.

24 Which pizza is your favourite? What are the ingredients? What don't you like to see on a pizza?

edizioni Edilingua

Buon appetito!

25 Read the following food-related Italian proverbs. Match each to its meaning.

1 Gallina vecchia fa buon brodo.

2 Dire pane al pane e vino al vino.

3 Tanto fumo e poco arrosto.

4 Meglio un uovo oggi che una gallina domani.

5 Non tutte le ciambelle riescono col buco.

.... a Meglio una cosa piccola oggi che una grande, ma incerta, domani.
.... b Parlare apertamente e dire le cose come stanno.
.... c Una persona vecchia ha spesso maggiore esperienza e più qualità.
.... d Di molta apparenza e di poca sostanza.
.... e Non sempre le cose riescono come si vorrebbe.

26 Are there similar proverbs in English? Write down other Italian proverbs or expressions to do with food, as in the example.

Acqua in bocca!
Andare a tutta birra.
L'appetito vien mangiando.

Ultime notizie

UNITÀ 8

1 Match each of the newspaper headlines below to the appropriate section (Economia, Politica, Cronaca, Cultura, Sport, Esteri, Spettacoli) of the newspaper.

Il governo dice sì al federalismo

Carabiniere ferito da rapinatore in fuga

Su Internet il libro di storia che si aggiorna sempre

Calcio: Serie A Bologna - Inter 1-3

Mutui, Euribor da record

Taiwan: Cina convoca ambasciatore USA

Emanuele Filiberto: ballo in tv per soldi

2 The following pieces of information are as yet unconfirmed. Rewrite them using the conditional tense.

1. Non ci sono scioperi. — Non .... scioperi.
2. Il governo può cadere. — Il governo .... cadere.
3. La manifestazione ha luogo a Roma. — La manifestazione .... luogo a Roma.
4. Le regioni vogliono più autonomia. — Le regioni .... più autonomia.

3 Read the following newspaper headlines. Rewrite them as in the example.

1. **Situazione traffico caotica, causa neve**
2. Record dei prezzi degli affitti a Milano
3. *Italiani sempre meno interessati alla politica*
4. La prossima settimana previsti anche 40°
5. Scuole chiuse fino a fine settembre?
6. **Sempre più italiani usano Internet**

1. La situazione del traffico sarebbe caotica a causa della neve.
2. ....
3. ....
4. ....
5. ....
6. ....

edizioni Edilingua — centosettantanove | 179

Ultime notizie

4 Match each sentence from the left to one from the right.

1 Forse è meglio aspettare.
2 Per me è la soluzione ideale.
3 Forse è lei.
4 Ti consiglio di fare così.
5 Non so, forse ...
6 Secondo me, ha ragione lui.

a Direi che ha ragione lui.
b Sarebbe meglio aspettare.
c Non saprei ...
d Potrebbe essere lei.
e Sarebbe la soluzione ideale.
f Io farei così.

5 Why hasn't Enrico arrived yet? In your notebook, write down the things that Caterina supposes could have happened.

magari ... • potrebbe ... • non so, forse ... • ...

6 Use the correct auxiliary verb and, if necessary, ensure the past participle agrees.

1 Filippo .... volut...... vedere anche Giulio prima di partire.
2 La mamma .... dovut...... uscire di nuovo per andare al supermercato.
3 Maria, ... potut...... parlare con Leonardo?
4 Io e Claudio non .... potut...... partire a causa dello sciopero generale!
5 Ragazze, perché non .... volut...... andare al cinema?
6 Stamattina, io .... dovut...... accompagnare Ivan all'aeroporto.

7 Choose the correct auxiliary verb and supply the appropriate past participle ending.

1 Ieri abbiamo siamo dovut...... aspettare Marco quasi mezz'ora.
2 Sono Hanno volut...... partire presto per evitare il traffico.
3 Ilaria è ha dovut...... andare dal medico. Ormai era una settimana che non stava bene.
4 Sono Ho dovut...... passare da Giacomo perché avevo dimenticato le chiavi.
5 Non ho sono potut...... ancora dirglielo, spero di farlo oggi.
6 Perché non siete avete volut...... venire ieri sera?

180 centottanta   *Arrivederci!*

UNITÀ 8

8 **Complete the following using the perfect tense of the modal verbs in brackets.**

Ieri mattina, il marito di Martina si è alzato presto perché dovera partire per lavoro. Lei, quindi, (1. *dovere*) .... fare tutto da sola. (2. *volere*) .... preparare la colazione per i bambini prima di svegliarli, poi (3. *dovere*) .... chiamarli più volte perché non volevano alzarsi. Non (4. *potere*) .... aiutare la più grande che si è lavata e vestita da sola.

Quando poi sono usciti di casa, tutti e tre (5. *dovere*) .... camminare in fretta fino alla fermata dell'autobus perché era tardi. Hanno preso però l'autobus e così (6. *potere*) .... arrivare a scuola puntuali e Martina (7. *potere*) .... essere come sempre alle 8 e mezza in ufficio.

9 **Study the pictures and complete each sentence in an appropriate manner, to include a modal verb in the perfect tense.**

1   Stefania e Andrea .... in ordine la loro camera.

2   Giulia è stata fortunata, ... perché ha trovato un posto su un volo dell'Alitalia.

3   Riccardo non .... in ufficio perché si è svegliato con la febbre.

4   Il signor Alberti è in ritardo perché .... suo figlio a scuola.

5   Anna e Massimo .... insieme per conoscersi meglio.

6   Laura .... in ufficio fino a tardi per finire di scrivere una relazione urgente.

edizioni Edilingua   centottantuno | 181

Ultime notizie

10 Answer the questions. Use the perfect tense of the modal verbs provided.

potere

1 Avete visto tutto il film? No, ...
2 Hai organizzato le tue vacanze? No, ...

dovere

3 Sabrina è andata via per lavoro? No, ...
4 Sono partiti per il week-end? No, ...

volere

5 Hai fatto la spesa? No, ...
6 I bambini sono rimasti a casa? No, ...

11 Find the words that are needed to complete the sentences below. Use all the letters provided.

1 Ogni mese riceve questa _ _ _ _ _ _ _ _ a casa per posta.
2 Leggi il _ _ _ _ _ _ _ _ _, così sai cosa succede nel mondo!
3 Stasera guardo un film alla _ _ _ _ _ _ _ _ _ _ _ _ _.
4 Quando sono in macchina, ascolto sempre la _ _ _ _ _ _.
5 Guarda sul _ _ _ _ _ _ _ _ _ _ i risultati della partita.
6 Il venerdì sera andiamo quasi sempre al _ _ _ _ _ _ _ _.
7 La sera mi piace addormentarmi con un buon _ _ _ _ _ _ _.
8 Ho guardato per i voli su _ _ _ _ _ _ _ _ e ne ho trovato uno a buon prezzo.

```
A A A A B C D D
E E E E E E E E E G
I I I I I I I I L L L
M N N N N N O O O
O R R R R R S S T T T
T T V V V
```

12 In your notebook, give reasons for your choices. Which news sources would you use if ...?

1 desiderate sapere chi ha vinto le elezioni
2 desiderate conoscere l'opinione dei diversi partiti
3 desiderate sapere che cosa ha scritto Italo Calvino
4 desiderate conoscere i risultati del Gran Premio di Formula 1

13 Imagine you are to spend a long period of time alone, with only one source of information available to you. In your notebook, write down which one you would choose. Why? How would you use it? What advantages over other news sources does it have?

14 Complete the following sentences. Which news media do you use? How long do you spend watching TV or on your computer, for example?

Guardo ....

....

UNITÀ 8

Ascolto ....
....
....

Leggo ....
....
....

Navigo ....
....
....

15 Reply to the following questions in the negative.

1. C'è qualcuno? ....
2. Con chi stai parlando? ....
3. Hai chiesto a qualcuno? ....
4. A chi l'avete detto? ....
5. Chi devo aiutare? ....
6. Ha risposto qualcuno? ....

16 Write sentences with the opposite meaning, as in the example.

1. Ho rivisto tutti. ≠ *Non ho rivisto nessuno.*
2. Dallo a qualcuno. ≠ ....
3. È amico di tutti. ≠ ....
4. Ci sono tutti. ≠ ....
5. Tutti lo sanno. ≠ ....
6. Parlava con qualcuno. ≠ ....

17 Rewrite the sentences as in the example.

Non lo vuole nessuno. = *Nessuno lo vuole.*

1. Non lo sapeva nessuno. = *Nessuno* ....
2. Non lo chiama nessuno. = *Nessuno* ....
3. Non ha parlato nessuno. = *Nessuno* ....
4. Non l'ha incontrato nessuno. = *Nessuno* ....
5. Non si è mosso nessuno. = *Nessuno* ....
6. Non ha telefonato nessuno. = *Nessuno* ....

edizioni Edilingua

Ultime notizie

18 Which of the Italian words listed below are the same in English? Write each word, together with its article, in the table under the appropriate heading.

tastiera • schermo (piatto) • mouse • videocamera • hard-disk • cavo • scanner • stampante
Wi-Fi • lettore DVD • software • tappetino • macchina fotografica digitale

maschile	femminile

Remember that in Italian, with only the odd exception, all foreign words are masculine.

19 Match the verbs to appropriate nouns, as in the example. Note: some verbs can be matched to more than one noun.

	un sms	una e-mail	un file	il cellulare	in Internet	il computer	un programma	l'antivirus	una cartella
navigare					✔				
scaricare									
(ri)accendere									
aprire									
inviare									
spegnere									
chiudere									
inoltrare									
chattare									
aggiornare									

20 What can the Internet be used for? Read the list and add to it if you can. What do you use the Internet for?

leggere giornali online
prenotare biglietti, hotel ecc.
noleggiare una macchina
cercare un lavoro
comprare libri, CD e altro
chattare con altre persone
trovare un'informazione

184 | centottantaquattro

Arrivederci!

21 What are the people depicted using the Internet for? Write a short text for each picture.

1 ....
....

2 ....
....

3 ....
....

22 In the puzzle below, search for 12 words to do with mass media. The unused letters are needed to complete the statement below.

G	I	N	O	T	I	Z	I	A	R	I	O
I	N	F	O	R	M	A	Z	I	O	N	E
O	T	E	L	E	V	I	D	E	O	R	R
R	E	C	E	L	L	U	L	A	R	E	A
N	R	P	R	O	G	R	A	M	M	A	D
A	N	T	E	N	N	A	C	A	V	O	I
L	E	A	I	A	R	T	I	C	O	L	O
E	T	E	L	E	V	I	S	I	O	N	E

Radiotelevisione italiana = __ __ __

23 Choosing from the options provided, what do you watch when ...?

1 volete informarvi
2 volete decidere se fare una gita in bici il giorno dopo
3 volete guardare qualcosa con un bambino
4 volete conoscere i risultati delle partite
5 volete vedere se potreste rispondere anche voi alle domande
6 volete rilassarvi con una trasmissione non troppo impegnativa
7 volete rilassarvi per un paio d'ore con una bella storia
8 volete seguire una discussione politica

a film
b gioco a quiz
c telegiornale
d varietà
e previsioni del tempo
f cartoni animati
g talk show
h notiziario sportivo

edizioni Edilingua

Ultime notizie

24 Read the results of a survey by Doxa for *Save the Children* on the opportunities, dangers and risks of the Internet and mobile phones as perceived by parents. Give your opinion using expressions such as: *Secondo me, ...; Non so, però ...; Forse sarebbe meglio ...; Posso solo dire che ...*

Quasi il 70% dei giovani fra i 10 e 17 anni usa Internet.
Fra i genitori il 74% ha un atteggiamento positivo verso Internet, lo ritiene "molto utile" (18%) o "abbastanza utile" (56%): per la scuola e lo studio (83%), come mezzo di informazione (67%), per la possibilità di comunicazione (10%).
Ma per il 65% dei genitori Internet può dare anche preoccupazioni e creare problemi ("molti problemi" per il 27%; "alcuni problemi" per il 38%). I rischi di Internet per i genitori sono i possibili contatti con adulti che vogliono conoscere e avvicinare bambini e ragazzi (90%), videogiochi violenti e poco educativi (82%), pubblicità pericolose (80%), virus informatici (74%), l'uso eccessivo di Internet (68%), informazioni non corrette su ricerche scolastiche, salute, diete (53%), il rischio di scaricare musica o film coperti da diritti d'autore (49%) ecc.

....
....
....
....

25 Choose a statement that you agree with and back up your choice.

- Bisogna informarsi regolarmente.
- Si può vivere senza televisione.
- Con Internet si è sempre aggiornati.
- La radio informa meglio della TV.
- Bisognerebbe sempre leggere un quotidiano.
- Molti dicono che la TV non informa ma disinforma.

....
....
....
....

26 Look at the comic strip. What advice would you give Miguelito to stop him being bored? Which forms of mass media would be more current? Write in your notebook.

186 | centottantasei

Arrivederci!

Cosa fai nella vita? UNITÀ 9

1 Complete the crossword and use the word revealed to complete the sentence below.

1 Lavora sempre con il computer e si occupa di programmi.
2 Organizza e coordina gli appuntamenti del suo capo.
3 Lavora in fabbrica e fa i turni.
4 La sua attività è insegnare a scuola.
5 È donna e assiste i clienti alle fiere o sugli aerei.
6 Lavora in ufficio.

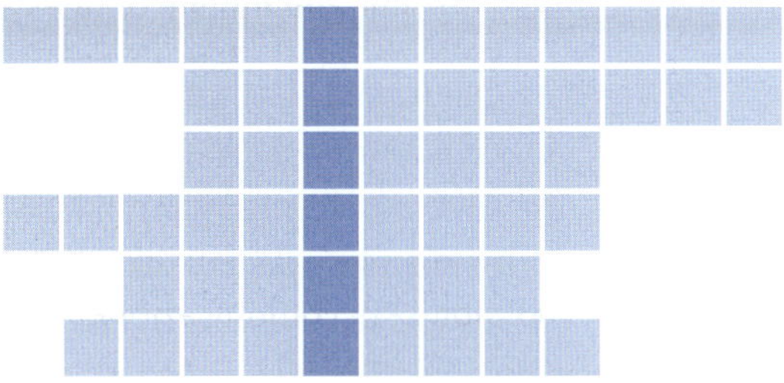

Vende o affitta case: .... immobiliare

2 Match a word from the left to an element from the right, as in the example.

1 insegnante
2 vigile
3 meccanico
4 informatico
5 cuoco
6 impiegato

a fa da mangiare in un ristorante
b ripara le macchine
c lavora alle poste
d lavora in una scuola
e controlla il traffico
f sa tutto sui computer

3 Choose a job advert from page 82 for each of the people described below. Explain why you feel the job is suited to them.

1 Sandra è di Monaco. Dopo la fine della scuola ha vissuto due anni a Londra, dove ha lavorato come agente immobiliare. L'anno scorso si è trasferita in Toscana e adesso cerca lavoro.

2 Ernesto si è trasferito da poco in Calabria, dove studia marketing. È una persona dinamica e cerca un lavoretto per guadagnare qualcosa durante gli studi.

3 Agnieszka è polacca. Quando aveva 13 anni, la sua famiglia si è trasferita in Italia. Adesso vive a Milano dove ha studiato lingue. È alla ricerca di un lavoro.

4 You are looking for a job. Write a short advert.

PIGRA CERCA LAVORO CHE LA VENGA A CERCARE.

edizioni Edilingua

Cosa fai nella vita?

5 Match each of the following definitions to the correct term.

1. Attività di lavoro oltre gli orari normali.
2. Quello che i lavoratori dipendenti guadagnano al mese.
3. Persona con patente e auto propria.
4. Lavoro di 8 ore al giorno.
5. Percentuale da dare per un prodotto venduto.
6. Candidato maschio o femmina.

a stipendio fisso
b commissione
c ambosessi
d straordinario
e automunito
f a tempo pieno

6 Complete the crossword.

1. Lo presentiamo quando cerchiamo un posto di lavoro.
2. Ogni mese per il lavoro fatto riceviamo lo …
3. Li facciamo perché abbiamo troppo lavoro.
4. Lo possono essere gli orari di alcuni impiegati.
5. Le persone che lavorano con te sono …
6. Se non lavoriamo a tempo pieno, lavoriamo …

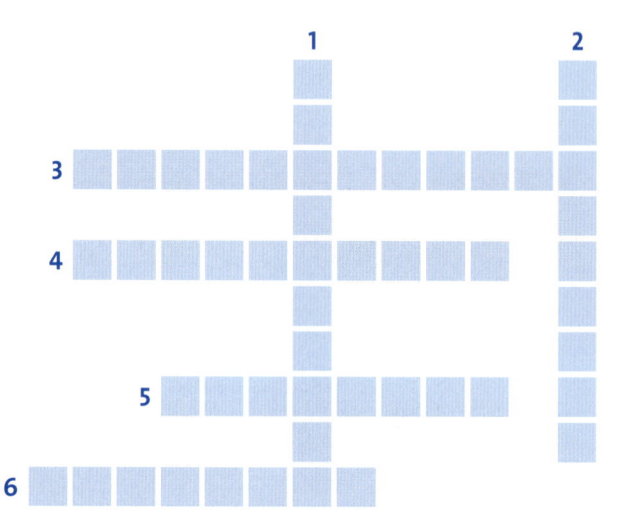

7 Match each expression to the correct picture.

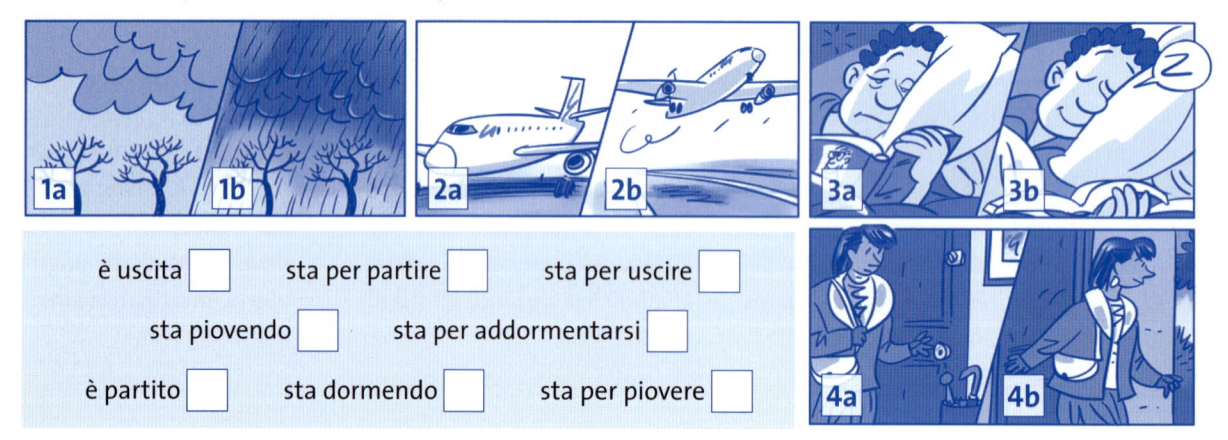

è uscita ☐ sta per partire ☐ sta per uscire ☐
sta piovendo ☐ sta per addormentarsi ☐
è partito ☐ sta dormendo ☐ sta per piovere ☐

8 Study the pictures and then complete the sentences using *stare per* + infinitive.

1. I bambini ....
2. Adesso non posso, ...
3. Maria ....

188 | centottantotto

Arrivederci!

UNITÀ 9

4 Noi ....

5 .... le pizze!

6 Finalmente, ... il film.

9 In your notebook, describe what each of the three people below do. Include the expressions provided.

volontario
promoter
segretaria

> presentare prodotti • lavorare al telefono • aiutare persone in difficoltà
> organizzare appuntamenti • contattare persone • lavorare presso una ditta
> avere uno stipendio fisso • avere orari di lavoro flessibili • lavorare part-time

10 What words and expressions can we use to describe a job? Complete the table.

Orario	Luogo	Stipendio	Descrizione	Altro
....	....	....	di responsabilità	....
....	....	....	interessante	....
....	....	....	....	....

11 What would be your ideal job? Write a brief description, not forgetting to include the conditional tense.

FINALMENTE SONO RIUSCITA A CONCILIARE FAMIGLIA E LAVORO.

SONO SINGLE E DISOCCUPATA.

12 For each sentence, state which of the two actions takes / took place first, as in the example.

1 Prima di andare in panetteria, sono passato dal fruttivendolo. *passare dal fruttivendolo*

2 Ha telefonato a Marta prima di andare a trovarla.

3 Ho cercato a lungo prima di trovare questo posto.

4 Prima di fare colazione, faccio sempre mezz'ora di jogging.

edizioni Edilingua

Cosa fai nella vita?

5 Prima di sedermi davanti alla TV, ho messo a letto i bambini.

6 Abbiamo letto il giornale prima di andare a fare la spesa.

13 Rewrite the following sentences using *prima di*, as in the example.

1 Prima ho telefonato all'azienda, poi ho mandato il curriculum.
Prima di mandare il curriculum, ho telefonato all'azienda.

2 Prima ho parlato con la segretaria, poi con il responsabile.

3 Prima siamo passati da casa, poi siamo andati in ufficio.

4 Prima ho preso un caffè, poi siamo andati alla riunione.

5 Prima Maria ha chiamato l'agenzia, poi ha parlato con me.

6 Prima i candidati hanno fatto un test, poi sono venuti al colloquio.

14 Rewrite the following sentences (where possible) using *prima di* + infinitive.

1 Sono stato varie volte all'Elba in vacanza. Poi ho comprato casa e mi sono trasferito lì.

2 Abbiamo cenato insieme, poi Franco è partito.

3 Ho lavorato fino alle 4. Dopo sono andata a fare la spesa.

4 Adesso Laura fa il part-time. Prima lavorava a tempo pieno.

5 Mirella ha cucinato per tutti e, dopo cena, Graziano ha lavato i piatti.

6 Gianmaria e Valeria hanno aperto un ristorante. Prima avevano un bar in centro.

15 Supply the correct preposition where necessary.

Ho iniziato ....(1) lavorare al call center con un contratto part-time due anni fa. Poi, quando ho finito ....(2) i miei studi, ho cominciato ....(3) lavorare a tempo pieno. È stato in questo periodo che ho smesso ....(4) viaggiare. Poi ho conosciuto Marta e ho iniziato ....(5) una nuova vita. Adesso anche il lavoro comincia ....(6) piacermi, anche se ogni sera quando ho finito ....(7) parlare al telefono con i clienti mi sento proprio stanco.

16 *Avere* or *essere*? Supply the correct auxiliary.

1 Io .... smesso di fare nuoto da circa un mese, adesso vado in palestra.
2 Renzo, ... finito di lavorare?
3 L'altro giorno io e mia moglie .... iniziato un corso di ginnastica.
4 Dai, Maria! La riunione .... già cominciata.
5 Peccato, le vacanze .... finite e si deve tornare al lavoro.
6 Venerdì scorso .... finito di lavorare presto.

17 Complete the sentences using the correct form of the verb provided in each case. Supply any prepositions that are required.

1 *iniziare*, io   La settimana scorsa .... uno stage a Milano.
2 *finire*   Lorenza .... l'università nel 2011 e ha trovato subito lavoro.
3 *iniziare*   Il primo corso .... lunedì scorso, sembra interessante.
4 *smettere*, tu   Adesso .... giocare e vai a studiare!
5 *finire*   La riunione .... tardissimo, sono arrivato a casa dopo le dieci!
6 *cominciare*   Si alzano alle 6 tutte le mattine perché .... lavorare alle 7.30.

18 Complete the sentences using the verbs *iniziare*, *cominciare*, *finire*, *smettere* and, if necessary, a preposition. Remember to check you have chosen the correct auxiliary!

1 .... piovere ieri mattina e .... piovere ieri sera.
2 Ieri la mia giornata .... alle 7 quando è suonata la sveglia ed .... alle 23 quando sono andato a letto.
3 Serena .... lavorare a 25 anni e .... lavorare a 65, quando è andata in pensione.

Cosa fai nella vita?

19 How did your job interview go? Complete the dialogue using the prompts provided to guide you.

- E allora, com'è andato il colloquio?
> Bere un caffè con il capo del personale e poi parlare dell'azienda.

....

- E poi?
> Il capo del personale guardare il curriculum e affermare che io essere la persona giusta.

....

- Sono veramente contento per te. E quando cominci?
> L'attuale dipendente andare via presto e io iniziare a lavorare subito.

....

20 Read the text and use the information it contains to complete the following CV.

Nome e cognome: ....
Indirizzo: ....
Telefono: ....
Indirizzo e-mail: ....

Istruzione e formazione
....

Esperienze professionali
....

Lingue straniere
....

Hobby e interessi
....

Paolo Borghetti è nato a Potenza il 2 giugno del 1980. Nel 1999 ha finito il liceo classico Q. Orazio Flacco. Poi si è trasferito a Roma, dove ha iniziato a studiare informatica all'Università La Sapienza. Subito dopo la laurea, nel 2005, si è trasferito in Gran Bretagna, dove ha seguito un master in informatica all'università di Birmingham. Quindi è ritornato in Italia, a Roma, dove ha lavorato come promoter in un call center e come insegnante privato d'inglese e informatica. Si interessa di cucina, gli piace viaggiare, suonare la chitarra e adesso cerca lavoro. Per contattarlo scrivete a:

Paolo Borghetti, Via Cerasi, 12 – 00152 Roma.
Tel: 06 23456575.
e-mail: paoloborghetti@libero.it

21 In your notebook, as in the example, write a couple of sentences to describe each of the professions listed below.

segretaria   Bisogna essere molto organizzati. Bisogna passare molte ore al telefono e si lavora molto con il proprio capo. Spesso è un lavoro che fanno le donne.

architetto • infermiere • agente immobiliare • hostess di terra • baby-sitter • giornalista

Arrivederci!

UNITÀ 9

22 Briefly describe a period of work experience, a summer job, or any other work you have done.

Ho fatto ...

Mi è piaciuto ...

Dovevo ...

23 Read the text and then decide which of the options below is correct in each case.

PROFESSIONI INSOLITE
Gli strani lavori negli hotel... leggere per credere.

Quando pensiamo ai lavori che si possono fare negli hotel ci vengono in mente il receptionist, il portiere di notte, la cameriera, il cuoco, il cameriere ecc. Ma sapevate che a ...
Londra - Lo scaldaletto umano
Un bel letto caldo, soprattutto nelle fredde notti invernali, non soltanto è piacevole, ma può anche favorire il sonno; per questo a Londra l'*Holiday Inn Kensington Forum* – 4 stelle ha pensato di offrire ai propri ospiti un servizio davvero esclusivo: lo scaldaletto umano che, dopo aver indossato una speciale tuta termica, scalda con il calore del proprio corpo i letti dei clienti.
San Francisco. Il pulitore di monete
Uno dei mestieri più strani e antichi. Dal 1935 nell'*Hotel Westin St Francis* – 4 stelle si lavano per bene tutte le monete che circolano in albergo. Questa tradizione è iniziata perché le monete sporcavano i guanti bianchi delle signore, ma continua ancora oggi.
Jaipur - Lo scacciatore di piccioni
Quando vi trovate in una piazza affollata dai piccioni non resistete alla tentazione di mettervi a correre e farli volare tutti? Allora siete i candidati ideali per la professione di "scacciatore di piccioni"! A Jaipur, in India, il cortile del *Rambagh Palace* – 5 stelle è sempre pieno di questi uccelli. Due persone devono farli allontanare, ma senza far loro del male, per tenere pulito il cortile di quella che era la residenza del maharaja del Jaipur.

Londra - Il lettore di racconti della buonanotte
Quando siete lontani da casa non riuscite ad addormentarvi e passate ore a rigirarvi nel letto? A Londra l'*Hotel Andaz* – 5 stelle ha la soluzione che fa per voi! Qui infatti trovate chi vi legge un fantastico racconto della buonanotte, ideale per prendere sonno dopo una giornata di corsa tra il British Museum e l'Abbazia di Westminster.

adattato da *www.oggi.it*

1	Tra le professioni in un albergo abbiamo	**a** il portiere di notte	**b** lo psicologo per i cani
2	A Londra è possibile	**a** dormire in un letto caldo	**b** leggere un libro
3	A Jaipur allontanano i piccioni perché	**a** portano sfortuna	**b** sporcano
4	L'hotel di San Francisco è aperto	**a** a tutti	**b** solo a signore con i guanti bianchi

L'amore è ...

1 Describe the photos. What emotions do you associate them with?

1 ....
....

2 ....
....

3 ....
....

4 ....
....

2 Complete the sentences using the verbs provided and the impersonal *si* construction.

1 In vacanza .... tardi!

2 In primavera .... pieni di energia.

3 Nelle difficoltà .... di più.

4 In discoteca .... tantissimo.

5 Con così tanta neve .... solo se necessario.

6 In molti Paesi, per presentarsi, ... la mano.

muoversi • aiutarsi
divertirsi • darsi
svegliarsi • sentirsi

3 Write sentences using the words provided. Use the impersonal *si* construction.

1 Con gli amici / divertirsi

2 Prima o poi / innamorarsi / di qualcuno

3 Tra sorelle / capirsi

4 Se / amarsi / potere sposarsi

5 Da soli / annoiarsi

6 Con gli amici / potere lamentarsi

4 Write a personal ad, as in the example. You can use the words provided.

studente   cuoco per ristorante
famiglia   single
donna seria   cerca   piccolo appartamento
hotel   baby-sitter

Studente inglese cerca italiano/italiana per fare conversazione.

194 | centonovantaquattro

Arrivederci!

UNITÀ 10

5 Look at the cartoon strip. Write two personal ads: one as written by the woman depicted and one as written by the man.

....
....
....

6 Write the corresponding verbs.

1 bacio .... 4 incontro ....

2 regalo .... 5 amore ....

3 corsa .... 6 gioco ....

7 Search the puzzle for 10 words to do with love (some of the words go from right to left and from bottom to top). The unused letters will form an expression connected to the 'love' theme.

_ _ _ _ _ _ _ _ _ _ _ _

I	N	N	A	M	O	R	A	R	S	I	A
N	E	I	F	I	D	A	N	Z	A	T	O
M	R	A	F	E	R	A	I	C	A	B	I
G	O	R	E	L	A	Z	I	O	N	E	C
E	M	A	T	R	I	M	O	N	I	O	A
M	A	T	T	R	A	Z	I	O	N	E	B
E	E	N	O	I	S	S	A	P	L	L	A

8 Complete the sentences using the correct form of *riuscire* in each case.

1 .... a parlare con Tommaso ieri sera?

2 Non .... a trovarla, la richiamo questa sera.

3 – Provo un'altra volta ... – Allora? .... adesso?

4 Questa volta le lasagne mi .... benissimo.

5 – La serata .... bene, grazie per l'aiuto! – Di niente.

6 – Scusa, Mario, tu .... ? Io no. – Ci provo.

9 Complete the sentences using the correct form of *riuscire*. If necessary add the preposition *a*.

1 (Tu) .... sapere se ci sono ancora i biglietti per il teatro?

2 Se dormo bene (io) .... studiare meglio.

3 La torta .... bene, era buonissima!

edizioni Edilingua centonovantacinque | 195

L'amore è ...

4 (Noi) Non .... andare in ferie tutti gli anni.

5 Le cose .... male quando non si fa attenzione.

6 Allora? Ieri poi (voi) .... prendere il treno?

10 Look at the ad. It contains elements (symbols, words) associated with the 'love' theme. What are they?

....

....

....

....

11 Do you like giving books as presents? Do you like reading? What do you read? Write your answers in your notebook.

12 In your opinion, what makes a good friend and what doesn't?

deve	non deve
saper ascoltare ...	essere pessimista

13 What star sign is someone with a birthday on ...?

1	13 agosto	....	4	3 novembre	....
2	10 aprile	....	5	9 luglio	....
3	28 aprile	....	6	19 febbraio	....

Arrivederci!

UNITÀ 10

14 Which word or expression is the odd one out?

1. lettura – animali – musica – pittura
2. corteggiamento – *speed date* – annuncio – commedia
3. marito – amico – compagno – fidanzato
4. leone – pesci – scorpione – elefante
5. oroscopo – attrazione fisica – amore – passione
6. innamorarsi – baciare – amare – accorgersi

15 Rewrite the following sentences using the future tense.

1. Quest'estate andiamo in montagna.
2. Domenica dormo fino a mezzogiorno!
3. Gli operai finiscono per la settimana prossima?
4. Tra due mesi abbiamo la macchina nuova.
5. Domani sono tutto il giorno in riunione.
6. Quando riprendete a lavorare?

16 Underline the verb forms that are in the future tense.

sorriderei • sorriderai • saremo • saremmo • regalerete • regalereste • rimarrò • rimarrei
avranno • avrebbero • avremmo • dovrai • dovresti • sentiremmo • sentiranno • sentiremo

17 Complete the following using the future tense of the verbs provided.

1. *comprare*, io — Avete finito tutto il pane? Domani ne .... di più.
2. *avere / andare*, io — Nel 2040 .... 70 anni e .... in pensione.
3. *fare*, tu — Che cosa .... da grande?
4. *trovare*, io — .... un giorno l'anima gemella?
5. *tornare*, noi — L'anno prossimo .... sicuramente in Sardegna.
6. *prenotare*, io — .... il volo su Internet: ho trovato delle offerte interessanti!

18 The future tense is also used to express uncertainty. Complete the following dialogues.

▶ Guarda questo quadro. Cosa (essere) ...., secondo te?
● Mah, non so … (essere) .... un ritratto …

edizioni Edilingua centonovantasette | 197

L'amore è ...

▶ Dove siamo?
● Non so ... (essere) .... qui, vicino a Piazza Maggiore ...

▶ Quanti anni ha Tommaso?
● Non lo so, (avere) .... tre anni.

19 Write down what the people depicted are doing (or have just done) and what they will do, as in the example.

1   I signori Luisin ....
2   Francesca ....
3   Silvia ....

4   Stefano ....
5   Gli amici di Vittorio *sono appena arrivati e più tardi prenderanno un aperitivo.*
6   Sua nonna ....

20 What would you say in the following situations? Choose the correct option in each case.

1   *Desiderate andare alla Fontana di Trevi.*
   a   Scusi, mi saprà indicare la strada per la Fontana di Trevi?
   b   Scusi, mi saprebbe indicare la strada per la Fontana di Trevi?

2   *Dovete ricevere una visita e aspettate gli ospiti.*
   a   Dovranno arrivare adesso.
   b   Dovrebbero arrivare adesso.

3   *Avete deciso di trascorrere le vostre vacanze in Toscana.*
   a   Quest'estate andrei in Toscana.
   b   Quest'estate andrò in Toscana.

UNITÀ 10

4 *Dite ai vostri amici a che ora andate da loro domani sera.*
   a Allora domani passerò verso le 6.
   b Allora domani passerei verso le 6.

5 *Dite ai vostri bambini che dopo il corso di nuoto ci si sente stanchi.*
   a Dopo due ore di nuoto sareste stanchi.
   b Dopo due ore di nuoto sarete stanchi.

6 *Cominciate a lavorare in febbraio.*
   a Da febbraio inizierò a lavorare.
   b Da febbraio inizierei a lavorare.

21 Look at the photo and then, in your notebook, write down what you think the girl depicted will be like when she grows up. What job will she do?

Sarà …

Diventerà …

22 Study the photo. Choose a person and then answer the questions.

Chi sarà? • Quanti anni avrà?
Che lavoro farà? • Dove andrà?

23 Choose four of the following photos. Use them to invent a love story.

edizioni Edilingua   centonovantanove | 199

L'amore è ...

24 Write a love letter. Choose the most appropriate words and expressions from the list provided, but feel free to use other words too.

Paola, ...(1),

sono ....(2). Ti penso sempre da quando ....(3).

Vorrei tanto ....(4). ....(5) mi dicono/dice che ....(6). Per me tu sarai sempre ....(7).

Se ....(8), allora ....(9).

Spero ....(10).

...................................(11)

Tuo ....(12)

	a	b	c
1	amore mio	vecchia mia	carissima
2	innamorato	triste	arrabbiato
3	ho letto l'annuncio	sei partita	non ho più soldi
4	incontrarti	invitarti a cena	fare un viaggio da solo
5	Le tue parole	I tuoi occhi	Il mio oroscopo
6	mi ami	troverò un'altra	non devo pensare a te
7	un giardino in primavera	il mio unico hobby	una stupenda avventura
8	mi vuoi	mi paghi	ti senti sola
9	rivediamoci	incontriamoci da te	svegliamoci insieme
10	di riuscire ad incontrarti	di non vederti mai più	di non ricevere risposta
11	Baci e abbracci	A mai più	Con amore
12	per sempre	non sarò mai	solo per un giorno

25 Look at the cartoon by Silvia Ziche. Make Lucrezia, the character in the cartoon, happy by writing her a love letter, text or e-mail.

VORREI UNA LETTERA D'AMORE

E NON UN TVTB RICOPIATO 500 VOLTE COL COPIA E INCOLLA.

Vivere insieme UNITÀ 11

1 Study the picture and then write a request or prohibition notice in response to each of the problems created by the neighbours, as in the example.

1 Gentile signora Chiaccherona, ...

2 Tutti i condomini sono ...

3 Si ricorda ai signori condomini che ...

4 Gentile signor Maggiore, *è pregato di non tenere alto il volume della musica dopo le 22.*

2 A 'cheeky' neighbour has altered the messages below. What did they say originally?

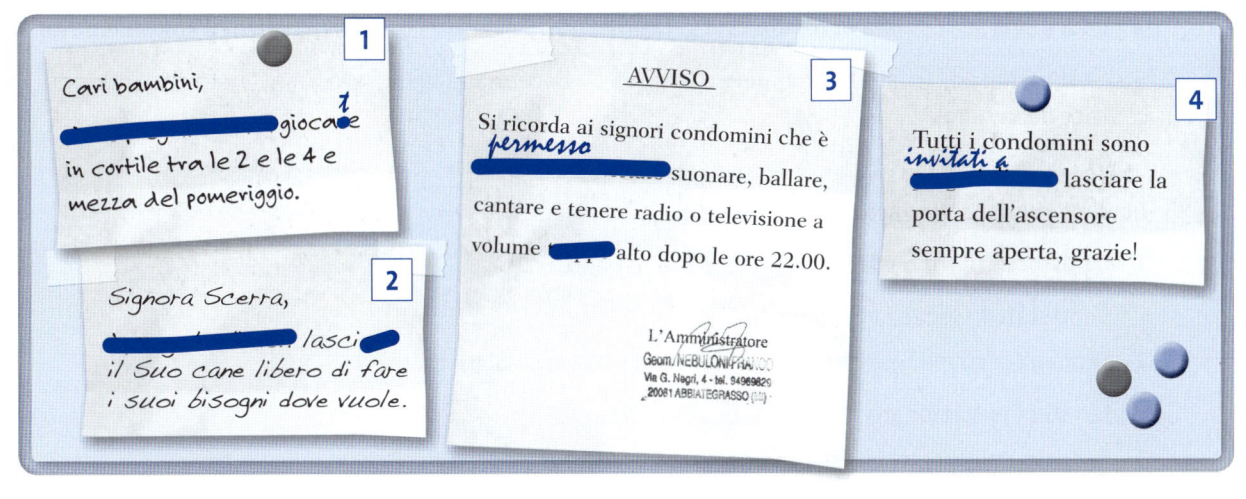

Note 1: Cari bambini, ~~non~~ giocare *t* in cortile tra le 2 e le 4 e mezza del pomeriggio.

Note 2: Signora Scerra, ~~non~~ lasci il Suo cane libero di fare i suoi bisogni dove vuole.

Note 3: AVVISO — Si ricorda ai signori condomini che è ~~permesso~~ suonare, ballare, cantare e tenere radio o televisione a volume ~~~~ alto dopo le ore 22.00. L'Amministratore

Note 4: Tutti i condomini sono ~~invitati a~~ lasciare la porta dell'ascensore sempre aperta, grazie!

1 .... 3 ....
2 .... 4 ....

3 Rewrite the sentences as in the example.

1 Il vicino di cui ti ho parlato ha comprato un'auto nuova.
   Ti ho parlato del vicino che ha comprato un'auto nuova.

2 La ragazza, con cui sei uscito ieri, abita nel mio palazzo.
   Ieri sei uscito con una ....

3 La signora Mancini, da cui ho ricevuto questo regalo, viene da Cosenza.
   Ho ricevuto questo regalo dalla ....

edizioni Edilingua — duecentouno | 201

Vivere insieme

4 La città da cui veniamo ha uno splendido centro storico.

   Veniamo da una città ....

5 La persona, per cui ho comprato questo regalo, martedì compie 65 anni.

   Ho comprato questo regalo per una ....

6 Il treno su cui viaggiamo raggiunge i 230 chilometri orari.

   Viaggiamo su un ....

4 Combine the elements provided to create sentences.

1 Il palazzo		a	ti chiamo è che mi serve il tuo aiuto.
2 I signori	in	b	ho bisogno è la carta d'identità.
3 La ragazza	con	c	abito è molto alto.
4 Il documento	per	cui d	abito è davvero simpatica.
5 La città	da	e	parlo spesso si chiama Bresciani.
6 La signora	di	f	ti ho parlato sono i Riccioli.
7 Il motivo		g	viene Marta è Potenza.

5 Complete the sentences using *cui* (preceded by a preposition) or *che*.

1 Hai visto la casa .... abita Marcella?
2 Vedi il tipo .... sta parlando Lara là fuori?
3 La signora .... sto telefonando è la direttrice della scuola.
4 L'avvocato .... ho conosciuto ieri è francese.
5 L'avviso .... ti parlo è dell'amministratore.
6 Conosci la ragazza .... sta parlando con Michele?

6 Rewrite the following sentences using *che*.

1 Il posto in cui sono stato in vacanza è molto bello.

   Sono stato in vacanza in un posto ....

2 Giuliana, a cui ho telefonato ieri sera, è una mia vecchia amica.

   Ieri sera ho telefonato ....

3 Fabrizio, con cui gioco a tennis, non ha ancora finito gli studi.

   .... gioca con me a tennis.

4 I signori Veronesi, da cui abbiamo comprato l'appartamento, si sono trasferiti a Roma.

   Abbiamo comprato ....

7 Write six sentences containing a preposition + *cui*. You can use the verbs provided.

	di cui		
	a cui		parlare • mettere
Questo/a è ...	da cui	...	uscire • abitare
	con cui		ricevere • chiedere
	su cui		
	in cui		

1 ....
2 ....
3 ....
4 ....
5 ....
6 ....

8 Complete each sentence using the appropriate relative pronoun (*cui* + preposition or *che*).

1 Questa è la scuola .... frequentavo.
2 Questa è l'università .... ho fatto i miei studi.
3 Questo è il professore di economia .... ti ho già parlato spesso.
4 Questi sono i miei amici .... uscivo in quegli anni.
5 Questa è la sede della ditta .... mi sono rivolto dopo la laurea.
6 È la stessa ditta .... mi dà lavoro da più di dieci anni!

9 Match each of the sentences on the left to a scenario. More than one combination is possible.

1 Addirittura! Non ci posso credere!
2 Ma tu come fai a saperlo?
3 Scusa se ti interrompo, ma …
4 Come sono cambiati i tempi.
5 Meno male!

a Una persona vi sta dicendo qualcosa e voi volete parlare di altro.
b Un vicino vi dice che la figlia di 13 anni è andata a studiare per un anno negli Stati Uniti.
c Un vostro conoscente vi racconta che ha avuto un incidente ma fortunatamente non si è fatto niente.
d Un collega vi dice che domani ci sarà lo sciopero dei treni.
e Vi dicono che un amico / un'amica sta per sposarsi con una vostra / un vostro ex.

Vivere insieme

10 You have bumped into a neighbour in the stairwell of your apartment block. Complete the dialogue.

- Hai saputo che i ragazzi del terzo piano si sposano?
  - *Esprimete sorpresa:* ....
- Sì. Per fortuna lei ha trovato lavoro qui e non deve più trasferirsi.
  - *Esprimete sollievo:* ....
- Già. E sai che quelli del primo piano presto avranno un bambino?
  - *Chiedete come fa a saperlo:* ....
- Me l'ha detto la madre di lui. L'ho incontrata al mercato. E sono molto felici.
  - *Esprimete entusiasmo:* ....
- E hai sentito della signora Loreto?
  - *Interrompete perché dovete rispondere al cellulare:* ....
- Va bene, va bene …

11 You have just arrived at the office and your colleague Silvia wants to tell you something important. Complete the dialogue.

- Devo raccontarti una cosa importantissima!
  - *Siete curiosi.*

  ....

- Te lo racconto subito, non è una brutta notizia.
  - *Esprimete sollievo.*

  ....

- Però, vedrai, non ci crederai … Ho sentito che Fulvio cambia lavoro.
  - *Siete molto sorpresi.*

  ....

- Sì, sì. Hai sentito bene! E sai chi viene al suo posto?
  - *Vi mostrate interessati a questa informazione.*

  ....

- Caterina!
  - *Siete stupiti e chiedete come fa a saperlo.*

  ....

- Ieri sera ho incontrato Giovanni che mi ha raccontato tutto.
  - *Cambiate argomento e chiedete se Giovanni e Caterina stanno ancora insieme.*

  ....

- Sì, sì. Sai che …
  - *La interrompete perché stanno arrivando altri colleghi.*

  ....

204 | duecentoquattro *Arrivederci!*

UNITÀ 11

12 *Dove si trovano?* Match each picture to a country or continent, as in the example.

Australia • Italia • Stati Uniti • Perù • Sudafrica • Messico • Spagna • Asia

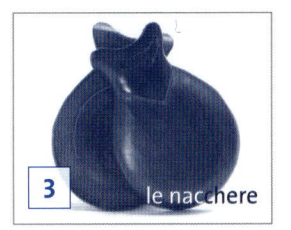

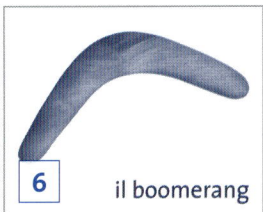

1. il sombrero
2. il Colosseo — In Italia
3. le nacchere
4. il risciò
5. i grattacieli
6. il boomerang
7. il flauto di Pan
8. lo struzzo

13 Write the name of the country (with its article) next to its flag, as in the example.

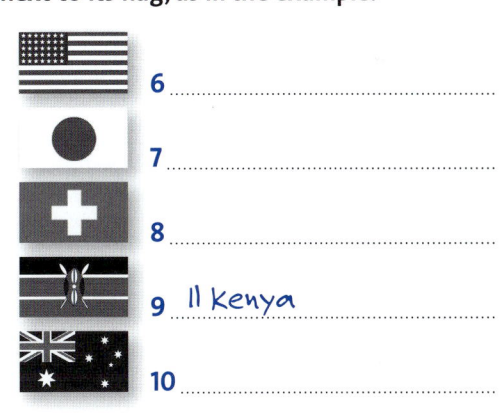

1 ....
2 ....
3 ....
4 ....
5 ....
6 ....
7 ....
8 ....
9 Il Kenya
10 ....

14 Complete the sentences using the country names provided. Include a preposition and article if required.

1 .... ci sono ancora molte piramidi Maya.
2 Le isole Baleari e le Canarie appartengono ....
3 .... quasi tutti parlano anche l'inglese.
4 .... ha più di un miliardo di abitanti.
5 Ankara, la capitale ...., è più piccola di Istanbul.
6 Il Grand Canyon è una delle attrazioni più famose ....

Spagna
Stati Uniti
Cina
India
Messico
Turchia

edizioni Edilingua
duecentocinque | 205

Vivere insieme

15 Complete the sentences using prepositions and articles as required.

a
1. Abbiamo visitato .... Paesi Bassi in bicicletta.
2. Ivana ama .... Svizzera, ci passa sempre le ferie.
3. Mi attira .... Israele, vorrei visitare Gerusalemme e Tel Aviv.
4. .... Messico è uno tra gli stati più grandi del mondo.

b
1. I miei vicini di casa si sono trasferiti .... Stati Uniti.
2. Sei mai stato .... Cipro in vacanza?
3. Vorrei fare un viaggio .... Canada, ma costa troppo.
4. Vogliono comprare un casolare in campagna, ... Italia centrale.

16 Match each photo to one of the Italian stereotypes below.

a Gli italiani vestono bene. Hanno sempre un abbigliamento fantasioso, ma elegante e alla moda.
b Gli italiani sono mammoni.
c Gli italiani sono mafiosi.
d Gli italiani mangiano pasta tutti i giorni.
e Gli italiani guidano male, non rispettano il codice della strada e le regole in genere.
f Gli italiani sono sempre capaci di farsi capire gesticolando.
g Gli italiani sanno tutti cantare e suonare la chitarra.
h Gli italiani sono pigri e hanno poca voglia di lavorare.
i Gli italiani parlano sempre al cellulare.
l Gli italiani sono romantici e latin-lover.

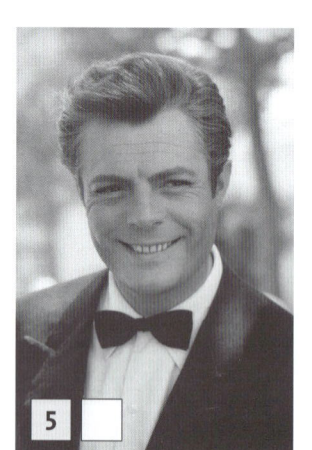

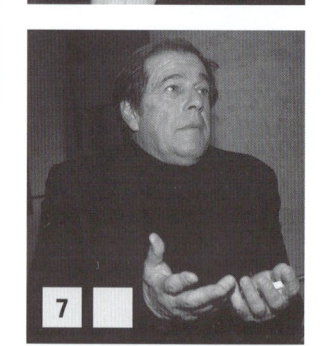

UNITÀ 11

17 What are the stereotypes about your country and its people?

....
....
....

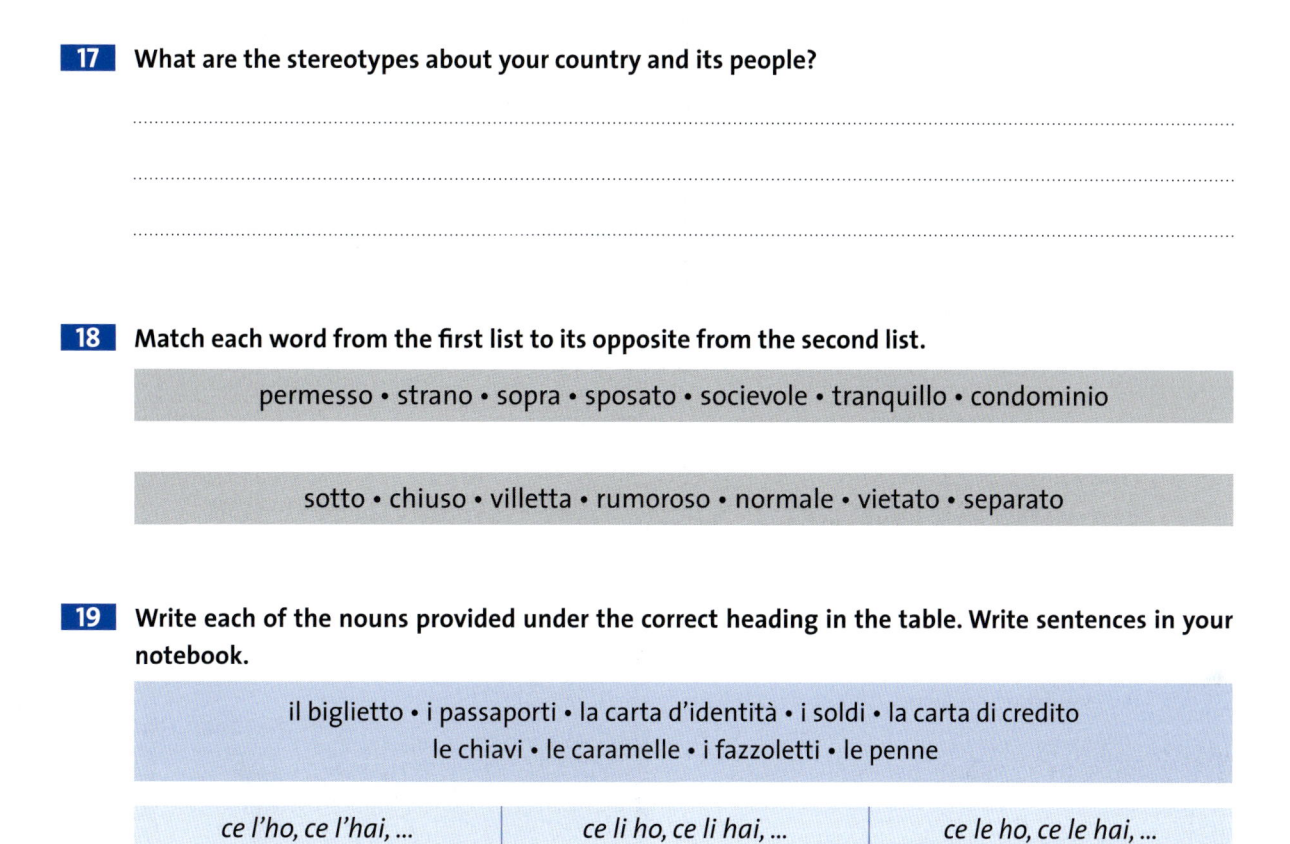

18 Match each word from the first list to its opposite from the second list.

permesso • strano • sopra • sposato • socievole • tranquillo • condominio

sotto • chiuso • villetta • rumoroso • normale • vietato • separato

19 Write each of the nouns provided under the correct heading in the table. Write sentences in your notebook.

il biglietto • i passaporti • la carta d'identità • i soldi • la carta di credito
le chiavi • le caramelle • i fazzoletti • le penne

ce l'ho, ce l'hai, ...	ce li ho, ce li hai, ...	ce le ho, ce le hai, ...
....	....	....
....	....	....
....	....	....

20 Emilio is going to the cinema with Elena this evening. Before leaving the house, he checks he has everything he needs.

I guanti ce li ho.

edizioni Edilingua   duecentosette | **207**

Vivere insieme

21 Complete the diagram by adding other words connected to 'living alongside others'.

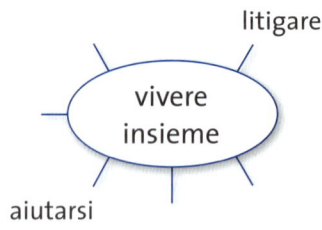

- litigare
- vivere insieme
- aiutarsi

22 Read the two newspaper articles below. How do you feel about multicultural cities? What is the situation in your country? Write about it in your notebook.

La città del futuro? Sicuramente multietnica
Milano multietnica tra accoglienza e legalità

Una città nella città, quella degli immigrati regolari: 180.000 persone, oltre il 14% dei residenti a Milano. Una città multietnica che rappresenta 152 Paesi di diversa storia e cultura. [...] Storie diverse [...] Culture e sensibilità differenti. Storie di persone, famiglie, bambini che vanno a scuola e che saranno gli italiani, i milanesi di domani, i futuri amici dei nostri figli. Una realtà sociale che, nel rispetto della legalità, dobbiamo riconoscere e aiutare. [...] È tempo di pensare ad una politica *ad hoc*, con azioni a favore dell'integrazione, nel rispetto della dignità dei nostri nuovi vicini di casa. [...]

adattato dal *Corriere della Sera*

Roma – Alla «Pisacane» il 97% degli allievi è immigrato
In classe tutti musulmani

ROMA – «Mamma, perché io mi chiamo Federico e non Rachid?», questo ha domandato l'altro giorno alla signora Flora Arcangeli il figlio, che farà quest'anno la prima elementare. [...] Alla scuola «Carlo Pisacane» [...] la situazione è questa: il 97 per cento dei bambini è di origine straniera. Un record assoluto. Su 184 alunni, insomma, solo 6 hanno genitori italiani. Tutti gli altri sono nati o vivono a Roma con le proprie famiglie, ma hanno radici lontane: Cina, Bangladesh, Ecuador, Perù, Egitto, Marocco, Moldavia, Romania. [...] I genitori di questi bimbi, gli immigrati stranieri, sono riusciti pian piano a integrarsi: oggi fanno i fiorai, i pizzaioli, i negozianti. [...]

adattato dal *Corriere della Sera*

23 Write a brief account of your experiences (positive or negative) abroad.

....

....

....

208 | duecentootto

Arrivederci!

Godiamoci la natura!

UNITÀ 12

1 Write down how the people depicted are 'travelling', as in the example.

È possibile andare ...

a nuoto ....

2 Complete the following sentences by supplying the correct prepositions.

1 Giada ha imparato ad andare .... cavallo da piccola.
2 Dai, sali .... macchina, ti accompagno io!
3 Sto salendo .... aereo, ti chiamo quando arrivo.
4 Quando siamo scesi .... treno, abbiamo visto subito Gianfranco.
5 Domani Luigi e Antonio vanno a Rimini .... macchina.
6 Emma è scesa .... taxi ed è corsa al binario, era in ritardo.

3 Label the picture below as directed.

1 ....
2 ....
3 ....
4 ....
5 ....
6 ....
7 ....
8 ....
9 ....

edizioni Edilingua

duecentonove | 209

Godiamoci la natura!

4 Choose the correct pronoun in each case.

1 Ti piacciono i libri? Quali Quale prendi dei due?
2 Allora metti i pantaloni? Quale Quali?
3 Qual Quale è la vostra macchina?
4 Rosso o blu? Quale Quali scegli?
5 E la tua giacca, quale qual è?
6 Ci sono questi al cioccolato o questi al caffè, quali quale vuoi?

5 Choose the correct option in each case. Sometimes both options are possible.

1 Quale Che offerte ci sono?
2 Che Quali ti piacciono di più?
3 Quale Quali scarpe metti?
4 Che Quali parchi avete già visitato?
5 Quale Che gita volete fare?
6 Quale Qual è la tua bicicletta?

6 Complete the sentences using *quale*, *quali* or *che* and, if necessary, a preposition.

1 .... ragione dovrei andare via?
2 .... strada fai?
3 .... ora ci vediamo?
4 .... quartiere abitate?
5 .... città venite?
6 .... anno vi siete conosciuti?

7 Write a question for each of the answers provided. Use *che* or *quale* and, if necessary, a preposition.

1 • .... ▸ Ricicliamo la carta, il vetro …
2 • .... ▸ Sono andato con gli amici della squadra di calcio.
3 • .... ▸ Siamo stati in un agriturismo vicino a Siena.
4 • .... ▸ Compro solo prodotti biologici.
5 • .... ▸ Parlano della gita di domenica.
6 • .... ▸ Arriverà da quella parte.

8 Complete the questions by supplying the missing preposition in each case.

1 .... quale motivo scioperano gli insegnanti?
2 .... quale parte vai?
3 .... quale libro hai messo la lettera?
4 .... quale fermata scendi?
5 .... che colore è la borsa?
6 .... che canale trasmettono la partita dell'Italia?

210 | duecentodieci

Arrivederci!

UNITÀ 12

9 Write a description of the photo. Before you do, jot down words you know that you think you might need.

....
....
....
....
....
....
....

10 Read the information from the website www.parco-maremma.it and complete the dialogue.

File   Modifica   Visualizza   Preferiti   Strumenti   ?

Parco Regionale della Maremma

Parco informa / Atti e documenti /
Turismo

A1-San Rabano
A2-Le Torri
A3-Le Grotte
A4-Cala di Forno
A5/A6-Faunistico forestale
A7-Foce dell'Ombrone
T1-Punta del Corvo
T2-Cannelle
T3-Poggio Raso
P1-Birdwatching
Itinerari in canoa
Itinerari a cavallo
Itinerari in mountain bike
Itinerari notturni

Carta di A2 Le Torri

A2 Le Torri

A2 - Le Torri
Tra storia & leggenda

Partenza: Centro Visite Alberese con bus-navetta per Pratini da dove si continua a piedi.
Percorso: 5.8 Km circa.
Durata: 4 ore circa. Difficoltà: media.

Attraverso un fitto bosco si raggiunge la Torre di Castelmarino (XII sec.). In basso la pineta e la splendida spiaggia conducono al promontorio di Collelungo e all'omonima Torre (XVI sec.).

Biglietto:
Intero: € 9.00
Ridotto (ragazzi dai 6 ai 14 anni, over 60, gruppi con 20 paganti minimo): € 5.50
N.B. la prenotazione e il servizio guida sono obbligatori per i gruppi da 20 pax in poi.

Orari di apertura
Itinerari
Politica ambientale
Info turistiche
Ricettività
Fotogallery
Turismo
  Conoscere il Parco
  Come raggiungerci
  Vegetazione
  Fauna
  Suolo-clima-idrografia
Esercizi consigliati

➤ Hai deciso che gita faremo?
● ....
➤ Da dove si parte?
● ....
➤ E poi andiamo a piedi?
● ....
➤ Sai quanti chilometri sono?
● ....

➤ Per quanto tempo si deve camminare?
● ....
➤ Ma è un percorso difficile?
● ....
➤ E cosa si vede?
● ....
➤ Quanto costa l'escursione?
● ....

edizioni Edilingua   duecentoundici | 211

Godiamoci la natura!

11 Search the puzzle for the names of the animals pictured. The unused letters spell the name of a beautiful bird.

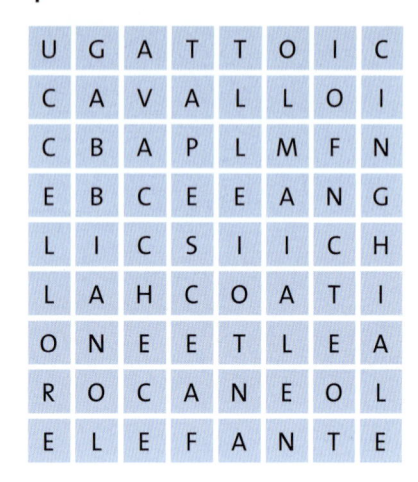

U	G	A	T	T	O	I	C
C	A	V	A	L	L	O	I
C	B	A	P	L	M	F	N
E	B	C	E	E	A	N	G
L	I	C	S	I	I	C	H
L	A	H	C	O	A	T	I
O	N	E	E	T	L	E	A
R	O	C	A	N	E	O	L
E	L	E	F	A	N	T	E

_ _   _ _ _ _ _ _ _ _ _ _

12 Supply the verbs or nouns that belong to the same word family as those given below.

il riciclaggio ....   distare ....
il rispetto ....   prenotare ....
la protezione ....   percorrere ....
la visita ....   raccogliere ....
la rinuncia ....   usare ....

13 Complete the following sentences using the past participle of the verb provided. Remember: it may need to agree with the noun!

1 *mandare*   Di curricula, ne ha .... diversi, vedremo!

2 *raccogliere* Di carta, ne abbiamo .... tanta.

3 *vedere*   Di dvd, ne ho .... due.

4 *avere*   Di macchine, ne ha già .... tante.

5 *fare*   Di viaggi all'estero, ne avete .... diversi.

6 *mangiare*   Di torta di mele, ne hai .... troppa! Adesso basta!

14 Answer the questions using *ne*.

1 Quante bottiglie hai buttato?
2 I bambini quanto latte hanno bevuto?
3 Ieri sera quanta pasta avete fatto?
4 Quanti panini hai comprato stamattina?

212   duecentododici   *Arrivederci!*

15 Supply an appropriate past participle in each case.

1 Di formaggio ne ho .... pochissimo, non si sente neanche e tu ti lamenti!
2 – Un cioccolatino? – No, grazie, non ne prendo più. Ne ho già .... tre!
3 Quanta pasta! Forse ne hai .... troppa!
4 Bevo troppi caffè, ieri ne ho .... sette.
5 Non ci sono più birre. Perché oggi non ne hai .... due o tre?
6 Siamo andati a cercare funghi, ma non ne abbiamo .... È da tanto che non piove.

16 What could *ne* be standing in for? Select an answer for each, as in the example.

Ne ha bevuto tanto. — *Di vino.*

1 Ne ha presi due. ....
2 Ne abbiamo mangiate tante. ....
3 Ne abbiamo fatta una. ....
4 Ne avete comprato troppo. ....

17 Search the puzzle for 10 words to do with the environment. The unused letters are needed to complete the sentence below.

R	S	M	A	L	T	I	M	E	N	T	O	D
I	P	L	A	S	T	I	C	A	I	F	F	B
F	R	I	C	I	C	L	A	G	G	I	O	I
I	E	V	E	T	R	O	R	R	E	N	Z	D
U	C	O	M	P	O	S	T	A	G	G	I	O
T	I	A	T	O	R	G	A	N	I	C	O	N
I	A	C	A	S	S	O	N	E	T	T	O	E

Lo è sempre di più la raccolta dei rifiuti: _ _ _ _ _ _ _ _ _ _ _ _ .

18 What can we do to protect the environment? Write advice, as in the example.

1 *Al tuo posto, userei l'organico come concime per il giardino.*
2 ....
3 ....

Godiamoci la natura!

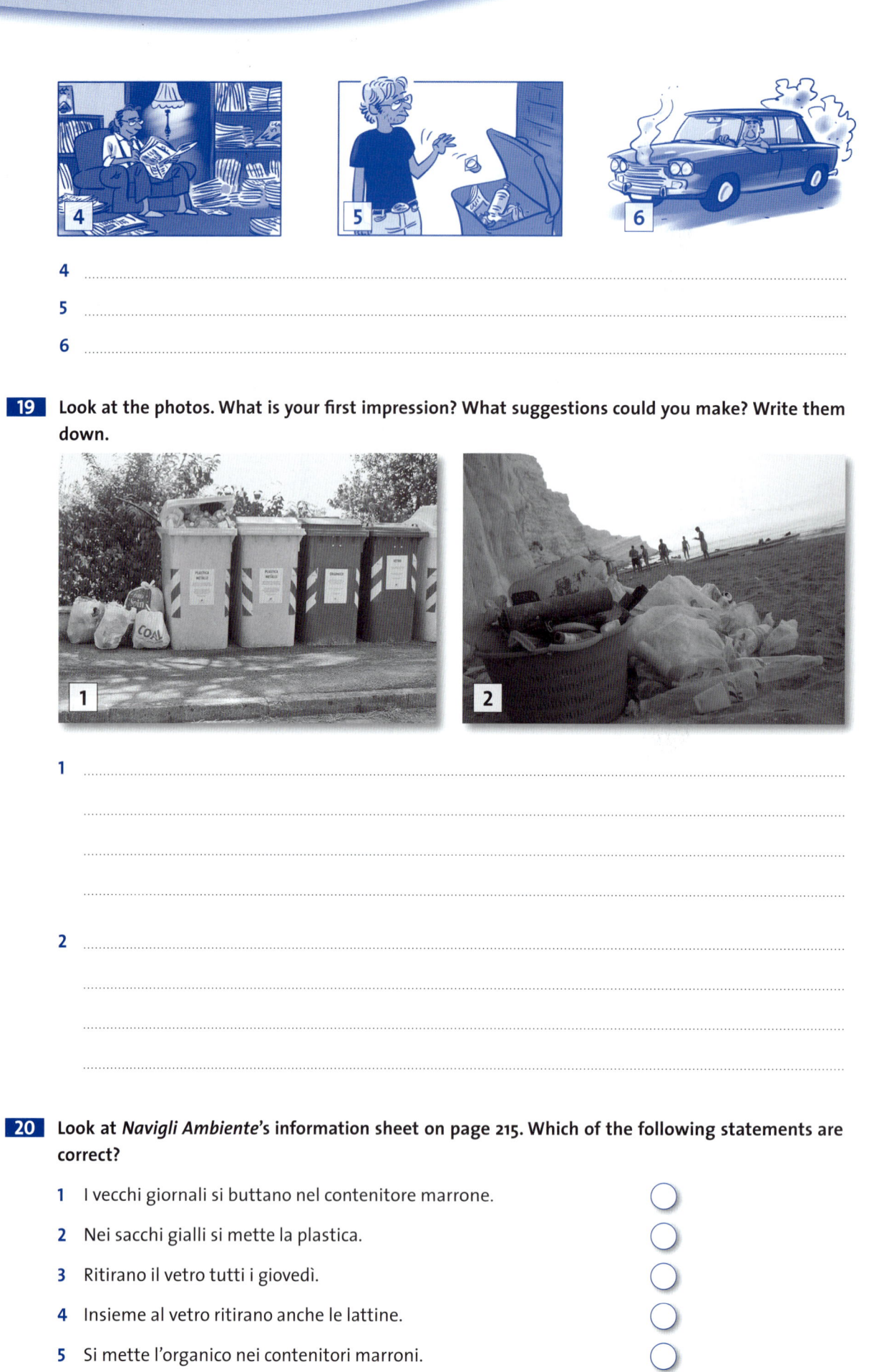

4 ....
5 ....
6 ....

19 Look at the photos. What is your first impression? What suggestions could you make? Write them down.

1 ....
....
....
....

2 ....
....
....
....

20 Look at *Navigli Ambiente*'s information sheet on page 215. Which of the following statements are correct?

1 I vecchi giornali si buttano nel contenitore marrone.
2 Nei sacchi gialli si mette la plastica.
3 Ritirano il vetro tutti i giovedì.
4 Insieme al vetro ritirano anche le lattine.
5 Si mette l'organico nei contenitori marroni.

214 | duecentoquattordici   *Arrivederci!*

UNITÀ 12

ORA FACCIAMO LA DIFFERENZA!

PARTE LA RACCOLTA DEI RIFIUTI PORTA A PORTA

Mettere fuori casa i rifiuti negli appositi contenitori o sacchetti.

RIFIUTI ORGANICI
Nei sacchetti **IN CARTA**, utilizzando il **CESTELLO AREATO**.
Per la raccolta mettere il sacchetto nel **CONTENITORE VERDE**.

PORTA A PORTA
lunedì e giovedì
mettere fuori casa entro le **ore 6.00** del giorno di raccolta o dopo le **ore 21.00** del giorno precedente il ritiro

RESTO INDIFFERENZIATO
Negli appositi **CONTENITORI MARRONI**.

PORTA A PORTA
lunedì e giovedì
mettere fuori casa entro le **ore 6.00** del giorno di raccolta o dopo le **ore 21.00** del giorno precedente il ritiro

CARTA E CARTONE + TETRAPAK
Negli appositi **CONTENITORI BIANCHI**.

PORTA A PORTA
ZONA A mercoledì
ZONA C venerdì
ZONA D sabato
mettere fuori casa entro le **ore 6.00** del giorno di raccolta o dopo le **ore 21.00** del giorno precedente il ritiro
ZONA Centro Storico martedì
mettere fuori casa prima delle **ore 13.00** e non oltre le **ore 15.00** del giorno di raccolta

VETRO E LATTINE
Negli appositi **CONTENITORI BLU**.

PORTA A PORTA
lunedì
mettere fuori casa entro le **ore 12.00** del giorno di raccolta

IMBALLAGGI IN PLASTICA
Negli appositi **SACCHI GIALLI**.

PORTA A PORTA
lunedì
mettere fuori casa entro le **ore 6.00** del giorno di raccolta o dopo le **ore 21.00** del giorno precedente il ritiro

Per ulteriori informazioni contattare il numero verde 800.62.83.43

PROMEMORIA Zona 2

21 How does it work where you come from? In your notebook, describe the system used in your country or city (80 - 120 words).

Godiamoci la natura!

22 Look at the photos and read the information. Write a short description of the Basilicata region.

Basilicata

588.593 abitanti
capoluogo: Potenza
province: Potenza e Matera
confini: a nord e a est con la Puglia, ad ovest con la Campania, a sud con la Calabria
mari: a sud-ovest Mar Tirreno e a sud-est Mar Ionio

Basilicata
(999.461 ha)

Montagna 468.215 (46,8 %)
Pianura 80.312 (8,0 %)
Collina 450.934 (45,1 %)

Potenza

I Sassi di Matera

Parco delle chiese rupestri, Matera

216 | duecentosedici

Arrivederci!

Final Test

1 Competenza linguistica – Part A
Read the e-mail and fill the gaps by choosing the correct option in each case.

Oggetto: arrivo in Italia

Ciao Peter,

Che bella sorpresa! Così finalmente ti sei deciso a venire ......1...... Italia. Ricordi quando ......2...... sempre: "Come saranno belle le feste da voi!"? Bene, adesso hai la possibilità di viverle. Vedrai, ci saranno anche ......3...... amici di Teresa, saremo un bel gruppo!

Proprio ieri ......4...... facevamo l'albero, abbiamo pensato al nostro Natale insieme, a casa tua, sei anni ......5......, ti ricordi?

E adesso ti do un paio di consigli: porta anche qualcosa ......6...... pesante perché quest'anno fa freddo. Pensa che oggi, a causa della neve, per andare al lavoro ......7...... ho messo più di due ore.

E poi c'è un piccolo problema: venerdì non possiamo venire a prenderti all'aeroporto perché tutti e due dobbiamo lavorare. Quindi con ......8...... bagagli, sali sull'autobus ......9...... ti porta alla stazione centrale e da lì poi è facile, ...10...... ora c'è un treno per Fiorenzuola. Elisa ti verrà poi a prendere alla stazione.

Sono davvero felice di rivederti. A venerdì prossimo!

Stefano

1	a a b in c nell'	3	a alcuni b tutti c qualche	5	a da b per c fa	7	a ci b si c li	9	a che b dove c cui
2	a dici b dicevi c hai detto	4	a prima b mentre c durante	6	a – b da c di	8	a le b – c i	10	a ogni b tutta c qualche

edizioni Edilingua | duecentodiciassette | 217

Final Test

1 **Competenza linguistica – Part B**
Read the dialogues and complete them using the words provided.

1 *Andiamo al cinema?*
- Pronto?
- Pronto Luisa? Ciao, come va?
- Tutto bene, grazie. E tu come stai?
- Benissimo. Senti, ...11.......... di uscire stasera?
- No, stasera non posso, ho già un impegno.
- ....12.......... . Sai, volevo andare al cinema.
- A vedere cosa?
- Il divo.
- Oh, che bello. ... Ma senti una cosa ... .13.......... .
- Perché non ci andiamo ....14.......... domani?
- Domani non posso io, mi hanno invitata a una festa di compleanno ...

a vorresti   b dimmi   c peccato   d insieme   e meno male   f ti va

2 *Dov'è il Museo di Arte Moderna?*
- Senta, scusi ... Vorrei un'informazione.
- Prego! ....15.......... pure.
- Sa dov'è il Museo di Arte Moderna?
- È a piedi?
- Sì. È lontano?
- No. ....16.........., vede quella strada? La prende e continua fino ad una piazza, poi è arrivata.
- Allora sempre dritto.
- Esatto, sono dieci minuti, ...17.......... meno.
- La ringrazio, arrivederci.
- Arrivederci.

a faccia   b allora   c dica   d forse   e quindi

2 **Comprensione orale – Part A**
🔘 34 Read the sentences and then listen to the recording twice. Are the statements true or false?

	vero	falso
18 *Massimo Giardina* - I manager lavorano più degli operai.	○	○
19 *Patrizia Bortolon* - In Europa gli italiani sono quelli che lavorano di più.	○	○
20 *Francesca Cugno* - In casa si lavora più che in ufficio.	○	○
21 *Letizia Masciarelli* - Non smetterebbe mai di studiare.	○	○
22 *Salvatore Reggiani* - Lavora poco e non fa mai gli straordinari.	○	○

2 **Comprensione orale – Part B**
🔘 35 Read the sentences and then listen to the recording twice. Are the statements true or false?

	vero	falso
23 Si prevede poco traffico su tutta la penisola.	○	○
24 Gli amici di Caterina le faranno un regalo tutti insieme.	○	○

Final Test

2 Comprensione orale – Part C

🔊 36 Read the sentences and then listen to the recording twice. Are the statements true or false?

	vero	falso
25 Oggi iniziano i corsi di fitness e acquagym.	○	○
26 Sabato e domenica la fiera è aperta a tutti i visitatori.	○	○
27 Venerdì la Circumvesuviana offre tariffe ridotte.	○	○
28 Il Parco Nazionale dell'Asinara propone visite guidate subacquee.	○	○

3 Comprensione scritta – Part A

Match the newspaper headlines (a - f) to the articles (29 - 32). Note: there are two headlines more than you need!

a Televisione: tutti la guardano, pochi le credono.

b MENO SUCCESSO PER LA MODA MASCHILE

c AFFITTI MENO CARI PER GLI STUDENTI

d Forse settimana corta anche in Italia

e Ancora troppe spese nel mondo della moda

f Aumentano gli affitti nelle grandi città

29 ☐
La televisione è ancora il principale mezzo di informazione per gli italiani: la vedono tutti, tutti i giorni. Secondo un recente sondaggio, il 94% degli italiani si informa attraverso lo schermo televisivo. Ma anche i nuovi media, come la tv digitale (29%) o Internet (39%) sono molto graditi. Al primo posto per la credibilità però c'è la radio (60%), seguita da Internet e dai quotidiani, per gli intervistati tutti più affidabili della televisione.

30 ☐
L'aumento degli affitti nelle maggiori città italiane, in cui la presenza degli studenti universitari è forte, ha raggiunto ormai un livello molto grave e pesa su intere famiglie. Affittare un posto letto può costare anche 400 euro a Firenze, 450 a Roma e Napoli, 500 a Milano e la maggior parte dei contratti sono di tipo libero, non registrati o in nero. In queste città si è trasformato il mercato: è infatti iniziato un processo di aumento generale anche per i residenti, che devono così allontanarsi da intere zone urbane.

31 ☐
Il ministro del Lavoro spiega che tra le ipotesi da presentare alle Regioni e alle parti sociali, c'è quella di introdurre la settimana corta, con meno ore di lavoro e stipendi ridotti. Intanto il presidente del Fondo monetario internazionale lancia un ulteriore allarme sulla crisi: «Il prossimo anno sarà un anno nero, nerissimo se i governi non prenderanno misure fiscali a favore delle aziende».

32 ☐
Alla fine di *Milano Moda* uomo, che ha chiuso ieri, il risultato è piuttosto magro. Ci sono stati molti compratori stranieri in meno: e se una volta anche i grandi gruppi americani mandavano tantissimi compratori che facevano lunghi soggiorni a Milano, adesso la musica è cambiata. La parola d'ordine è "moda sì, ma meno spese": così per esempio, invece di 10-12 compratori per ogni grande catena commerciale, gli americani, ma non solo loro, ne hanno mandati solo 7.

Final Test

3 Comprensione scritta – Part B
Read the texts and then decide whether the statements are true or false.

1

Caro Filippo,
grazie per l'invito alla tua festa! Purtroppo Enrico è via per lavoro tutta la settimana e quindi non ci sarà. Gli dispiace, ma non può farci niente. Io invece penso di venire, devo solo chiamare la baby-sitter per le bambine. Ovviamente non potrò fermarmi fino a tarda notte, la mattina la piccola si sveglia e sveglia tutti!
ciao, Lucia
PS: Se vuoi posso dire della festa anche a Teresa, le farebbe tanto piacere venire.

		vero	falso
33	Teresa può andare solo per poco tempo alla festa.	○	○
34	Enrico non può andare alla festa.	○	○

2

Contro il mal di testa senza aspirine!

Se hai mal di testa non dovresti prendere aspirine. L'aspirina, infatti, per il suo alto contenuto acido, potrebbe fare male al tuo stomaco.

È meglio mangiare leggero e soprattutto bere molta acqua o eventualmente una camomilla. Spesso il mal di testa è dovuto alla poca acqua nel corpo. Anche un po' d'aria fresca fa bene.

		vero	falso
35	L'aspirina potrebbe fare male allo stomaco.	○	○
36	Contro il mal di testa non bisogna bere molta acqua.	○	○

Final Test

3 Comprensione scritta – Part C

You are in the Abruzzo region and want to visit the National Park. Which section of the text gives you the information you need if ...?

37 arrivate in macchina e volete continuare a piedi ☐

38 volete conoscere le attività che si possono fare nel parco ☐

39 volete sapere come vi dovreste vestire ☐

40 volete sapere dove si possono prenotare le escursioni ☐

a   Visitare il Parco Nazionale d'Abruzzo è un'occasione unica e indimenticabile per essere a pieno contatto con la natura e riscoprire il piacere delle escursioni.

b   Il Parco offre molte occasioni per gustare la natura, la cultura, le tradizioni e i diversi ambienti che lo caratterizzano.
Tra le principali attività a cui partecipare ci sono visite e attività presso gli speciali Centri del Parco, musei, giardini botanici, aree faunistiche; passeggiate lungo i Sentieri Natura; escursioni a piedi o a cavallo; gite in bicicletta; escursioni con gli sci; giri panoramici in pullman o in auto; visite guidate; programmi speciali di volontariato; seminari e corsi di formazione; proiezioni commentate e multivisioni.

c   Una volta all'interno del Parco, si consiglia di lasciare l'automobile nelle aree di parcheggio e continuare la visita a piedi. Solo così si può sentire la presenza degli animali, osservare gli ambienti naturali e godere del contatto con la natura.

d   Una regola importante è quella di camminare nel più assoluto silenzio, da soli o in piccoli gruppi; oppure, meglio ancora, partecipare alle escursioni guidate organizzate dall'Ente Parco, prenotandosi presso gli Uffici di zona e i Centri di visita.

e   È indispensabile portare: uno zaino da montagna, un binocolo, una borraccia, scarponi, una giacca a vento, un berretto, una cartina del Parco, una guida, una torcia, un piccolo pronto soccorso, carta, penna e matita, abbigliamento comodo e sportivo. Si consiglia inoltre di portare una macchina fotografica e di limitare l'uso di telefoni cellulari, giochi elettronici, pallone e tutto ciò che può disturbare la natura.

f   Anche se non è facile avvistare gli animali del Parco, in alcune stagioni dell'anno e in particolari condizioni di tranquillità e silenzio, è possibile osservare quelli più spettacolari e rappresentativi come il camoscio d'Abruzzo, l'orso bruno marsicano, il lupo, il cervo e l'aquila reale.

4 Produzione scritta

Write an e-mail to an Italian friend who is planning to visit you. Give him information on three out of the six aspects listed. Don't forget to use the appropriate salutations.

- in che regione/parte del Paese si trova la vostra città
- com'è il clima e che vestiti deve portare
- cosa vi è sempre piaciuto / cosa non vi è mai piaciuto della vostra città
- quanto tempo ci vuole e come si arriva dalla stazione / dall'aeroporto a casa vostra
- quello che si potrebbe fare durante il week-end
- i luoghi che bisogna assolutamente vedere/visitare

Grammar

			page
1	The alphabet and pronunciation		224
2	Nouns		224
		1. Singular nouns	
		2. Plural nouns	
		3. The names of countries	
3	The article		226
		1. The indefinite article	
		2. The definite article	
		3. The partitive article	
4	Possessive adjectives		227
5	Adjectives	1 Adjective agreement	227
		2 Demonstrative adjectives	228
		3 Indefinite adjectives	228
		4 The adjectives *bello* and *buono*	228
		5 Degrees of adjective comparison	229
		1. The comparative	
		2. The superlative	
6	Personal pronouns		230
		1. Personal subject pronouns	
		2. Stressed (emphatic) personal object pronouns	
		3. Direct object pronouns	
		4. Indirect object pronouns	
7	*Ne* and *Ci*		231
		1. *Ne*	
		2. *Ci*	
8	Pronouns	1 Demonstrative pronouns	232
		2 Indefinite pronouns	232
		3 Relative pronouns	232
		1. The relative pronoun *che*	
		2. The relative pronoun *cui*	
9	Verbs	1 The present tense	233
		1. The verbs *essere* and *avere*	
		2. Regular verbs	
		3. Irregular verbs	
		4. Modal verbs	
		5. Reflexive verbs	
		2 The perfect tense	235
		1. The perfect tense	
		2. The perfect tense of reflexive verbs	
		3. The perfect tense of *piacere*	
		4. The perfect tense with pronouns	
		5. The perfect tense of modal verbs	

Grammar

		3	The imperfect tense	236
			1. The imperfect tense	
			2. The imperfect and perfect tenses	
		4	The imperative	237
			1. The imperative	
			2. The imperative with pronouns	
			3. The negative imperative	
		5	The conditional tense	238
		6	The future tense	238
		7	Unusual verbal constructions	239
			1. Constructions with *si*	
			2. Impersonal verbs	
			3. Note on the usage of certain verbs	
			4. *Stare* + gerund	
			5. *Stare per* + infinitive	
			6. The expressions *ce l'ho, ce l'hai, …*	
10	Prepositions	1	Prepositions	241
		2	Prepositions + definite article	241
		3	Other prepositions of place	241
11	Adverbs			242
			1. Adverbs ending in *-mente*	
			2. Adverbs of quantity	
12	Sentences	1	Affirmative sentences	242
		2	Negative sentences	242
		3	Questions	243
		4	Dependent clauses	244
			1. Dependent clauses with *mentre* and *quando*	
			2. Dependent clauses with *prima di* + infinitive	
13	Numbers			245
			1. Cardinal numbers	
			2. Ordinal numbers	
14	The time			246
15	The date			246
16	The conjugation of irregular verbs			247
17	Verbs followed by an object			249

edizioni Edilingua   duecentoventitré | **223**

Grammar

1 The alphabet and pronunciation

→ A1: U1 / p. 13; U2 / p. 21; U3 / p. 29; U4 / p. 36, 37; U5 / p. 47

The letters of the Italian alphabet (Le lettere dell' alfabeto italiano)

A	[a]	G	[dʒi]	O	[ɔ]	U	[u]
B	[bi]	H	[ak-ka]	P	[pi]	V	[vu/vi]
C	[tʃi]	I	[i]	Q	[ku]	Z	[dzɛːta]
D	[di]	L	[ɛl-le]	R	[ɛr-re]		
E	[e]	M	[ɛm-me]	S	[ɛs-se]		
F	[ɛf-fe]	N	[ɛn-ne]	T	[ti]		

J	[i lunga]
K	[kap-pa]
W	[dop-pja vu/vi]
X	[iks]
Y	[ipsilon]

The letters *j*, *k*, *w*, *x* and *y* are only found in foreign words or proper names: *il jazz, il taxi, un whisky, uno yogurt*.

Pronunciation:

c/g + a/o/u	[k]/[g]	*casa - parco - gonna - bagaglio*
c/g + e/i	[tʃ]/[dʒ]	*cellulare - municipio - gelato - vigile*
ch/gh + e/i	[k]/[g]	*chiave - zucchero - traghetto*
sc/sg + a/io/u	[sk]/[sg]	*scarpa - biscotto*
sc/sg + e/i	[ʃ]/[sdʒ]	*sciroppo - ascensore*
sch/sgh + e/i	[sk]/[sg]	*schiuma - pescheria*

gl + i	[ʎi]	*maglione - moglie*
gn	[ŋ]	*gnocchi - montagna*
q + u + a/e/i/o	[ku]	*quadro - acqua*
s unvoiced	[s]	*sale - borsa*
s voiced	[z]	*casa*
v	[v]	*vaso - uva*
h is not pronounced		*hotel - ho*

The Italian language does use double consonants. These can change the meaning of a word.

una giacca rossa
una camicia rosa

In Italian, an accent mark is required only when the stress falls on the last syllable of a word. A grave accent (` ) is always used over the vowels a, i, o, u, whereas both a grave accent ( `) and an acute accent (´) are used over the vowel e. The e is open if the accent is grave, but it is close if the accent is acute.

città - martedì - però - menù
caffè - perché

In some one syllable words the presence of an accent mark determines the meaning.

la (the feminine article 'the') - *là* (the adverb of place 'there')
e (meaning 'and') - *è* (the third person singular of the verb *essere*, meaning 'is')
si (pronoun) - *sì* (the affirmation 'yes')

2 Nouns (I sostantivi)

In Italian nouns do not normally begin with a capital letter. Capital letters are used for people's names, cities, countries, etc.

la casa - il signore
Marco - Cinzia
Roma - l'Italia

Grammar

1. Singular nouns

→ A1: U2 / p. 20; U3 / p. 27

Generally, nouns ending in -o are masculine (*il gelato, il tavolo*) and those ending in -a are feminine (*l'arancia, la sedia*). Nouns ending in -e can be either masculine or feminine (*il cellulare* is masculine, *la chiave* is feminine).
A few nouns ending in -a are masculine (*il cinema, il problema*) and a few ending in -o are feminine (*la foto, la mano*).
Nouns that end in a consonant are almost always masculine: *il computer, il bar, il gossip*. Very few are feminine: *l'e-mail, la beauty farm*.

Most nouns for people and professions have both a masculine and a feminine form: *il signore - la signora; il professore - la professoressa*.
Some nouns have only one form regardless of whether the person represented is male or female. In such cases the article that precedes the noun, for example, will indicate the gender.

Nouns ending in -o / -a	il segretario	la segretaria
Nouns ending in -e / -a	il cameriere	la cameriera
Nouns ending in -ista	il dentista	la dentista
Nouns ending in -ante	il cantante	la cantante
Nouns ending in -ente	l'assistente	l'assistente
Nouns ending in -tore / -trice	il direttore	la direttrice
Nouns ending in -ore / -oressa	il professore	la professoressa

! The names of some professions only have a masculine form: *un medico, un ingegnere, un architetto*.

Laura è medico.

2. Plural nouns

→ A1: U4 / p. 34   → A2: U4 / p. 34, 37

Masculine nouns, in the plural, normally end in -i (*libro - libri; cellulare - cellulari*) whilst feminine nouns end in -e (*sedia - sedie*). However, if a feminine noun ends in -e in the singular, the plural ends in -i (*chiave - chiavi*).
The following are invariable and do not change in the plural:
- foreign nouns: *il film - i film*;
- nouns with an accent on the last letter: *la città - le città*;
- abbreviated nouns: *la foto(grafia) - le foto(grafie)*.

Some nouns, such as the names for parts of the body, have unusual plural forms.

la mano - le mani
il braccio - le braccia
il dito - le dita

Some nouns have both a masculine and a feminine plural form.

l'orecchio - gli orecchi / le orecchie
il ginocchio - i ginocchi / le ginocchia

Nouns with unusual plural endings:
- nouns ending in -ca and -ga add an -h- before the plural ending in order to preserve the [k] and [g] sounds: *l'amica - le amiche; il collega - i colleghi*;
- nouns ending in -co and -go add an -h- before the plural ending in order to preserve the [k] and [g] sounds: *il parco - i parchi; il chirurgo - i chirurghi*. However, if the stress falls on the third from last syllable, the plural ends in -ci / -gi: *il medico - i medici*;
! An important exception: *l'amico - gli amici*.
- nouns ending in -cia and -gia, when the letter directly before this ending is a consonant, end in -ce and -ge in the plural (*l'arancia - le arance*). If the letter directly before the ending is a vowel, the plurals end in -cie and -gie (*la valigia - le valigie*);
- nouns ending in -io drop the final -o so that the plural ends in -i: *l'occhio - gli occhi*. If the -i- is stressed, the -o stays and changes to -i so that the plural ends in -ii: *lo zio - gli zii*;
- nouns ending in -ista have two plural forms, one masculine (ending in -isti) and one feminine (ending in -iste): *l'estetista - gli estetisti / le estetiste*.

edizioni Edilingua — duecentoventicinque | 225

Grammar

3. The names of countries
→ A2: U11 / p. 100

In Italian, the names of countries and continents usually require the definite article.

Countries that end in -a are almost all feminine.
! Exceptions: *il Canada, il Kenya, il Sudafrica,* etc.

la Francia - l'Italia - la Svezia

The names of countries that end in any other vowel (*e, i, o, u*) or a consonant are masculine.

il Portogallo - il Perù - il Brasile - il Senegal

The names of some countries are plural (*i Paesi Bassi, gli Stati Uniti, le Filippine*), and some countries do not require an article (*Israele, Cuba, Cipro*).

The definite article is not usually used after the preposition *in*. However, the article is required in front of plural country names, when referring to a specific geographical area or when we are making a specific reference.

In Italia si mangia bene!
Mio fratello vive negli Stati Uniti.
Spoleto si trova nell'Italia centrale.
Nell'Italia del terzo millenio ...

3 The article (L'articolo)

1. The indefinite article (L'articolo indeterminativo)
→ A1: U2 / p. 20

The indefinite article does not have a plural form. In the singular, it has two masculine forms and two feminine forms.

	Masculine	Feminine
before a consonant	un tavolo	una chiave
before a vowel	un amico	un'amica
before an s + consonant	uno studio	una scarpa
before z, ps, gn, x and y	uno zio	una psicologa

2. The definite article (L'articolo determinativo)
→ A1: U3 / p. 26; U4 / p. 34

The definite article has both singular and plural forms.

Masculine	singular	plural
before a consonant	il libro	i libri
before a vowel	l'amico	gli amici
before an s + consonant	lo studio	gli studi
before z, ps, gn, x and y	lo zio	gli zii

Feminine	singular	plural
before a consonant	la casa	le case
before a vowel	l'amica	le amiche

2. The partitive article (L'articolo partitivo)
→ A1: U10 / p. 91

The partitive article (*di* + definite article) expresses a non-specific quantity ('some' or 'any'). When the preposition *di* is used to form the partitive article, it combines with the definite article in the same way as it does generally: *del, della, dello, dell', dei, degli, delle*.

In the plural, the partitive article means 'a few'.

Vorrei della frutta, delle mele e delle pere ...

! The partitive article is not used in negative sentences.

Non c'è più frutta.

Grammar

4 Possessive adjectives (Gli aggettivi possessivi)

→ A1: U9 / p. 82, 83

Possessive adjectives show ownership. In Italian, they are preceded by the definite article and - apart from loro - agree in number (singular or plural) and gender (masculine or feminine) with the noun they refer to.

il mio cellulare - la mia macchina

Possessor	Thing possessed			
	singular	singular	plural	plural
	Masculine	Feminine	Masculine	Feminine
io	il mio	la mia	i miei	le mie
tu	il tuo	la tua	i tuoi	le tue
lui/lei/Lei	il suo / il Suo	la sua / la Sua	i suoi / i Suoi	le sue / le Sue
noi	il nostro	la nostra	i nostri	le nostre
voi	il vostro	la vostra	i vostri	le vostre
loro	il loro	la loro	i loro	le loro

In the third person singular, there is no distinction between male or female possessors. The possessive adjective agrees solely with the gender of the noun it refers to.

la casa di Alessandro / la casa di Marta: la sua casa
il libro di Marco / il libro di Silvia: il suo libro

With the exception of loro, the definite article is not used with names of family members in the singular: *mia madre, tuo zio - la loro figlia*.
The definite article is always used with names of family members in the plural: *i miei fratelli, i vostri zii*.

5 Adjectives (Gli aggettivi)

1 Adjective agreement

→ A1: U3 / p. 28; U5 / p. 48; U11 / p. 100

Adjectives agree in number and gender with the noun or pronoun they describe. The adjective agrees even if it follows the verb *essere*.

Molte camere hanno vista sul mare.
Nadia è russa.

In Italian, some adjectives end in -o / -a and some adjectives end in -e.

Adjectives ending in -o / -a:

	singular	plural
Masculine	lo zaino leggero	gli zaini leggeri
Feminine	la borsa leggera	le borse leggere

Adjectives ending in -e:

	singular	plural
Masculine	lo zaino grande	gli zaini grandi
Feminine	la borsa grande	le borse grandi

Adjectives of nationality and colour adjectives follow the same rule.
Some colour adjectives, such as *viola, blu, rosa*, are invariable.
Marrone and *arancione* can also stay as they are or they can agree with the noun they describe.
Adjectives ending in -ista, -co / -ca, -go / -ga form the plural in the same way as nouns with those endings.
❗ The plural of adjectives ending in -go is always -ghi: *lungo, lunghi*.

edizioni Edilingua

Grammar

2 Demonstrative adjectives (Gli aggettivi dimostrativi) → A2: U3 / p. 28

The demonstrative adjectives questo (when reference is made to something close to the speaker) and quello (when reference is made to something far away from the speaker) agree with the noun they refer to.

The forms of questo are: questo / questa ('this'), and questi / queste ('these'). When questo and questa precede a singular noun that begins with a vowel, an apostrophe can replace the final vowel in each.

Quest'appartamento è molto luminoso.

Quello follows the same rules as the definite article.

Masculine	singular	plural	Feminine	singular	plural
before a consonant	quel ragazzo	quei ragazzi	before a consonant	quella ragazza	quelle ragazze
before a vowel	quell'albergo	quegli alberghi	before a vowel	quell'amica	quelle amiche
before an s + consonant	quello studio	quegli studi			
before z, ps, gn, x and y	quello zaino	quegli zaini			

In spoken language, after the noun that follows questo or quello, we often add qui and lì respectively.

È molto bello quel quadro lì.
Quanto costa questa gonna qui.

3 Indefinite adjectives (Gli aggettivi indefiniti) → A2: U5 / p. 46

The indefinite adjectives molto, poco, etc., agree with the noun they refer to.

Alla sua festa non c'erano tante persone.
Ho ancora fame, hai fatto poca pasta, peccato!

Some indefinite adjectives are invariable, such as qualche and ogni. These only have a singular form.

Ha passato qualche momento difficile.
Ogni estate passa due settimane in Sicilia.

The adjective tutto is followed by a definite article and agrees with the noun it refers to.

Va in palestra tutti i giorni.
Ho passato tutta la settimana a letto con la febbre.

4 The adjectives bello and buono → A2: U3 / p. 29; U7 / p. 65

The adjectives bello and buono behave in an unusual way when they precede the noun.
Bello follows the same rules as the definite article, whilst buono follows those of the indefinite article.

Masculine	singular	plural	Masculine	singular
before a consonant	un bel ragazzo	dei bei ragazzi	before a consonant	un buon caffè
before a vowel	un bell'albergo	dei begli alberghi	before a vowel	un buon amaro
before an s + consonant	un bello studio	dei begli studi	before an s + consonant	un buono spumante
before z, ps, gn, x and y			before z, ps, gn, x and y	

With the feminine forms bella and buona, an apostrophe can replace the final vowel in each when the noun that follows begins with a vowel.

When bello and buono follow the noun, they behave like any other regular adjective.

dei begli alberghi - degli alberghi belli
un buon tiramisù - un tiramisù buono

228 | duecentoventotto *Arrivederci!*

Grammar

5 Degrees of adjective comparison (I gradi di comparazione dell'aggettivo)

1. The comparative (Il comparativo)
→ A1: U11 / p. 101

Comparative adjectives are used when we want to make a comparison between people or between things. The comparative compares people, attributes, objects or activities.

The comparative is formed by:

- where the comparison reveals a difference, più / meno + adjective + di.
  If the second element for comparison is a pronoun, the stressed (emphatic) version of the pronoun is used after di.
  If the second element for comparison is a noun with a definite article, the preposition di combines with the article.

  Massimo è più alto di Sara.
  Francesca è meno alta di Claudia.
  Io sono più alto di te.
  Il maglione è più caro della camicia.

- where the comparison reveals no difference, (così or tanto +) adjective + come or quanto.

  Carla è (così) pigra come Marina.
  Carla è (tanto) pigra quanto Marina.

When a comparison is being made between verbs, adverbs, adjectives referring to people or to things, we use che rather than the preposition di.

Questo vestito è più elegante che bello.

Some adjectives have, in addition to a regular form of the comparative, an irregular form.

buono	→	migliore (= più buono)
cattivo	→	peggiore (= più cattivo)
grande	→	maggiore (= più grande)
piccolo	→	minore (= più piccolo)

! meglio is the comparative of bene. In other words, it is an adverb.

2. The superlative (Il superlativo)
→ A2: U1 / p. 11; U3 / p. 27

The relative superlative (Il superlativo relativo)
The relative superlative is formed as follows:
article + più / meno + adjective.
The article can precede or follow the noun.

Questo quadro è il meno interessante.
È il quadro più moderno.

The preposition di or tra / fra introduces the second element of the comparison.

Questo è il ristorante più caro della città.
Carla è la più simpatica tra le mie amiche.

The absolute superlative (Il superlativo assoluto)
The absolute superlative is formed as follows:
- the adjective minus its final vowel + -issimo
- molto or tanto + adjective
- stra-, ultra-, ... + adjective

pienissimo
molto pieno
strapieno

Superlative adjectives agree in number and gender with the noun they refer to.

Ilaria è una persona curiosissima.
Sono appartamenti carissimi.

Some adjectives have both a regular and an irregular form of the superlative: *buono* - *buonissimo* / *ottimo*.

edizioni Edilingua   duecentoventinove | 229

Grammar

6 Personal pronouns (I pronomi personali)

Personal pronouns are used in place of nouns and proper names.

1. Personal subject pronouns (I pronomi personali soggetto)

→ A1: U1 / p. 11

Personal subject pronouns are hardly ever used in Italian. The context (for example the verb) makes it clear who the sentence is about.
We can address a person using tu (second person singular) or, more formally, using Lei (third person singular for both men and women). Voi is used to address two or more people.

Generally, when personal subject pronouns are used, it is for emphasis.

	singular	plural
1st pers.	io	noi
2nd pers.	tu	voi
3rd pers.	lui/lei/Lei	loro

Sono Luca Foi.
but: • *Tu sei Luca?* ■ *Sì, sono io.*

2. Stressed (emphatic) personal object pronouns (La forma tonica dei pronomi personali oggetto)

→ A1: U10 / p. 93

Stressed personal object pronouns are the same as personal subject pronouns, with the exception of the first person and second person singular.

	singular	plural
1st pers.	me	noi
2nd pers.	te	voi
3rd pers.	lui/lei/Lei	loro

The stressed (emphatic) form of personal object pronouns is used:
- when we want to highlight the object;
- after a preposition;
- as part of certain expressions.

• *Adesso aiuti me?* ■ *Sì, adesso posso!*
Parlo con te!
Secondo me, ...

3. Direct object pronouns (I pronomi diretti)

→ A1: U8 / p. 70; U11 / p. 100

Direct object pronouns take the place of a direct object and agree with the direct object in number and gender.

	singular	plural
1st pers.	mi	ci
2nd pers.	ti	vi
3rd pers.	lo/la/La	li/le

We always put direct object pronouns in front of the conjugated verb.

• *Conosci già mia moglie?*
■ *Sì, la conosco*

• *Leggi il giornale?*
■ *No, non lo leggo.*

In negative sentences, we put the word non in front of the pronoun.

For emphasis, we can use both the noun and the pronoun.

Marta e Chiara non le vedo. Dove sono?

The direct object pronoun lo can even take the place of a whole sentence.

Non lo so.

When used with modal verbs, direct object pronouns can either precede the modal verb or can combine with the infinitive, which loses its final -e to accommodate the pronoun and make one word.

Lo vuoi vedere? / *Vuoi vederlo?*
Mi dovete aiutare! / *Dovete aiutarmi!*

230 | duecentotrenta *Arrivederci!*

Grammar

4. Indirect object pronouns (I pronomi indiretti) → A2: U1 / p. 10

Indirect object pronouns take the place of an indirect object that has already been mentioned. Other than the third person singular and third person plural forms, indirect object pronouns are the same as direct object pronouns.

	singular	plural
1st pers.	mi	ci
2nd pers.	ti	vi
3rd pers.	gli/le/Le	gli

We always put indirect object pronouns in front of the conjugated verb.
In negative sentences, we put the word non in front of the pronoun.

Credo a Paolo. → *Gli credo.*
A Maria ... no, non le dico niente.

When used with modal verbs, indirect object pronouns can either precede the modal verb or can combine with the infinitive, which loses its final -e to accommodate the pronoun and make one word.

Gli puoi telefonare. / Puoi telefonargli.

7 Ne and Ci

1. Ne → A1: U10 / p. 91 → A2: U6 / p. 54

Ne means "of something". It refers to something that has already been mentioned and is used to indicate only a part of that something. Ne is often followed by an expression of quantity.

- *Vuole anche delle mele?*
- *Sì, ne vorrei un chilo.*

When ne and c'è / ci sono are used together, ci changes to ce and an apostrophe replaces the -e in ne before è (ce n'è / ce ne sono).

- *Ci sono ancora delle mele?*
- *Ce n'è solo una. / No, non ce ne sono più.*

Ne can also refer to people.

- *Ha figli?* ■ *Ne ho due.*

With verbs that require the preposition di or da, ne substitutes the complement.

Sta parlando del suo problema. → *Ne sta parlando.*
Non dubito di quel che dice. → *Non ne dubito.*

2. Ci → A1: U12 / p. 108 → A2: U6 / p. 54

Ci is used to substitute a place that has already been mentioned. Ci goes in front of the verb and means 'here' or 'there'.

- *Quando vai in Francia?*
- *Ci vado quest'estate.*

In negative sentences, ci goes between non and the verb.

- *Siete già stati a Matera?*
- *No, non ci siamo mai stati.*

In front of è, ci becomes c'.

A Roma, non c'è ancora stata!

With verbs that require the prepositions a, in or su, ci substitutes the complement.

Pensa a quel che è successo. → *Ci pensa.*
Credo in quello che faccio. → *Ci credo.*
Conto sul tuo aiuto. → *Ci conto.*

edizioni Edilingua   duecentotrentuno | 231

Grammar

8 Pronouns (I pronomi)

1 Demonstrative pronouns (I pronomi dimostrativi)
→ A2: U3 / p. 28

The demonstrative pronouns questo (when reference is made to something close to the speaker) and quello (when reference is made to something far away from the speaker) agree with the noun they replace.

The forms of the pronoun *questo* are the same as those of the adjective: questo, questa ('this one'), and questi, queste ('these').

The forms of the pronoun *quello* are NOT the same as those of the adjective: quello, quella (that one'), and quelli, quelle ('those').

In spoken language, for greater emphasis, we often add qui or là after questo or quello respectively.

È questa qui la tua macchina?

2 Indefinite pronouns (I pronomi indefiniti)
→ A2: U5 / p. 47

The pronouns molto, poco, alcuni, tutto, etc. agree in gender and number with the noun they replace.
Alcuni is only ever used in the plural.

In Italia pochi leggono regolarmente un quotidiano.
Ha invitato tutti alla sua festa di compleanno.
Alcuni pensano che ...

The indefinite pronouns qualcosa and qualcuno are invariable (although in certain situations it is possible to use the feminine form qualcuna).

Hai visto qualcosa?
Qualcuno fa sciopero.

If qualcosa is used with an adjective, it is followed by the preposition di: qualcosa + di + adjective.
If qualcosa is used with a verb, it is followed by the preposition da: qualcosa + da + verb.

qualcosa di tipico
qualcosa da leggere

3 Relative pronouns (I pronomi relativi)

1. The relative pronoun *che*
→ A2: U5 / p. 48

Ho un'amica che vive in Francia, a Lione. (subject)
   Io ho un'amica. Questa amica vive in Francia, a Lione.

The relative pronoun che is invariable. It can act either as the subject or as the direct object of a relative clause.

Ti è piaciuto il lavoro che ho fatto? (direct object)
   Ti è piaciuto il lavoro? Io ho fatto questo lavoro.

2. The relative pronoun *cui*
→ A2: U11 / p. 99

The relative pronoun cui is invariable and it is always generally preceded by a preposition.

La ragazza, con cui mi hai visto stamattina, è Simona.
Quali sono i documenti di cui avrai bisogno?

If cui is used without a preposition, its meaning is a cui.

Silvia, cui devo telefonare, adesso vive in Francia. =
Silvia, a cui devo telefonare, adesso vive in Francia.

Italians often use dove rather than the relative pronoun in cui.

La città in cui abito ha uno splendido centro storico. =
La città dove abito ha uno splendido centro storico.

Grammar

9 Verbs (I verbi)

1 The present tense (Il presente)

1. The verbs *essere* and *avere*

→ A1: U1 / p. 11; U4 / p. 36

Essere and avere are also used as auxiliary verbs, to create compound tenses.

	Essere	Avere
io	sono	ho
tu	sei	hai
lui/lei/Lei	è	ha
noi	siamo	abbiamo
voi	siete	avete
loro	sono	hanno

C'è and *ci sono*

→ A1: U5 / p. 46

Nouns that follow c'è are always singular, whilst nouns that follow ci sono are always plural. The word non always goes in front of c'è / ci sono.

C'è una farmacia qui vicino?
Ci sono / Non ci sono molti musei in questa città.

2. Regular verbs

-are verbs

→ A1: U1 / p. 13; U6 / p. 55

The first group of Italian verbs has infinitives that end in -are. Apart from the odd exception, -are verbs are regular.

The conjugation of regular -are verbs is shown on the right.

Parlare

io	parlo	noi	parliamo
tu	parli	voi	parlate
lui/lei/Lei	parla	loro	parlano

Some -are verbs have unusual spellings:

- the second person singular (*tu*) and the first person plural (*noi*) of verbs ending in -care (*cercare*) and -gare (*pagare*) add an -h- before the ending to preserve the [k] and [g] sounds: *cercare: cerco, cerchi, cerca, cerchiamo, cercate, cercano; pagare: pago, paghi, paga, paghiamo, pagate, pagano*;
- verbs ending in -iare (*mangiare*) drop the -i- when the required ending also begins with an -i- (*mangiare: mangio, mangi, mangia, mangiamo, mangiate, mangiano*). If, once the verb is conjugated, the stress falls on the -i- (for example, *sciare: scio, scii, scia, sciamo, sciate, sciano*), then the -i- is retained in the second person singular, but NOT in the first person plural.

-ere verbs

→ A1: U2 / p. 21; U8 / p. 70

The second group of Italian verbs has infinitives that end in -ere. The conjugation of regular -ere verbs is shown on the right.

Prendere

io	prendo	noi	prendiamo
tu	prendi	voi	prendete
lui/lei/Lei	prende	loro	prendono

Some -ere verbs have unusual pronunciations:

- with verbs ending in -cere (*conoscere*) and -gere (*leggere*) the pronunciation of the first person singular (*io*) and of the third person plural (*loro*) changes. This is because the letters c and g, when they appear before the letter o, are pronounced [k] and [g]: *conoscere: conosco, conosci, conosce, conosciamo, conoscete, conoscono; leggere: leggo, leggi, legge, leggiamo, leggete, leggono*.

-ire verbs

→ A1: U5 / p. 46; U7 / p. 65

The third group of Italian verbs has infinitives that end in -ire. The conjugation of regular -ire verbs is shown on the right.

Dormire

io	dormo	noi	dormiamo
tu	dormi	voi	dormite
lui/lei/Lei	dorme	loro	dormono

edizioni Edilingua

Grammar

In the present tense, many -ire verbs add -isc- between the stem and the ending. These verbs need to be learnt as there is no rule to indicate which ones add -isc- and which do not.

Finire			
io	finisco	noi	finiamo
tu	finisci	voi	finite
lui/lei/Lei	finisce	loro	finiscono

3. Irregular verbs

→ A1: U2 / p. 18; U3 / p. 26; U4 / p. 34; U6 / p. 55; U10 / p. 93
→ A2: U1 / p. 10, 12; U3 / p. 26, 27; U10 / p. 91

Essere and *avere* are not the only irregular verbs in Italian (see pages 247 and 248 for a list of irregular verbs and their conjugations).

Piacere is an irregular verb.
The verb piacere is used in the third person singular if the noun that follows is singular.
The verb piacere is used in the third person plural if the noun that follows is plural.
It is used in the third person singular (piace) when followed by a verb in the infinitive.

Mi piace la pasta.
Mi piacciono gli spaghetti.
Mi piace mangiare bene.

Riuscire is also an irregular verb. It conjugates like uscire (see the list of irregular verbs and their conjugations, page 248) and means 'to succeed', 'to manage'. If riuscire is followed by an infinitive, the infinitive needs to be preceded by the preposition a. The preposition a + infinitive can be substituted by ci.

Le feste di Paola riescono sempre bene.
● *Riesci a sentire quello che dicono?*
■ *No, non ci riesco.*

4. Modal verbs (I verbi modali)

→ A1: U6 / p. 54; U7 / p. 62, 63

Dovere, potere and volere are modal verbs and they are generally followed by a verb in the infinitive.

	Dovere	Potere	Volere
io	devo	posso	voglio
tu	devi	puoi	vuoi
lui/lei/Lei	deve	può	vuole
noi	dobbiamo	possiamo	vogliamo
voi	dovete	potete	volete
loro	devono	possono	vogliono

Deve andare sempre dritto.

5. Reflexive verbs (I verbi riflessivi)

→ A1: U9 / p. 84

Reflexive verbs are always used with a reflexive pronoun. The infinitives of reflexive verbs incorporate the reflexive pronoun si at the end (-arsi, -ersi, -irsi).
When reflexive verbs are conjugated, the reflexive pronouns mi, ti, si, ci, vi, si precede the verb.

Lavarsi			
io	mi lavo	noi	ci laviamo
tu	ti lavi	voi	vi lavate
lui/lei/Lei	si lava	loro	si lavano

In negative sentences the word non precedes both the verb and the reflexive pronoun.

La domenica non mi sveglio mai tardi.

When used with a modal verb, the reflexive pronoun precedes the modal verb or combines with the infinitive, which loses its final -e to accommodate the pronoun and make one word.

Oggi mi voglio vestire bene.
Oggi voglio vestirmi bene.

Grammar

2 The perfect tense (Il passato prossimo)

1. The perfect tense → A1: U8 / p. 71, 73

This tense expresses a completed action in the past. The perfect tense is formed using the present tense of the auxiliary verbs essere or avere + the past participle of the verb.

The majority of verbs use the auxiliary avere in the perfect tense. The auxiliary verb essere is used to form the perfect tense of verbs of movement and of state verbs. The past participle of verbs that use essere agrees in number and gender with the subject of the sentence, like an adjective.

The past participle of regular verbs	
The past participle of -are verbs ends in -ato	*parlare - parlato*
The past participle of -ere verbs ends in -uto	*vendere - venduto*
The past participle of -ire verbs ends in -ito	*partire - partito*

Perfect tense

	Parlare	Andare
io	ho parlato	sono andato/andata
tu	hai parlato	sei andato/andata
lui/lei/Lei	ha parlato	è andato/andata
noi	abbiamo parlato	siamo andati/andate
voi	avete parlato	siete andati/andate
loro	hanno parlato	sono andati/andate

Some verbs have irregular past participles (see pages 247 and 248 for a list of irregular verbs and their conjugations).

In negative sentences, the word non precedes the verb.

2. The perfect tense of reflexive verbs → A1: U11 / p. 99

The auxiliary verb essere is used to form the perfect tense of reflexive verbs.
The past participle agrees with the subject.
The reflexive pronoun goes in front of the auxiliary verb.
In negative sentences, the word non precedes the reflexive pronoun.

Io mi sono vestito/a.
Loro si sono annoiati/e.
Non mi sono divertito/a.

3. The perfect tense of *piacere* → A2: U2 / p. 18

The auxiliary verb essere is used to form the perfect tense of piacere.
The past participle agrees with the subject.

L'appartamento mi è piaciuto.
La casa di Michela ci è piaciuta moltissimo.

4. The perfect tense with pronouns → A2: U3 / p. 28; U12 / p. 108

The perfect tense with direct object pronouns

The past participles of verbs that form the perfect tense with avere are normally invariable. However, in sentences that include the direct object pronouns lo, la, li, le, the past participle agrees with the noun that has been replaced by the pronoun.
Agreement of the past participle is not compulsory with the pronouns mi, ti ci, vi.

Ho comprato una giacca. L'ho comprata in centro ieri.
Ho comprato delle mele. Le ho comprate al mercato.

I nostri vicini ci hanno aiutato/aiutati nel trasloco.

The perfect tense with *ne*

If a sentence in the perfect tense includes the pronoun ne, the past participle agrees in number and gender with the noun that ne has replaced.

The perfect tense is often followed by an expression of quantity: *due fette, molti, troppi,* etc.

If the expression of quantity is *uno / una,* or *nessuno / nessuna,* the past participle agrees in gender but not in quantity.

Di torta ne ho mangiata tanta. Era squisita!

Di caramelle ne ho presa solo una.

Grammar

5. The perfect tense of modal verbs
→ A2: U8 / p. 70

When a modal verb is followed by a verb in the infinitive, or the main verb forms its perfect tense with the auxiliary avere, the perfect tense of the modal verb is formed using avere.

Giuliano ha dovuto lavorare fino a tardi.

If the main verb forms its perfect tense with the auxiliary essere, the perfect tense of the modal verb is also formed using essere and the past participle agrees with the subject of the sentence.

Luigi è voluto andare in treno.
Flavia è potuta partire per il mare con i bambini.

If the modal verb has essere as its main verb, the perfect tense uses avere as its auxiliary.

Hanno voluto essere i primi.

If the modal verb has a reflexive verb as its main verb, the perfect tense uses essere as its auxiliary, but only if the reflexive pronoun precedes the modal verb; in all other instances, the auxiliary is avere.

Mi sono dovuto/a alzare presto.
Ho dovuto alzarmi presto.

3 The imperfect tense (L'imperfetto)

1. The imperfect tense
→ A2: U2 / p. 19, 21

The imperfect tense describes a past situation, past state or past action when neither their start nor their end is known. The imperfect tense is often used to describe a person or a thing, or to indicate that an action was habitual.

Quando ero giovane, facevo sempre jogging.

	Imperfect tense	
io		vo
tu		vi
lui/lei/Lei	anda-	va
noi	rimane-	vamo
voi	parti-	vate
loro		vano

Some verbs are irregular in the imperfect tense:

essere: ero, eri, era, eravamo, eravate, erano
fare: facevo, ... • **bere**: bevevo, ... • **dire**: dicevo, ...

2. The imperfect and perfect tenses (L'imperfetto e il passato prossimo)
→ A2: U2 / p. 20

When telling a story, the imperfect tense describes the context or background of an action in the past. The action itself is expressed using the perfect tense.

Era una serata d'estate, faceva caldo. Ero felicissima. Marco è arrivato di corsa e mi ha detto di seguirlo ...

The imperfect tense is usually used with adverbs of time such as: *prima, spesso, dopo, poi, sempre, allora*, or with expressions such as: *a volte, di solito, ogni giorno, ogni anno*, etc.

Spesso passavo le ferie al mare.

The perfect tense is usually used with the following time expressions: *prima, ieri, oggi, dopo, poi, l'anno scorso, ...*

L'anno scorso sono stato in Marocco.

Grammar

4 The imperative (L'imperativo)

1. The imperative
→ A2: U4 / p. 35; U6 / p. 55

	Entrare	**The imperative** **Prendere**	**Partire**	
tu	entra	prendi	parti	*Luca, aspetta!*
Lei	entri	prenda	parta	*Aspetti qui.*
noi	entriamo	prendiamo	partiamo	*Andiamo!*
voi	entrate	prendete	partite	*Venite!*

The first and second person plural (*noi* and *voi*) forms of the imperative for all three verb groups are the same as the *noi* and *voi* forms of the present tense. Other than the voi form, -ere and -ire verbs take the same endings in the imperative.

The -ire verbs that add -isc- in the present tense, such as *finire*, also add -isc- in the second and third person singular of the imperative.

Finisci il lavoro! / Finisca con calma.

Verbs that are irregular in the present tense are also usually irregular in the imperative.

sapere: *sappi, sappia, sappiamo, sappiate*
tenere: *tieni, tenga, teniamo, tenete*
venire: *vieni, venga, veniamo, venite*

Some irregular verbs have two second person singular forms of the imperative. *Dire* only has the abbreviated form di'.

andare: *va' / vai* • **dare**: *da' / dai* • **dire**: *di'*
fare: *fa' / fai* • **stare**: *sta' / stai*

Certain verbs are irregular in the third person singular of the imperative.

andare: *vada* • **avere**: *abbia* • **dare**: *dia* • **dire**: *dica*
fare: *faccia* • **essere**: *sia* • **stare**: *stia* • **bere**: *beva*

2. The imperative with pronouns
→ A2: U6 / p. 57

Pronouns used with the tu, noi and voi forms of the imperative combine with the verb.

Ascoltalo! • Guardiamolo! • Prendetelo!

When the imperative has only one syllable (second person singular), the first letter of pronouns other than gli becomes a double letter.

fa' + lo = fallo! • di' + le = dille! • da' + mi = dammi!
da' + gli = dagli!

With the Lei form of the imperative, pronouns precede the verb.

Mi dica! / Lo guardi pure!

3. The negative imperative
→ A2: U4 / p. 35; U6 / p. 57

The second person singular negative imperative is formed using non + infinitive.

Non tornare troppo tardi!

With the third person singular, and the first and second person plural, the word non precedes the verb.

Non dica così! • Non corriamo! • Non uscite adesso!

When the negative imperative is used with a pronoun, the following applies:
- to produce the tu, noi and voi forms we use:
  non + pronoun + imperative, or
  non + imperative + pronoun joined to the verb;

Non la prendere! - Non lo diciamo! - Non lo fate!
Non prenderla! - Non diciamolo! - Non fatelo!

- to produce the formal Lei form we use:
  non + pronoun + imperative.

Non la venda!

edizioni Edilingua · duecentotrentasette | 237

Grammar

5 The conditional tense (Il condizionale)

→ A2: U7 / p. 62, 63; U8 / p. 70

We use the conditional tense when we want a request, or our response to a request, to be courteous. We also use it to express a possibility, an opinion or a desire; to make a proposal, or to report news that is as yet unconfirmed.

Potrei fare una telefonata?
Dovrebbe essere qui vicino …
Vorrei avere una casa più grande!
Vi consiglierei di prenotare adesso.
Sarebbe meglio pensarci bene.
I disoccupati sarebbero in aumento.

The conjugation of the conditional tense is shown on the right.

The conditional endings are added to the infinitive after the final -e has been removed.

! The -a- of -are verb endings changes to an -e-.

The conditional tense

io		ei
tu		esti
lui/lei/Lei	comprer-	ebbe
noi	prender-	emmo
voi	dormir-	este
loro		ebbero

Some -are verbs have, for phonetic reasons, unusual spellings in the conditional tense:

- verbs ending in -care (*cercare*) and -gare (*pagare*) add an -h- before the endings to preserve the [k] and [g] sounds;

  Pagheresti tu? Ho dimenticato il portafogli …
  Io cercherei in quelle scatole.

- verbs ending in -ciare and -giare (*cominciare, mangiare*) drop the -i- before the endings of the conditional tense.

  Mangerei volentieri un panino.
  Comincereste senza di me, per favore?

Irregular verbs in the conditional tense

essere: sarei, saresti, sarebbe, saremmo, sareste, sarebbero   **avere**: avrei, avresti, avrebbe, avremmo, avreste, avrebbero

andare: andrei, andresti … • **dovere**: dovrei, dovresti … • **potere**: potrei, potresti … • **bere**: berrei, berresti … • **fare**: farei, faresti …
sapere: saprei, sapresti … • **vedere**: vedrei, vedresti … • **vivere**: vivrei, vivresti … • **dare**: darei, daresti … • **stare**: starei, staresti …
dire: direi, diresti … • **venire**: verrei, verresti … • …

6 The future tense (Il futuro)

→ A2: U10 / p. 92

The future tense expresses a future action or intention.
The future tense is also used to make assumptions, express uncertainty.

Da grande farò l'architetto!
Sarà come dici tu, ma secondo me sbagliano.

The future endings are the same for all verbs and are added to the infinitive after the final -e has been removed.

! The -a- of -are verb endings changes to an -e-.

Verbs ending in -care, -gare, -ciare and -giare change their spellings in the future tense exactly as they do in the conditional tense.

The future tense

io		ò
tu		ai
lui/lei/Lei	comprer-	à
noi	prender-	emo
voi	dormir-	ete
loro		anno

Irregular verbs in the future tense (see *The conditional tense*)

essere: sarò, sarai, sarà, saremo, sarete, saranno   **avere**: avrò, avrai, avrà, avremo, avrete, avranno

andare: andrò, andrai … • **dovere**: dovrò, dovrai … • **potere**: potrò, potrai … • **bere**: berrò, berrai … • **fare**: farò, farai …
sapere: saprò, saprai … • **vedere**: vedrò, vedrai … • **vivere**: vivrò, vivrai … • **dare**: darò, darai … • **stare**: starò, starai …
dire: dirò, dirai … • **venire**: verrò, verrai … • …

Grammar

7 Unusual verbal constructions

1. Constructions with *si* (La costruzione con *si*) → A1: U12 / p. 106, 107, 109   → A2: U10 / p. 90

The verb agrees in number with the noun that follows: third person singular if the noun is singular, third person plural if the noun is plural.

Si parla italiano.
Si parlano diverse lingue.

If the sentence does not have a noun, the verb that follows *si* is always in the singular.

Oggi si dorme!

In negative sentences, *si* always follows the word *non*.

Oggi non si lavora.

The rule also applies to modal verbs: the modal verb agrees in number with the noun that follows the infinitive.

Si può parlare italiano, ma si possono parlare anche altre lingue.

If the verb is reflexive, the construction is not *si* + *si*: the first *si* is replaced by *ci*.

divertirsi → *Ci si diverte.*
fermarsi → *Ci si ferma.*

2. Impersonal verbs (I verbi impersonali) → A2: U7 / p. 65

Impersonal verbs only have a third person singular form and/or a third person plural form.

- bisogna + infinitive (*si deve*)

  Bisogna fare attenzione.

- servire *a qualcuno* (*occorre / occorrono, è utile / sono utili*):
  serve + singular noun
  servono + plural noun

  Ti serve qualcosa?
  Mi servono quattro uova.
  Serve sempre una bicicletta.

- volerci:
  ci vuole (*occorre, è necessario / necessaria*) + singular noun
  ci vogliono (*occorrono, sono necessari / necessarie*) + plural noun

  Ci vuole pazienza.
  Ci vogliono due volontari.

- bastare (*è sufficiente / sono sufficienti*):
  basta + singular noun
  bastano + plural noun

  Basta qualche minuto.
  Bastano cinque minuti.

3. Note on the usage of certain verbs

The verbs *sapere* and *potere* → A2: U4 / p. 37

Sapere has two meanings: 'to know something' and 'to be able (have the capability) to'.
Potere, on the other hand, means 'to have the possibility' or 'to have permission'.

Posso parlare in inglese, se preferisci.
So parlare cinque lingue.

The verb *metterci* → A2: U7 / p. 65

The verb *metterci* is used to state how long it takes a person to do something.
If no specific person is referred to (in other words, if no subject is expressed), we use the verb *volerci* (see the section on impersonal verbs above).

Di solito, per andare in ufficio, ci metto mezz'ora.
Per andare da qui alla stazione ci vuole mezz'ora.

Grammar

Opinion verbs (I verbi di opinione) → A2: U9 / p. 84

Verbs such as credere and pensare require the preposition di when they are followed by sì and no.

- È tutto giusto? ▪ Penso di sì.
- Allora stasera vieni anche tu? ▪ Credo di no.

The verbs *iniziare, cominciare, finire, smettere* + infinitive or direct object → A2: U9 / p. 85

If the verbs iniziare, cominciare, finire and smettere are followed by an infinitive, a preposition is required between them and the infinitive. The preposition a is used with iniziare and cominciare; the preposition di is used with finire and smettere.

A marzo comincio a lavorare.
Tra due minuti finiscono di giocare.
Adesso smettiamo di parlare e iniziamo a lavorare.

The verbs iniziare, cominciare and finire can also be followed by a direct object.

Lunedì inizio/comincio/finisco il mio stage.

These verbs use the auxiliary verb avere to form the perfect tense.

Ho cominciato/iniziato a lavorare il mese scorso.
Hai smesso/finito di fare i turni?
Ho finito il lavoro.

However, when the verb is not followed by either an infinitive or a direct object, the auxiliary verb essere is used to form the perfect tense and the past participle agrees with the subject.

La riunione è iniziata alle 8 ed è finita alle 10.

4. *Stare* + gerund → A2: U1 / p. 12

The stare + gerund construction indicates that the action in question is underway. The conjugated forms of the verb stare are followed by the gerund.

- Cosa stai facendo? ▪ Sto facendo ginnastica.

The gerund of regular verbs

-are verbs	→ gerund ends in -ando	*parlare - parlando*
-ere verbs	→ gerund ends in -endo	*prendere - prendendo*
-ire verbs	→ gerund ends in -endo	*partire - partendo*

❗ Exceptions: ***fare***: *facendo*; ***dire***: *dicendo*; ***bere***: *bevendo*.

5. *Stare per* + infinitive → A2: U9 / p. 83

The stare per + infinitive construction indicates, without stating an exact time for it, that the action in question is imminent or planned. The conjugated forms of the verb stare are followed by the preposition per + infinitive.

Stiamo per iniziare a mangiare, ti richiamo più tardi.
Sta per piovere, guarda che nuvole nere.

6. The expressions *ce l'ho, ce l'hai ...* → A2: U11 / p. 101

The verb avere can sometimes be used with the 'double pronouns' ce l', ce li, ce le. When used with such pronouns, the meaning of avere becomes 'to have on one's person'.

- Hai una caramella per la gola? ▪ Sì, ce l'ho, eccola!
- Hai i biglietti? ▪ Sì, ce li ho.
- Hai una carta di credito? ▪ No, non ce l'ho.

Grammar

10 Prepositions (Le preposizioni)

1 Prepositions (Le preposizioni semplici)
→ A1: U3 / p. 28, 29; U5 / p. 47; U6 / p. 54; U7 / p. 62; U10 / p. 90, 92
→ A2: U12 / p. 106

The prepositions are di, a, da, in, con, su, per, tra, fra. Almost all of them have more than one meaning:

di	of (possession)	il libro di Michele	in	in / to (place of work, countries, regions, shops, larger islands, roads / streets)	in ufficio in Francia, in Toscana in salumeria in Sardegna in Via Gramsci
	from (with *essere* - place of origin)	Sono di Milano.		in (time)	in agosto
	of (to express quantity)	un chilo di patate		by (means of transport)	in treno
a	to complete a verb	Lo chiedo a Franco.		but:	a piedi, a cavallo

	in / at / to (place of work, cities, small islands)	a scuola
		a Roma, a Capri
			per	for (objective, intention)
				for (reason)
				for (destination)
					È per te.
					Viaggia per lavoro.
					Scusi, per Piazza Verdi?

	at (time)	a mezzogiorno			
da	at / to (someone's house)	Sono/Vado da Luca.	tra/fra	between	Firenze è tra Roma e Bologna.
	from (provenance)	Vengo da Roma.		in (time)	Arrivo tra due ore.
	since / from (time)	Lavoro qui da due anni.			
	out of / off (means of transport)	È sceso da una macchina blu.			
con	with	Parlo con Simona.			
su	on	È su una sedia. Sale su un autobus.			

2 Prepositions + definite article (Le preposizioni articolate)
→ A1: U6 / p. 54, 57; U7 / p. 62, 64

When the prepositions a, da, di, in and su are positioned directly before a definite article, they combine with that article as shown here on the right.

Prepositions used in this way retain the meanings outlined above.

	il	la	lo	l'	i	gli	le
a	al	alla	allo	all'	ai	agli	alle
da	dal	dalla	dallo	dall'	dai	dagli	dalle
di	del	della	dello	dell'	dei	degli	delle
in	nel	nella	nello	nell'	nei	negli	nelle
su	sul	sulla	sullo	sull'	sui	sugli	sulle

3 Other prepositions of place (Altre preposizioni di luogo)
→ A1: U6 / p. 56, 57

accanto a	=	next to	*fino a*	=	as far as	*lontano da*	=	far from
dietro (a)	=	behind	*a destra di*	=	on the right of	*vicino a*	=	near (to)
di fronte a	=	opposite	*a sinistra di*	=	on the left of			
davanti a	=	in front of	*prima di*	=	before			

Grammar

11 Adverbs (Gli avverbi)

1 Adverbs ending in *-mente* (Gli avverbi in *-mente*)

→ A1: U12 / p. 109

In Italian adverbs are formed from the feminine form of an adjective + -mente.
❗ Exception: leggero - leggermente.

| libero | libera | liberamente |
| forte | | fortemente |

If an adjective ends in -le or -re, it drops the final -e before adding -mente.

| possibile | possibilmente |
| regolare | regolarmente |

❗ Exception: buono has an irregular adverb, bene.

La carne è buona. / In questo ristorante si mangia bene.

2 Adverbs of quantity (Gli avverbi di quantità)

→ A2: U1 / p. 10

When used as adverbs, molto, poco, tanto, troppo, etc. are invariable.
Other adverbs of quantity: un po', abbastanza, etc.

Sono stanco, non ho dormito molto.
Questo articolo è molto interessante, leggilo!
Non esco stasera, sono un po' stanco.

12 Sentences (Le frasi)

1 Affirmative sentences (Le frasi affermative)

Affirmative sentences are formed as follows:
Subject (if expressed) – Verb – Complements

Luca arriva.
Luca arriva alle 4.
Arriva alle 4.

2 Negative sentences (Le frasi negative)

→ A1: U1 / p. 13; U9 / p. 85   → A2: U8 / p. 72

In negative sentences, the word non precedes the verb.

Non abito qui. / Non abbiamo soldi.

Non is also used with the adverbs mai, niente and nessuno to mean 'never', 'nothing' and 'no one' respectively. When this happens, the verb goes in between the two elements:
non … mai
non … niente
non … nessuno

Non guardo mai la televisione.
Non faccio niente.
Non ho visto nessuno.

Nessuno can be preceded by a preposition.

Non parla con nessuno.

In the perfect tense, mai can either precede or follow the past participle, whilst niente and nessuno must always follow the past participle.

Non ha mai piovuto. / Non ha piovuto mai.
Non ho visto niente.
Non ho visto nessuno.

With modal verbs mai can either precede or follow the infinitive, whilst niente and nessuno must always follow the infinitive.

Non vuole mai studiare. / Non vuole studiare mai.
Non vuole dire niente. / Non ha voluto vedere nessuno.

Grammar

When nessuno is the subject of the sentence and precedes the verb, the word non is not required.

Non mi aiuta nessuno. → *Nessuno mi aiuta.*
Non mi ha aiutato nessuno. → *Nessuno mi ha aiutato.*

3 Questions (Le frasi interrogative) → A1: U1

Italian has the following types of questions:

- Questions that can only be answered with either yes or no. The construction of these questions is identical to that of statements, but when these questions are asked verbally, the speaker's voice rises at the end.

Statement	Question
Luca è qui.	*Luca è qui?* [↗]

It is also possible to put the verb before the subject.

Luca è qui.	*È qui Luca?* [↗]

- Questions that require the answer to contain specific information. These begin with a question word and are formed as follows: Question word + Verb + Subject (if expressed).

Dove abita?
Dove abita Luca?

Question words

che cosa	= what?	quando	= when?
chi	= who?	perché	= why?
come	= how?	quanto	= how much / many?
dove	= where?	quale	= which?
di dove	= from where?		

Quanto/a/i/e → A1: U10 / p. 91

Quanto means 'how much?' or 'how many?'
When quanto is used with a noun, it always agrees with the noun it is referring to.

Quanto prosciutto				*del formaggio.*	■ *Quanto?*
Quanta carne			• *Vorrei*	*della carne.*	■ *Quanta?*
Quanti biscotti	*compro?*			*dei pomodori.*	■ *Quanti?*
Quante zucchine				*delle mele.*	■ *Quante?*

When quanto is not referring to a noun, it is invariable.

Quanto costa un biglietto per Bologna?

Grammar

Quale
→ A2: U12 / p. 107

Quale can be used on its own (as a pronoun) or in front of a noun (as an adjective). The plural of quale is quali.

Quale vuoi?
Quali pantaloni metti?

In spoken language people often use che in place of quale when the next word is a noun. Che is invariable.

Che pantaloni hai messo?

When quale is acting as a pronoun and precedes the verb essere, it loses its -e and becomes qual (without an apostrophe).

Qual è la tua giacca?

Quale and che can also be used with prepositions.

Da quale/che parte vai?

4 Dependent clauses (Le frasi secondarie)

1. Dependent clauses with *mentre* and *quando*
→ A2: U2 / p. 21

Mentre + the imperfect tense introduces an action that is happening in the background and at the same time as another action expressed with the imperfect tense. It can also introduce an action that is happening in the background to a central action expressed with the perfect tense.

Mentre cucinava, ascoltava la radio.
Mentre cucinava, ha suonato il telefono.

Quando + the imperfect tense means 'used to'.

Quando ero piccolo, non guardavo mai la televisione.
Da bambino, quando andavo in montagna, c'era sempre tanta neve.

Quando + the perfect tense simply means 'when'.

Quando si è laureato, ha fatto una grande festa.

2. Dependent clauses with *prima di* + infinitive
→ A2: U9 / p. 84

We use prima di + infinitive only when the subject of the main clause is also the subject of the dependent clause.

(io) Prima di prenotare, (io) mi sono informato bene.
(= Prima mi sono informato bene, poi ho prenotato.)

Grammar

13 Numbers (I numeri)

1. Cardinal numbers (I numeri cardinali)
→ A1: U2 / p. 19; U4 / p. 37; U7 / p. 65

0	zero	10	dieci	20	venti	30	trenta	101 centouno
1	uno	11	undici	21	ventuno	31	trentuno	102 centodue
2	due	12	dodici	22	ventidue		...	...
3	tre	13	tredici	23	ventitré	40	quaranta	108 centootto
4	quattro	14	quattordici	24	ventiquattro	50	cinquanta	110 centodieci
5	cinque	15	quindici	25	venticinque	60	sessanta	1000 mille
6	sei	16	sedici	26	ventisei	70	settanta	1001 milleuno
7	sette	17	diciassette	27	ventisette	80	ottanta	2000 duemila
8	otto	18	diciotto	28	ventotto	90	novanta	3000 tremila
9	nove	19	diciannove	29	ventinove	100	cento	un milione, due milioni

After 20, numbers drop the vowel before uno and otto: ventuno, ventotto, trentuno, trentotto, etc.
After 20, an accent is always required on tre: ventitré, trentatré, etc.

Numbers are masculine in Italian.

In Italian, 'in + year' (e.g. 'in 1998') is formed as follows: in + definite article (nel 1998).

2. Ordinal numbers (I numeri ordinali)
→ A2: U4 / p. 34

1°	primo	6°	sesto
2°	secondo	7°	settimo
3°	terzo	8°	ottavo
4°	quarto	9°	nono
5°	quinto	10°	decimo

From 11 onwards all the ordinal numbers end in -esimo: cardinal number (minus the final vowel) + -esimo = *undic-i̶esimo*.

- 11° undicesimo
- 12° dodicesimo
- 13° tredicesimo
- 14° quattordicesimo
- ...

Starting from the ordinal of 20 (ventesimo), the final vowel is retained by numbers ending in tre and sei. For example, ventitreesimo, quarantaseiesimo.

Ordinal numbers agree in number and gender with the noun they refer to, like adjectives.

Abitiamo al secondo piano.
Mariella è arrivata terza.

edizioni Edilingua — duecentoquarantacinque | 245

Grammar

14 The time (L'ora)

→ A1: U7 / p. 62, 63; U10 / p. 92

In Italian, we can ask the time using either a singular or a plural verb in the question.

We say what the time is with the expressions shown here on the right.

In Italian, we can ask and say what time something happens as follows:

- *A che ora parte il treno per Roma?*
- *Alle 7 e mezza.*

- *Quando sono aperti i negozi?*
- *Dalle 9 alle 12.30 e dalle 16 alle 19.30. / Fino alle 8 di sera*.*

* To avoid misunderstandings, del mattino / di mattina or del pomeriggio / di pomeriggio or di sera can be added to the time stated.

! The definite article is not used with mezzogiorno and mezzanotte.

! Italian also uses the 24 hour clock.

Che ora è? / Che ore sono?

È l'una.
Sono le tre.
Sono le tre e dieci.
Sono le tre e un quarto.
Sono le tre e venti.
Sono le tre e mezza/mezzo.
Sono le quattro meno venti.
Sono le quattro meno un quarto.
Sono le quattro meno dieci.

È mezzogiorno. / A mezzanotte.

Sono le tredici.
Alle tredici faccio la pausa.

15 The date (La data)

→ A2: U2 / p. 20

Dates are expressed as follows: masculine article (il /l') + cardinal number + name of the month + (if required) the year.
The 1st day of the month is the only date that uses an ordinal: il 1° settembre.

We ask the date with the expressions shown here on the right.

Oggi è il 2 luglio 2010.

Che giorno è?
Quanti ne abbiamo oggi?

246 | duecentoquarantasei   *Arrivederci!*

Grammar

16 The conjugation of irregular verbs

Essere

	Present tense	Perfect tense
io	sono	sono stato/a
tu	sei	sei stato/a
lui/lei/Lei	è	è stato/a
noi	siamo	siamo stati/e
voi	siete	siete stati/e
loro	sono	sono stati/e
imperfect	ero	
conditional	sarei	
future	sarò	

Avere

	Present tense	Perfect tense
io	ho	ho avuto
tu	hai	hai avuto
lui/lei/Lei	ha	ha avuto
noi	abbiamo	abbiamo avuto
voi	avete	avete avuto
loro	hanno	hanno avuto
imperfect	avevo	
conditional	avrei	
future	avrò	

Andare

io	vado
tu	vai
lui/lei/Lei	va
noi	andiamo
voi	andate
loro	vanno
participle	andato
imperfect	andavo
conditional	andrei
future	andrò

Apparire

io	appaio
tu	appari
lui/lei/Lei	appare
noi	appariamo
voi	apparite
loro	appaiono
participle	apparso
imperfect	apparivo
conditional	apparirei
future	apparirò

Bere

io	bevo
tu	bevi
lui/lei/Lei	beve
noi	beviamo
voi	bevete
loro	bevono
participle	bevuto
imperfect	bevevo
conditional	berrei
future	berrò

Compiere

io	compio
tu	compi
lui/lei/Lei	compie
noi	compiamo
voi	compite
loro	compiono
participle	compiuto
imperfect	compivo
conditional	compirei
future	compirò

Cuocere

io	cuocio
tu	cuoci
lui/lei/Lei	cuoce
noi	cuociamo
voi	cuocete
loro	cuociono
participle	cotto
imperfect	cuocevo
conditional	cuocerei
future	cuocerò

Dare

io	do
tu	dai
lui/lei/Lei	dà
noi	diamo
voi	date
loro	danno
participle	dato
imperfect	davo
conditional	darei
future	darò

Dire

io	dico
tu	dici
lui/lei/Lei	dice
noi	diciamo
voi	dite
loro	dicono
participle	detto
imperfect	dicevo
conditional	direi
future	dirò

Distrarre

io	distraggo
tu	distrai
lui/lei/Lei	distrae
noi	distraiamo
voi	distraete
loro	distraggono
participle	distratto
imperfect	distraevo
conditional	distrarrei
future	distrarrò

Dovere

io	devo
tu	devi
lui/lei/Lei	deve
noi	dobbiamo
voi	dovete
loro	devono
participle	dovuto
imperfect	dovevo
conditional	dovrei
future	dovrò

Esporre

io	espongo
tu	esponi
lui/lei/Lei	espone
noi	esponiamo
voi	esponete
loro	espongono
participle	esposto
imperfect	esponevo
conditional	esporrei
future	esporrò

Fare

io	faccio
tu	fai
lui/lei/Lei	fa
noi	facciamo
voi	fate
loro	fanno
participle	fatto
imperfect	facevo
conditional	farei
future	farò

Potere

io	posso
tu	puoi
lui/lei/Lei	può
noi	possiamo
voi	potete
loro	possono
participle	potuto
imperfect	potevo
conditional	potrei
future	potrò

Grammar

Raccogliere
io	raccolgo
tu	raccogli
lui/lei/Lei	raccoglie
noi	raccogliamo
voi	raccogliete
loro	raccolgono
participle	raccolto
imperfect	raccoglievo
conditional	raccoglierei
future	raccoglierò

Rimanere
io	rimango
tu	rimani
lui/lei/Lei	rimane
noi	rimaniamo
voi	rimanete
loro	rimangono
participle	rimasto
imperfect	rimanevo
conditional	rimarrei
future	rimarrò

Salire
io	salgo
tu	sali
lui/lei/Lei	sale
noi	saliamo
voi	salite
loro	salgono
participle	salito
imperfect	salivo
conditional	salirei
future	salirò

Sapere
io	so
tu	sai
lui/lei/Lei	sa
noi	sappiamo
voi	sapete
loro	sanno
participle	saputo
imperfect	sapevo
conditional	saprei
future	saprò

Scegliere
io	scelgo
tu	scegli
lui/lei/Lei	sceglie
noi	scegliamo
voi	scegliete
loro	scelgono
participle	scelto
imperfect	sceglievo
conditional	sceglierei
future	sceglierò

Sedere
io	siedo
tu	siedi
lui/lei/Lei	siede
noi	sediamo
voi	sedete
loro	siedono
participle	seduto
imperfect	sedevo
conditional	siederei
future	siederò

Sostenere
io	sostengo
tu	sostieni
lui/lei/Lei	sostiene
noi	sosteniamo
voi	sostenete
loro	sostengono
participle	sostenuto
imperfect	sostenevo
conditional	sosterrei
future	sosterrò

Spegnere
io	spengo
tu	spegni
lui/lei/Lei	spegne
noi	spegniamo
voi	spegnete
loro	spengono
participle	spento
imperfect	spegnevo
conditional	spegnerei
future	spegnerò

Stare
io	sto
tu	stai
lui/lei/Lei	sta
noi	stiamo
voi	state
loro	stanno
participle	stato
imperfect	stavo
conditional	starei
future	starò

Tradurre
io	traduco
tu	traduci
lui/lei/Lei	traduce
noi	traduciamo
voi	traducete
loro	traducono
participle	tradotto
imperfect	traducevo
conditional	tradurrei
future	tradurrò

Uscire
io	esco
tu	esci
lui/lei/Lei	esce
noi	usciamo
voi	uscite
loro	escono
participle	uscito
imperfect	uscivo
conditional	uscirei
future	uscirò

Venire
io	vengo
tu	vieni
lui/lei/Lei	viene
noi	veniamo
voi	venite
loro	vengono
participle	venuto
imperfect	venivo
conditional	verrei
future	verrò

Volere
io	voglio
tu	vuoi
lui/lei/Lei	vuole
noi	vogliamo
voi	volete
loro	vogliono
participle	voluto
imperfect	volevo
conditional	vorrei
future	vorrò

Grammar

17 Verbs followed by an object

accettare *qsa* da *qno*
accorgersi di *qsa/qno*
aggiornarsi su *qsa*
aggiungere *qsa* a *qsa*
andare da *qno*
apparire a *qno*
appartenere a *qno/qsa*
approfittare di *qsa/qno*
assimilarsi a *qno*
assistere a *qsa*
augurare *qsa* a *qno*
chiedere *qsa* a *qno*
chiedere di *qno*
collegare *qsa* a *qsa/qno*
cominciare da *qsa/qno*
comunicare *qsa* a *qno*
condividere *qsa* con *qno*
confermare *qsa* a *qno*
confrontare *qsa/qno* con *qsa/qno*
consigliare *qsa* a *qno*
contare su *qsa/qno*
contribuire a *qsa*
convenire su *qsa*
convincere *qno* di *qsa*
corrispondere a *qsa*
credere a *qsa/qno*
credere in *qsa/qno*
criticare *qno* per *qsa*
dare *qsa* a *qno*
dedicare *qsa* a *qno*
difendere *qno* da *qsa*
dimenticarsi di *qsa*
dipendere da *qsa/qno*
dire *qsa* a *qno*
discutere di *qsa*
discutere su *qsa/qno*

distrarre *qno* da *qsa*
distribuire *qsa* a *qno*
domandare *qsa* a *qno*
domandare di *qno*
dubitare di *qsa/qno*
esagerare su *qsa/qno*
escludere *qno* da *qsa*
fornire *qsa* a *qno*
giocare con *qsa/qno*
giudicare *qno* per *qsa*
godere di *qsa*
imparare *qsa* da *qno*
informare *qno* di *qsa*
informarsi su *qsa/qno*
informarsi di *qsa/qno*
innamorarsi di *qsa/qno*
insegnare *qsa* a *qno*
interessare a *qno*
inviare *qsa* a *qno*
invitare *qno* a *qsa*
iscrivere *qno* a *qsa*
lamentarsi di *qsa/qno* (con *qno*)
leggere *qsa* a *qno*
liberare *qno* da *qsa/qno*
mancare a *qno*
mandare *qsa* a *qno*
mostrare *qsa* a *qno*
nascondere *qsa* a *qno*
occuparsi di *qsa/qno*
offrire *qsa* a *qno*
pagare *qsa* a *qno*
parlare con *qno*
parlare di *qsa/qno* a *qno*
passare *qsa* a *qno*
permettere *qsa* a *qno*
portare *qsa* a *qno*

predire *qsa* a *qno*
preferire *qsa/qno* a *qsa/qno*
pregare *qno* di *qsa*
presentare *qno* a *qno*
prestare *qsa* a *qno*
procurare *qsa* a *qno*
proibire *qsa* a *qno*
proporre *qsa* a *qno*
raccontare *qsa* a *qno*
raccontare di *qsa/qno*
regalare *qsa* a *qno*
resistere a *qsa/qno*
restituire *qsa* a *qno*
ricevere *qsa* da *qno*
richiedere *qsa* a *qno*
ricordare *qsa* a *qno*
ricordarsi di *qsa/qno*
ridere di *qsa/qno*
riferirsi a *qsa/qno*
ringraziare *qno* per/di *qsa*
rinunciare a *qsa*
rispondere a *qno*
rivolgersi a *qno*
salire su *qsa*
scappare da *qno/qsa*
scrivere *qsa* a *qno*
servire a *qno/qsa*
sorridere a *qno*
spedire *qsa* a *qno*
sperare in *qsa/qno*
spiegare *qsa* a *qno*
sposarsi con *qno*
suggerire *qsa* a *qno*
telefonare a *qno*
versare *qsa* a *qno*
vietare *qsa* a *qno*

qsa = qualcosa
qno = qualcuno

Glossary

Terms are grouped according to units and sections (*Student's book*, *Workbook*, *Final Test* and *Grammar*), and arranged in alphabetical order. When the accent does not fall on the penultimate syllable, or in unclear cases, the accented vowel is underlined (for example: *di<u>a</u>logo, farma<u>ci</u>a*).

	Abbreviazioni	Abbreviations
avv.	avverbio	adverb
f.	femminile	feminine
m.	maschile	masculine
sg.	singolare	singular
pl.	plurale	plural
inf.	infinito	infinitive
p.p.	participio passato	past participle

Unità 1
Hai voglia di uscire?
Student's book

accade adesso: (it) is happening now
accade di solito: (it) usually happens
accompagna (*inf.* accompagnare): (he/she/it) accompanies
accordo: agree
alcuni: a few
alla scoperta: investigate
allora: so/then
anche a me: so do I
andare in bicicletta: to go cycling
appuntamenti: appointments/events/occasions
arte contemporanea: contemporary art
arte metafisica: metaphysical painting (Italian art movement)
assolutamente no: no way
attività fisica: physical activity
automobilismo: motor racing
ballare: to dance
balletto: ballet
batte (*inf.* battere): (he/she/it) beats
calcio: football
campionati: championships
candidati: candidates
cartolina: postcard
casa nostra: our country
comodamente (*avv.*): comfortably / in comfort
completi: full
concerto: concert
correre (*p.p.* corso): to run
corso di nuoto: swimming class
d'accordo: okay
dimagrire: to lose weight
dipende (*inf.* dipendere; *p.p.* dipeso): (he/she/it) depends
disaccordo: disagreement
divano: sofa
divertirsi: to have fun
è già accaduto: (it) has already happened
è proprio così: spot on
ecco: here you are
elenco: list
esprime (*inf.* esprimere; *p.p.* espresso): (he/she/it) expresses
esprimere (*p.p.* espresso): to express
esprimere accordo: to express agreement
esprimere disaccordo: to express disagreement
esprimere indecisione: to express indecision
eventi sportivi: sporting events
fa bene alla salute: (he/she/it) is good for your health
famose piazze: famous town squares
fare aerobica: to do aerobics
fare atletica: to do athletics
fare ginnastica: to do gymnastics
fare un giro in bici: to go on a bike ride
finali di ciclismo su pista-velodromo, *le*: indoor track cycling finals
forse: perhaps
gerundio: gerund
giocare a carte: to play cards
giocare a scacchi: to play chess
giocatori, *i* (*sg.* il giocatore): players
giornale, *il*: newspaper
giusto: you're right
ha portato (*inf.* portare): (he/she/it) has brought
hai ragione: you're right
hai voglia di ...?: do you want to ...?
Il lago dei cigni: Swan Lake
il tempo si è fermato: time has stopped
immobile: still
impegno: commitment
in fondo: at the back
incontrare: to meet
indecisione, *l'* (*f.*): indecision
indeciso: undecided
infatti: in fact
interessi, *gli* (*sg.* l'interesse): interests
invece: instead
inverno: winter
La Gazzetta dello Sport: La Gazzetta dello Sport (Italian sports newspaper)
letteratura: reading
locali, *i* (*sg.* il locale): places/bars/clubs
maggiori (*sg.* maggiore): most important
mela: apple
mi annoio sempre: I always find it boring
mi sono iscritta (*inf.* iscriversi): I joined
minuto per minuto: minute by minute
montagna: mountain
mostre: exhibitions
Natale, *il*: Christmas
neanche a me: neither do I
no, scusa, ma ...: I'm sorry, but I think ...
noioso: boring
non mi piace per niente: I don't like it one bit
non prendono freddo: (they) don't catch cold
nuotare: to swim / to go swimming
nuoto: swimming
occasione, *l'* (*f.*): chance
Olimpiadi, *le*: the Olympics
opera lirica: grand opera
opinione, *l'* (*f.*) : opinion
opinione diversa: different opinion
originale: original
ottima idea: great idea
palestra: gym
pallavolo, *la*: volleyball
pallone d'oro, *il*: FIFA Golden Ball award
Parigi: Paris
partita: match
partite di calcio: football matches
passa (*inf.* passare): (he/she/it) goes in past/passes

250 | duecentocinquanta

Arrivederci!

Glossary

per me no: I'd have to disagree
perfettamente (*avv.*): perfectly
pienamente (*avv.*): totally
piscina: swimming pool
più seguita: most popular
pomeriggi domenicali, *i* (*sg.* il pomeriggio domenicale): Sunday afternoons
pratica (*inf.* praticare): (he/she/it) plays/does/practices
prestano grande attenzione: (they) pay a lot of attention to
pronto: hello (telephone greeting)
pubblicata: published
quadro: painting
quotidiani: newspapers
rappresentano (*inf.* rappresentare): (they) represent
rappresentato: represented
regolarmente (*avv.*): regularly
rientra (*inf.* rientrare): (he/she/it) goes back
risparmiano (*inf.* risparmiare): (they) save
Romeo e Giulietta: Romeo and Juliet
saltuariamente (*avv.*): occasionally
scheda di Autovalutazione: self-assessment sheet
scherma: fencing
sci, *lo*: skiing
sciare: to ski / to go skiing
secondo me: in my opinion
sedentari (*sg.* sedentario): couch potatoes
seduti: seated
seguire in TV: to watch on TV
senso di malinconia: air of gloom
si muove (*inf.* muoversi; *p.p.* mosso): (he/she/it) moves
significativi: important
sintesi, *la*: highlights
spendono (*inf.* spendere; *p.p.* speso): (they) spend
spettacoli: shows
sportivi: sports fans
squadra: team
squadra delle Azzurre: Italian women's national team
stanco: tired
stupendo: magnificent
tabella: table
teatro: theatre/theater
tra poco: shortly

trasmissione radiofonica: radio programme
trasmissione televisiva: television programme
tuttavia: yet
un bel po': a good deal
un po' di più: a little more
uscire: to go out
vincere (*p.p.* vinto): to win
visitare i musei: to visit museums
voglia: willingness
volentieri (*avv.*): gladly

Workbook

arte moderna e contemporanea: modern and contemporary art
aspettare: to wait
Azzurri: Italian national team
bevande alcoliche: alcohol/alcoholic drinks
cartolina: postcard
colloquio: interview
concerto rock: rock concert
dai: come on
dentista, *il/la*: dentist
dopati: on drugs
far da mangiare: to make something to eat
fare la cyclette: to go on bike / to use an exercise bike
grattacielo: skyscraper
negozio: shop
palestra: gym
pallavolo, *la*: volleyball
pancia: stomach
per un posto di lavoro: for a job
prendere il sole: to sunbathe
preparare: to prepare
raccontare: to tell (someone something)
riposarsi: to rest
ristorante di lusso, *il*: posh restaurant
scherma: fencing
serata romantica: romantic evening
spettacolo: show
stanchi (*sg.* stanco): tired
stasera (*avv.*): this evening
vado a fare la spesa: I'm going (food) shopping
velodromo: velodrome

Unità 2
Buone vacanze!
Student's book

a carico: at the expense of
abbandonata: ruled out / abandoned
abitudini, *le* (*sg.* l'abitudine): habits
affiancano (*inf.* affiancare): (they) add/join
agrituristiche: farm holidays
all'aperto: open-air
all'interno: inside
allegramente (*avv.*): happily
allevamenti di bufale: cow buffalo farming
Amalfi: Amalfi
ambiente, *l'* (*m.*): environment
animatori, *gli* (*sg.* l'animatore): entertainers
area marina protetta: marine protected area
attività culturali, *le* (*sg.* l'attività culturale): cultural activities
aziende: businesses
bagnino: lifeguard
campi: camps
campi estivi: summer camps
cantava (*inf.* cantare): (he/she/it) sang
cantine: wine cellars
centro storico: old town centre
che belle serate: what fun evenings
chiaramente (*avv.*): obviously/clearly
Circumvesuviana: Circumvesuviana (railway that runs around Mount Vesuvius)
colazione, *la*: breakfast
come si fa: how (something) is made
Corpo Forestale dello Stato: Corpo Forestale dello Stato (Italian equivalent of Forestry Commission with law enforcement powers)
costiera amalfitana: Amalfi Coast
crescita: growth
crisi di fame, *la*: pangs of hunger
crisi economica: economic crisis
culturali (*sg.* culturale): cultured
da ...: for (+ amount of time); since (+ specific date)
di solito: usually
disabili, *i* (*sg.* il disabile): disabled
diversa: different

Glossary

divertimento: fun
docce: showers
doccia: shower
durante: during
è ritornato di moda: (he/she/it) has come back into fashion
Eolie, *le*: Aeolian Islands
Ercolano: Ercolano
escursioni, *le* (*sg.* l'escursione): trips
esperienza: experience
... fa: ... ago
ferie: holiday
festa a sorpresa: surprise party
forum, *il*: forum
gelato: ice cream
guida: driving
ha acceso la luce: (he/she/it) switched on the light
ha bruciato (*inf.* bruciare): (he/she/it) burnt
hanno bussato (*inf.* bussare): (someone/they) knocked (at the door)
ho assaggiato (*inf.* assaggiare): I tried
in modo diverso: differently
intenso: intense
iniziavano (*inf.* iniziare): (they) began
intere famiglie: entire families
internazionali (*sg.* internazionale): international
ISTAT: ISTAT (Italian National Institute for Statistics)
Kenya, *il*: Kenya
l'altro giorno: the other day
Legambiente: Legambiente (Italian environmental association)
LIPU: LIPU (Italian Society for the Protection of Birds)
località balneari, *le* (*sg.* la località balneare): seaside towns
luoghi di vacanza: holiday destinations
luoghi esotici: exotic locations
Maldive, *le*: Maldives
Mani Tese: Mani Tese (Italian NGO)
Mar Rosso, *il*: Red Sea
mattina: morning
mentre: while
mesi, *i* (*sg.* il mese): months
mi sono divertito un mondo: I had a great time
millennio: millennium
momento: occasion

mozzarelle: mozzarella cheeses
napoletana: Neapolitan
natura: nature
non avevo voglia di nient'altro: I didn't feel like anything else
nonni inclusi: grandparents included
occupato: busy
offerte: offers
ombrellone, *l'* (*m.*): beach umbrella
oppure: or
organizzazioni: organisations/organizations
pace, *la*: peace
parco nazionale delle foreste casentinesi: parco nazionale delle foreste casentinesi (Italian national park straddling Emilia-Romagna and Tuscany)
passerella: walkway
pasta: pasta
penisola: peninsula
pensione, *la*: retirement
periodo di ferie: holidays
però: but
piccoli borghi: small towns
poi: then
pomeriggio: afternoon
Pompei: Pompeii
Positano: Positano
posti diversi: different places
posto unico: unique place
pranzo: lunch
presto (*avv.*): early
prodotti tipici: traditional cuisine
proteggere (*p.p.* protetto): to protect
protezione, *la*: protection
provare: to try on
quando: when
quasi sempre: almost always
Ravello: Ravello
rumori, *i* (*sg.* il rumore): noises
sai com'è: you know what it's like
scoprire (*p.p.* scoperto): to discover
sera: evening
Seychelles, *le*: Seychelles
si è sporcato la cravatta: (he) spilt something on his tie
si tratta (*inf.* trattarsi): it has to do with
solidale: caring
sono diventate: (they) have become
soprattutto (*avv.*): mostly

Sorrento: Sorrento
spesso (*avv.*): often
spiaggia: beach
splendida: wonderful
squisite: delicious
Stati Uniti, *gli*: USA
stranieri: foreigners
straordinarie: incredible/extraordinary
studio di una lingua: language study
stupenda: magnificent
stupendo: magnificent
svolgono un'attività di volontariato: (they) volunteer
tardi (*avv.*): later
territorio: territory
ti alzavi (*inf.* alzarsi) ...?: did you use to get up ...?
tradizionale: traditional
trascorrere (*p.p.* trascorso): to spend
trascorrevano (*inf.* trascorrere; *p.p.* trascorso): (they) spent
tutta sole e mare: full of sun, sea and sand
uso: use
vacanza: holiday/vacation
vacanza-volontariato: volunteer holiday
vero e proprio: proper
viaggio organizzato: organised/organized tour
villaggio: holiday village
volontario: volunteer
week-end "pendolare": weekend away
WWF: WWF

Workbook

affascinante: fascinating
agriturismo: holiday farmhouse
animatori, *gli* (*sg.* l'animatore): entertainers
campeggio: campsite
caotica: chaotic
Circumvesuviana: Circumvesuviana (railway that runs around Mount Vesuvius)
città d'arte: city of art
confortevole: comfortable
escursione, *l'* (*f.*): trip/excursion
Festa del Lavoro: Labour Day
Festa della donna: International Women's Day
Festa della Liberazione: Liberation Day (Italy)

Glossary

Festa della Repubblica: Republic Day (Italy)
giro: tour
incidente, *l'* (*m.*): accident
infatti: indeed
inseparabili (*sg.* inseparabile): inseparable
intere: full
l'ultimo dell'anno: New Year's Eve
lago: lake
mancare: to be missing
manifestazioni politiche, *le* (*sg.* la manifestazione politica): political demonstrations
minigonna: miniskirt
Natale, *il*: Christmas
passeggiare: to go for a walk / to stroll
servizio: service
soste: breaks
spiaggia: beach
splendidamente (*avv.*): incredibly well
stupenda: magnificent
stupendamente (*avv.*): incredibly
vacanza culturale: cultural holiday/vacation
villaggio: holiday village
vista sul mare: sea view

Unità 3
Ti sta benissimo!
Student's book

a quadretti: checked
a righe: striped
accesso: access
allora: so/then
alta formazione: higher education
altezza: height
angolo: corner
approfittare: to take advantage of
area: area
arrivederci: goodbye
arrivederLa: goodbye (formal)
avvocato: lawyer
bagni: bathrooms
balconi, *i* (*sg.* il balcone): balconies
bello: beautiful/nice/lovely/good/good-looking
benissimo (*avv.*): great
bianca: white
Bocconi, *la*: Bocconi (a business/economics university in Milan)
borsa di pelle: leather bag

Borsa internazionale del turismo: Borsa internazionale del turismo (Bit, an international tourism fair)
bravissimi: really well, i.e. 'we did really well'
c'era: there was
c'erano: there were
camere da letto: bedrooms
camicetta: blouse
capitale, *la*: capital
casual: casual
Cattolica: Cattolica (a Catholic university in Milan)
cellulare scarico: (my) mobile phone battery is dead
Cenacolo: The Last Supper
centro fieristico: expo centre
certamente (*avv.*): of course
che bel completo: what a nice suit!
che bell'abito: what a nice suit!
chiaro: light
ci ha fatto i complimenti: (he/she/it) congratulated us
code: queues
collaborazione, *la*: partnership
colloquio: conversation
colorate: coloured
colore, *il*: colour/color
come mai?: what's up?
come siamo eleganti stasera!: we're looking very smart tonight!
come ti sta?: How does it look?
competenze: skills
completo di lino: linen suit
complimenti: compliments
complimenti!: my compliments
comprare: to buy
confusione, *la*: chaos
conosciuta: well-known
conosciutissima: very well-known
conservare: to preserve
contento: happy
copre (*inf.* coprire; *p.p.* coperto): (he/she/it) covers
corridoi, *i* (*sg.* il corridoio): aisles
corto: short
costruzione, *la*: construction
cotone, *il*: cotton
cucina abitabile: kitchen-diner
dappertutto (*avv.*): everywhere

dare un'occhiata: to have a look
decisa: determined
desidera (*inf.* desiderare): (he/she/it) wants
dici?: Do you really think so?
didattico: education
disponibilità: available, willingness/helpfulness
dolcevita, *il*: polo neck / turtleneck sweater
dottor: Mr. ('doctor' only if a medical doctor or in possession of a PhD)
dritto (*avv.*): straight on
duomo: cathedral
eccolo: here you are
edificio: building
elegante: elegant
elenco: list
espositori, *gli* (*sg.* l'espositore): exhibitors
festa: party
fiera: (trade) fair/show
forse: perhaps
frutto: result
gente, *la*: people
giacca: jacket
gonna: skirt
grattacielo: skyscraper
grazie mille: thanks a million!
ha provato (*inf.* provare): (he/she/it) has tried on
hai fatto un ottimo lavoro!: you did a great job!
hostess, *la*: hostess
in alto: at the top
in cantiere: in the pipeline
in fondo: at the back
in vetrina: in the shop window
informatico: computer technician
interrompere (*p.p.* interrotto): to interrupt
La dolce vita: *La dolce vita* (Italian film directed by Federico Fellini)
la rendeva (*inf.* rendere; *p.p.* reso): (he/she/it) made her
lana: wool
larga: long
lenti grandi: large lenses
lino: linen
lontano: far away
lungo: long
maglietta: t-shirt
maglione, *il*: jumper/sweater

edizioni Edilingua | duecentocinquantatré | **253**

Glossary

manageriali (*sg.* manageriale): management
marrone: brown
mi dispiace: I'm sorry
mi ha dedicato: (he/she/it) spent (a lot of time) with me
Milano: Milan
modello: model
moglie, *la*: wife
navetta per la stazione: shuttle bus to the station
nei dettagli: all the details
nel complesso: overall
non mi convince: I'm not convinced (by it)
non sei in forma: you're not in great shape
numerati: numbered
nylon, *il*: nylon
occhiali da sole: sunglasses
offrire (*p.p.* offerto): to offer
orari, *gli* (*sg.* l'orario): timetables
organizzatore, *l'* (*m.*): organiser/organizer
originale: original
ospita (*inf.* ospitare): (he/she/it) contains/hosts
ottimo lavoro: great job
padiglione, *il*: pavilion
partenza: start
pelle, *la*: leather
per favore: please
perfetto: great
però: but
pesante: heavy/thick
piani: floors
piantina: mini map
Politecnico: Politecnico (a polytechnic or more vocational university in Milan)
prego: you're welcome
prevista: planned
pronti: ready
quadrilatero: district
quello: that (one)
questo: this (one)
questo completo non ti sta bene: this suit doesn't look good on you
ricerca: research
ricercata: well-mannered/well-groomed
ricercatissima: very well-mannered/well-groomed
sala: room
scarpe: shoes

scelto: chosen
sei bellissima!: you're so beautiful!
sei stata bravissima!: you were great!
sei stupenda: you look wonderful
servizio ristoro: food hall / food court / food stands
seta: silk
sguardi: eyes, i.e. 'our eyes met'
si sono incrociati (*inf.* incrociarsi): (they) met
signorine: girls
sinistra: left
smog, *lo*: smog
soggiorno: sitting room
solo adesso: just now
soluzioni, *le* (*sg.* la soluzione): solutions
sorrideva (*inf.* sorridere; *p.p.* sorriso): (he/she/it) smiled
sorriso: smile
sportivo: sporty
stai benissimo!: you look great!
stasera (*avv.*): this evening
stazione ferroviaria, *la*: train station
stivali, *gli* (*sg.* lo stivale): boots
stracontento: really happy
strapieno: packed
stretto: tight
subito (*avv.*): immediately
superficie, *la*: surface (area)
tacco altissimo: extremely high-heeled
taglia: size
telefonate: telephone calls
ti sta benissimo: it really suits you
ti sta proprio bene: it really suits you!
ti trovo bene: I think it looks good
traffico: traffic
troppa: too many
tutto colorato: multi-coloured
ultimo: last
ultragentile: extremely nice
un paio di pantaloni: a pair of trousers
un paio di scarpe: a pair of shoes
valigia: suitcase
vecchio: old
vestito: dress
via: street
via mail: by email
vicino: nearby
visitatore, *il*: visitor
vita frenetica: hustle and bustle

Workbook

abitanti, *gli/le* (*sg.* l'abitante): inhabitants
ambasciatrice, *l'* (*f.*) : ambassador
annualmente (*avv.*): annually/yearly
area: area
aree espositive: display areas
collant, *i*: tights
competizione, *la*: competition
conoscente, *il/la*: acquaintance
corridoi, *i* (*sg.* il corridoio): aisles
Corriere della Sera: Corriere della Sera (Italian national newspaper)
costo: cost
cotone, *il*: cotton
crescita: growth
dritto (*avv.*): straight on
elegante: elegant
espositori, *gli* (*sg.* l'espositore): exhibitors
fiera: (trade) fair/show
impermeabili, *gli* (*sg.* l'impermeabile): raincoats
là in fondo: at the back there
lana: wool
lino: linen
maglietta: t-shirt
maglione, *il*: jumper, sweater
metropoli-nodo: metropolis-hub
mostra: exhibition
occhiata: look
orario di chiusura: closing times
originale: original
padiglione, *il*: pavilion
pesante: heavy/thick
piantina della città: city map
principale: main
ricchezza: wealth
sale, *il*: salt
sciarpa: scarf
sede, *la*: centre
sedia: chair
seta: silk
straorganizzata: very well organised/organized
superelegante: very smart
tavolino: table
ultramoderno: ultra-modern
visita guidata: guided tour
volontariato: volunteering

Glossary

Unità 4
Mi sento bene
Student's book

acidi della frutta: fruit acids
acqua salata: salt water
alcuni: a few
alghe: algae
alimentazione sana: healthy eating
allungate (*inf.* allungare): stretch (imperative)
alto: tall
alzate (*inf.* alzare): raise (imperative)
anziano: old
ascensore, *l'* (*m.*): lift/elevator
aspettative: expectations
aspetto: appearance
aspirina: aspirin
aumentare: to boost/increase
Azienda Sanitaria Locale: Azienda Sanitaria Locale (Italian local health authority)
basso: short
bocca: mouth
braccia, *le*: arms
braccio: arm
buon divertimento: have fun!
camminare: to walk / to go walking
capace: capable
capelli: hair
capelli chiari: light hair
capelli corti: short hair
capelli lunghi: long hair
capelli scuri: dark hair
cellule morte: dead (skin) cells
centri estetici: beauty farm / health spa
chili: kilos
chirurgo estetico: plastic surgeon
chirurgo plastico: plastic surgeon
ciliegie: cherries
circolazione, *la*: circulation
circostanze: circumstances
collina: hill
collo: neck
completamente (*avv.*): completely
compresse: pills/tablets
conoscenze: knowledge
consigli, *i* (*sg.* il consiglio): advice
contribuire: to contribute
contro le rughe: to combat wrinkles
corpo: body

costruite (*inf.* costruire): construct (imperative)
dall'altra parte: on the other side
decimo: tenth
dedicare: to dedicate
dentista, *il/la*: dentist
di torno: round about / around (you)
dito: finger
dodicesimo: twelfth
doposole, *il* : after sun (cream)
dormire: to sleep
dove Le fa male?: where does it hurt?
efficaci (*sg.* efficace): effective
elementi marini: marine elements
eliminare: to eliminate
esercizio: exercise
esperto: expert
essere a dieta: to be on a diet
estetista, *l'* (*m./f.*): beautician
fanghi: mud baths
far accettare il proprio corpo: to accept the way you look
fare i massaggi: to have a massage
farmacia: pharmacy
febbre, *la* : fever
fiducia in se stessi: self-confidence
frequentano (*inf.* frequentare): (they) frequent
funzione, *la*: function
Gallerie dell'Accademia: Gallerie dell'Accademia (an art gallery in Venice)
gamba: leg
giardino: garden
ginocchio: knee
giovane: young
gocce, *le* (*sg.* la goccia): drops
gradi: degrees
granuli omeopatici: homeopathic granules
grasso: fat
Guardia Medica: out-of-hours doctor service
guidare: to drive
immersioni, *le* (*sg.* l'immersione): immersion
impegni: commitments
in avanti: forward
in piedi: standing up
informarsi: to get information / to find out more about something

iniezioni, *le* (*sg.* l'iniezione): injections
interventi di chirurgia plastica: plastic surgery
invece: instead
invernali (*sg.* invernale): winter
irreali (*sg.* irreale): unrealistic
Leonardo: Leonardo da Vinci
lettino: bed
liberarlo (*inf.* liberare): to free it
liscia: smooth
lontano: far
luminosa: shiny
magro: thin
mal d'orecchi, *il*: earache
mal di denti, *il*: toothache
mal di gola, *il*: sore throat
mal di pancia, *il*: sore stomach
mal di schiena, *il*: sore back / backache
mal di testa, *il*: sore head / headache
mantenermi in forma: to keep (myself) fit
maschera viso: face mask
medico: doctor
medico di famiglia: GP/family doctor
meditazione, *la*: meditation
mela: apple
massaggi anticellulite, *i* (*sg.* il massaggio anticellulite): anti-cellulite massages
migliorare: to improve
morbida: soft
muscoli: muscles
naso: nose
nono: ninth
novanta: ninety
nuove professioni: new professions
occhi azzurri: blue eyes
occhi marroni: brown eyes
occhio: eye
offerti: on offer
ombrello: umbrella
orecchio: ear
ormai (*avv.*): now
ottavo: eight
ovvero: or
pancia: stomach
papà: dad
particolare: special
patente, *la*: driving licence
pazienti, *i/le* (*sg.* il/la paziente): patients
pelle, *la*: skin
percorso: path

edizioni Edilingua

Glossary

permesso: permission
permettono (*inf.* permettere; *p.p.* permesso): (they) make it possible
petto: chest
piede, *il*: foot
piegare: to bend/fold
piegate (*inf.* piegare): bend (imperative)
potere: to can (auxiliary verb)
prenotare: to book / to make a reservation
primo: first
professioni, *le* (*sg.* la professione): professions
Pronto Soccorso: Accident & Emergency
provare: to try on
punta dei piedi: (the) tips of your toes
purificare: to purify
quarantaseiesimo: forty-sixth
quarto: fourth
qui (*avv.*): here
quinto: fifth
raffreddore, *il*: cold
realtà: reality
ridere (*p.p.* riso): to laugh
rilassarsi: to relax
ringiovanire: to rejuvenate
ripetete (*inf.* ripetere): repeat (imperative)
ritornare: to go back to
rughe: wrinkles
salire: to go up
salute, *la*: health
sana: healthy
sapere: to know
scegliere (*p.p.* scelto): to choose
schiena: back
sciroppo: syrup
scottatura: sunburn
secondo: second
seguire: to follow
seno: breast
sentirsi bene: to feel well/fit and healthy / in good shape
sesto: sixth
settimo: seventh
si rivolgono (*inf.* rivolgersi; *p.p.* rivolto): (they) turn to
sintomi: symptoms
smog, *lo*: smog
soggiorni benessere: health/wellness holidays
sostanze: substances

spalla: shoulder
spesso (*avv.*): often
spirito: spirit
staccare: to switch off
stressata: tired/stressed
talassoterapia: thalassotherapy
tè, *il*: tea
terme: spa
terzo: third
tesa: extended
testa: head
toccate (*inf.* toccare): touch (imperative)
toglie (*inf.* togliere; *p.p.* tolto): (he/she/it) removes / gets rid of
tonificare: to define
tosse, *la*: cough
trattamenti: treatments
trattamenti estetici: beauty treatments
trentatreesimo: thirty-third
trucco permanente: permanent make-up
una mela al giorno toglie il medico di torno: an apple a day helps keep the doctor away!
undicesimo: eleventh
unite: together
Uomo vitruviano: the Vitruvian Man
valutare: to weigh up / to evaluate
vento: wind
verso: towards
vibrante: vibrating
viso: face
vitalità: vitality
vitamine: vitamins
volte: times

Workbook

abbandonare: to drop (litter)
Arabia Saudita: Saudi Arabia
Argentina: Argentina
attento: alert/attentive
Australia: Australia
Brasile, *il*: Brazil
Canada, *il*: Canada
chattare: to chat (online)
chirurgia plastica: plastic surgery
Cina: China
circolare: to run/move around
Colombia: Colombia
Corea del Sud: South Korea
crema doposole: after sun cream

distratto: distracted
elenco: list
fanghi: mud baths
Francia: France
fungo: mushroom
Germania: Germany
Giappone, *il*: Japan
granuli: granules
Grecia: Greece
immobile: still
India: India
interventi: operations
Italia: Italy
mal di denti, *il*: toothache
mal di schiena, *il*: sore back / backache
mal di testa, *il*: sore head / headache
meditazione, *la*: meditation
Messico: Mexico
mi fai male: it hurts
Olanda: Holland
omeopatico: homeopathic
patatine fritte: chips/fries
pianoforte, *il*: piano
Portogallo: Portugal
raccogliere (*p.p.* raccolto): to collect
regista, *il/la*: director (cinema)
Regno Unito: the United Kingdom
rifiuti: waste/refuse/litter
riparare: to repair
riposo: rest
Russia: Russia
sciroppo: syrup
scottatura: sunburn
sorpresa: surprise
Spagna: Spain
stagista, *lo/la*: intern
Stati Uniti, *gli*: USA
suonare: to play
tacco: heel
Taiwan: Taiwan
tapparsi: to cover one's ...
Thailandia: Thailand
tosse, *la*: cough
turarsi: to hold one's ...
Turchia: Turkey
uova sode, *le* (*sg.* l'uovo sodo): boiled eggs
Venezuela: Venezuela

Facciamo il punto? 1

arrivo: finish

Glossary

borsa: bag
chiavi, *le*: keys
cintura nera di karate: black belt in karate
comodo: useful
dentro: inside
espressione estranea: odd one out
fermata dell'autobus: bus stop
Festa del Lavoro: Labour Day
fortunatamente (*avv.*): fortunately
gustare: to enjoy
leggera: light
mi sono girata (*inf.* girarsi): I turned round
occhiali da sole: sunglasses
pace, *la*: peace
partenza: start
portafoglio: wallet
posto: place
profumo: perfume
riparare: to repair
rumore, *il*: noise
sicuro: safe
simile: similar
spiaggia: beach
stelle: stars
un mondo intero: a whole world
vicino: nearby

Unità 5
Auguri!
Student's book

accanto: as well as
accettate (*inf.* accettare): you (plural) accept
alcuni: a few
all'aria aperta: outside
allontanare: to dispel
amuleti: amulets
anniversario di matrimonio: wedding anniversary
annunciate (*inf.* annunciare): you (plural) say
appoggiata: resting (against something)
assistiamo (*inf.* assistere; *p.p.* assistito): we witness/watch
attraversa (*inf.* attraversare): (he/she/it) crosses
auguri: wishes
Auguri!: Best wishes!
Bari: Bari
biglietto (d'auguri): (greeting) card

Bologna: Bologna
bomboniera: bomboniera (small box used to hold sugared almonds which are given at weddings, First Communions, etc.)
brutta: ugly
Buon anniversario!: Happy anniversary!
Buon anno!: Happy New Year!
Buon compleanno!: Happy birthday!
Buon Natale!: Happy Christmas!
Buona Pasqua!: Happy Easter!
Calvario: Calvary
campagna: countryside
campo: pitch
candeline: candles
Capodanno: New Year
carino: nice
carne, *la*: meat
cartolina: postcard
cartomanti, *i/le* (*sg.* il/la cartomante): fortune-tellers (who use cards)
Catania: Catania
cena: dinner
che bello: how lovely!
chiaroveggenti, *i/le* (*sg.* il/la chiaroveggente): clairvoyants
chiromanti, *i/le* (*sg.* il/la chiromante): fortune-tellers (who read your palms)
cliente, *il/la*: customer
collega, *il/la* (*pl.* i colleghi / le colleghe): colleague
Colomba: Colomba (traditional Italian Easter cake baked in the shape of a dove)
compleanno: birthday
Con l'augurio di ...: Wishing you ...
concerti: concerts
conferma: confirmation
confetti: sugared almonds
Congratulazioni!: Congratulations!
conoscere (*p.p.* conosciuto): to know
corni: horn-shaped amulets
cosiddetta: so-called
cravatta: tie
croce, *la*: cross
da poco: a short time ago
desideri, *i* (*sg.* il desiderio): wishes
di nascosto: in private
di solito: usually
digiuna (*inf.* digiunare): (he/she/it) fasts
dispiacere, *il*: regret/sorrow
diversa: different

divertente: fun/enjoyable
dolci regionali: regional cakes and pastries
Domenica di Pasqua: Easter Sunday
dottore, *il*: graduate
durante: during
è ricoperta di: (he/she/it) is covered in
esplode (*inf.* esplodere; *p.p.* esploso): (he/she/it) explodes
Evviva gli sposi!: Long live the bride and groom!
fare le corna: to make the 'sign of the horns' (used out of superstition in Italy and roughly equivalent to 'touch wood' in English)
Felicitazioni vivissime!: Many happy returns!
Ferragosto: Ferragosto (Italian public holiday in August)
ferri di cavallo: horseshoes
Festa del lavoro: Labour Day
feste: parties
festeggiato: celebrated
festività religiose: religious holidays
fiere: shows
figura religiosa: religious figure
finalmente (*avv.*): finally
forte: strong
funzione, *la*: function
futuro: future
gente, *la*: people
gesti scaramantici: superstitious gestures
Gesù Cristo: Jesus Christ
giallo: yellow
gioia pasquale: Easter joy
giornale, *il*: newspaper
giorno di attesa: day of waiting
gita: trip
glassa: icing
granelli di zucchero: sugar granules
Grazie mille!: Thanks a million!
gusti: tastes
ha la forma di questo uccello: (he/she/it) is the same shape as this bird
hanno luogo: (they) take place
impegno: commitment
impersonale: impersonal
in suo onore: in (his/her) honour/honor
incrociare le dita: to cross one's fingers
indimenticabili (*sg.* indimenticabile): unforgettable
infatti: in fact

Glossary

intensamente (*avv.*): intensely / to the full
invitare: to invite
invito: invite
laurea: graduation
legame, *il* : bond
Lunedì dell'Angelo: Easter Monday
Ma non dovevate disturbarvi: You shouldn't have
Ma non era necessario: You didn't need to
maghi: wizards
malocchio: jinx
mamma mia!: Oh my gosh!
mandorle: almonds
manifestazioni, *le* (*sg.* la manifestazione): events
matrimonio: wedding
mi dispiace: I'm sorry
mica vorrai riposare?!?: you surely won't want to relax
Milano: Milan
minaccia: threat
morte, *la*: death
muro: wall
Napoli: Naples
nascita: birth
nascondono (*inf.* nascondere; *p.p.* nascosto): (they) conceal/contain
Natale, *il*: Christmas
natalizio: festive (related to the Christmas period)
nozze: wedding(s)
nulla: nothing
ogni: each/every
Oh, che gentili …: Oh, how kind …
oroscopo: horoscope
Palermo: Palermo
palestra: the gym
Panettone, *il*: Panettone (a typical Italian Christmas cake made from flour, butter, eggs and sugar, with candied citron and sultanas)
particolare: special
partita: match
Pasqua: Easter
Pasqua cattolica: Christian Easter
Pasquetta: Pasquetta (colloquial way of saying 'Easter Monday' in Italian)
pasta: dough
peccato: shame
pelle, *la*: leather

pericolo: danger
poi: then
popolari (*sg.* popolare): popular
popolo: people
porta male: (he/she/it) brings bad luck
portafoglio: wallet
portafortuna, *il*: lucky charms
possibilmente (*avv.*): possibly
precedono (*inf.* precedere): (they) precede
primavera: spring
processioni, *le* (*sg.* la processione): processions
programmi televisivi, *i* (*sg.* il programma televisivo): television programmes
provare: to try on
proverbio: proverb
purtroppo: unfortunately
qualche: some
Quaresima: Lent
questioni, *le* (*sg.* la questione): issues
quotidiani: newspapers
quotidianità: daily life
rappresentano (*inf.* rappresentare): represent
realizzare: to realise/fulfil
regalo: present/gift
religione, *la*: religion
Resurrezione di Cristo, *la*: Resurrection of Christ
ricominciare: to start again
rifiutate (*inf.* rifiutare): you (plural) turn down
riguardano (*inf.* riguardare): (they) concern / deal with
ringraziate (*inf.* ringraziare): you (plural) give thanks
ritardo: delay
riviste: magazines
romanzo: novel
Sabato Santo: Holy Saturday
San Gennaro: Saint Januarius
San Nicola: Saint Nicholas
San Petronio: Saint Petronius
Sant'Agata: Saint Agatha
Sant'Ambrogio: Saint Ambrose
Santa Rosalia: Saint Rosalia
santi protettori, *i* (*sg.* il santo protettore): patron saints
santo patrono: patron saint
si assiste (*inf.* assistere; *p.p.* assistito): you witness (passive)
si celebra (*inf.* celebrare): is celebrated (passive)
si proteggono (*inf.* proteggersi; *p.p.* protetto): (they) protect themselves
simbolo di pace: symbol of peace
simile: similar
sogno: dream
solito: usual
sorpresa: surprise
specialmente (*avv.*): particularly
sposi: bride and groom
stasera (*avv.*): this evening
stessa: that very (something)
strada: road
stretto rapporto: close relationship
Sud, *il*: south
superstizione, *la*: superstition
superstiziosi: superstitious
tagliare: to cut
Tanti auguri!: All the best!
tasche: pockets (in this context it means 'budgets')
testimonia (*inf.* testimoniare): (he/she/it) bears witness to
toccare ferro: to touch iron (equivalent to 'touch wood')
toccarsi le parti intime: to touch one's private parts (again, equivalent to 'touch wood')
torta di compleanno: birthday cake
tradizionale: traditional
uguali (*sg.* uguale): the same
Ultima Cena: Last Supper
uovo di cioccolata: chocolate egg
Venerdì Santo: Good Friday
vera e propria: real
Vi auguriamo di …: We wish you …
Vi ringrazio …: Thank you …
Via Crucis: Way of the Cross
viaggiare: to travel
voglia: willingness/desire
volentieri (*avv.*): gladly

Workbook

bomboniera: bomboniera (small box used to hold sugared almonds which are given at weddings, First Communions, etc.)
chiromante, *il/la*: fortune-tellers (who read your palms)

Glossary

curiosa: curious
intensa: full/intense
motivo: reason
spumante, *lo*: sparkling wine
tavolini: tables

Unità 6
Cambi casa?
Student's book

a contatto con la natura: close to nature
a due passi: nearby
abitabile: inhabitable
abitazione, *l'* (*f.*): house/dwelling
accoglie (*inf.* accogliere; *p.p.* accolto): (he/she/it) accommodates
affitto: rent
affollato: crowded
agenzia immobiliare: (real) estate agency
ammobiliato: furnished
anonimo: soulless
appartamento moderno: modern apartment/flat
benzina: petrol/gas
buona fortuna: good luck
caotico: chaotic
cappotto: coat
casa di campagna: country house
cemento: concrete
centro storico: old town centre
cerco casa: (I'm) looking for somewhere to live
certo: of course
clima, *il*: weather/climate
Codice di Avviamento Postale, *il*: Italian postcode/zip code
comodità: conveniences
comune: common/prevalent
con calma: without rushing
condominio: block of flats / apartment building
conserviamo (*inf.* conservare): (we) keep
davvero (*avv.*): really
decidere (*p.p.* deciso): to decide
decisione, *la*: decision
deserto: deserted
divano: sofa
doccia: shower
doppi servizi: two bathrooms
dubbi, *i* (*sg.* il dubbio): doubts
dubitare: to doubt

edificio: building
elegante: elegant
elementi: elements
enfasi, *l'* (*f.*): emphasis
fantasioso: imaginative
favore, *il*: favour/favor
fermata dell'autobus: bus stop
geografico: geographical
indicazione precisa: precise directions
infrastrutture: infrastructure
inquinamento: pollution
istruzioni, *le* (*sg.* l'istruzione): instructions
lavabo: sink
mancanze: shortages
media: average
meraviglia: a marvel / marvellous
metà: half
metri quadrati: square metres/meters
mezzi pubblici: public transport
mobili, *i* (*sg.* il mobile): furniture
negozi, *i* (*sg.* il negozio): shops
noioso: boring
numero civico: street number
offerta: offer/proposal
ottimi: very good
ovviamente (*avv.*): obviously
P.S.: PS
palazzina: small block of flats / apartment building
palazzo: block of flats / apartment building
pazienza: patience
penna: pen
per motivi di lavoro: for work-related reasons
periferia: outskirts
poco verde: not many parks or gardens
politico: administrative
poltrone: armchairs
porte blindate: reinforced doors
portone principale, *il*: main/front door
prendila al volo: buy it quick! (imperative)
prezzi: prices
provinciale: provincial
punto di raccolta: gathering place
qui (*avv.*): here
regolarmente (*avv.*): regularly
riunione, *la*: meeting
rumori, *i* (*sg.* il rumore): noises
rumoroso: noisy

rustico: rustic
servizi pubblici: public services
smog, *lo*: smog
soggiorno: sitting room
sogno: dream
soprammobili, *i* (*sg.* il soprammobile): ornaments
spese: costs/bills
stile di vita, *lo*: lifestyle
stressante: stressful
subito (*avv.*): immediately
superficie media: average surface area
svantaggi, *gli* (*sg.* lo svantaggio): disadvantages
tana: den/lair
tedesco: German
televisore, *il*: television
tranquilla: quiet
traslochiamo (*inf.* traslocare): (we) move (house)
trasloco: move/removal
vantaggi, *i* (*sg.* il vantaggio): advantages
vasca: bathtub
vicinanze: nearby
villetta con giardino: detached house with garden
vivilo fino in fondo: live it (your dream) to the full (imperative)

Workbook

abbronzato: tanned
accogliente: welcoming
bilocale, *il*: two-room apartment/flat
camino: chimney
CAP: postcode
dubitare: to doubt
gita: trip
inquinamento: pollution
muro: wall
numero civico: street number
portone, *il*: main entrance
ragionevole: reasonable
rifugiarsi: to take refuge
rustico: cottage
semaforo: traffic light
smog, *lo*: smog
tetto: roof
trilocale, *il*: three-room apartment/flat

Glossary

Unità 7
Buon appetito!
Student's book

a pezzetti: in pieces/diced
accettare: to accept
acciughe: anchovies
affettati: sliced
al pomodoro: al pomodoro (in a tomato sauce)
altrettanto: the same to you
antipasti: starters/appetizers
antipasti misti al buffet: mixed starter/appetizer buffet
antipasto misto: platter of mixed starters/appetizers
aperitivo: aperitif
arricchire: to enrich/enhance
aspetti: aspects
bastano (*inf.* bastare): (they) are enough / are all that's required
bastare: to be enough
bisognare: to be necessary
bistecca ai ferri: grilled steak
bottiglia: bottle
bresaola: bresaola (dried salt beef)
buon appetito: enjoy your meal / bon appétit
burro: butter
cameriere, *il*: waiter
camino: fireplace
capperi: capers
carne, *la*: meat
carpaccio: thin slice of (meat, fish, etc.)
carpaccio di pesce spada: thin slices of swordfish
castello: castle
cena: dinner
chiaramente (*avv.*): obviously
ci metto (*inf.* metterci; *p.p.* messo): (I'll be (+ time)
ci mettono (*inf.* metterci; *p.p.* messo): (they) take
ci vogliono (*inf.* volerci): (they) are needed
colazione, *la*: breakfast
condimento: condiment
condizionale, *il*: conditional
considerare: to consider
contribuisce (*inf.* contribuire): (he/she/it) contributes
costata di maiale alla griglia: grilled pork chop
cucine regionali tipiche: traditional regional cuisine
cuocere (*p.p.* cotto): to cook
dappertutto (*avv.*): everywhere
dieta mediterranea: Mediterranean diet
dolci, *i* (*sg.* il dolce): desserts
dopoguerra, *il*: postwar period
Emilia: Emilia (Italian region)
esiste (*inf.* esistere; *p.p.* esistito): exists
estero: abroad
facilmente (*avv.*): easily
forno: oven
friggi (*inf.* friggere; *p.p.* fritto): fry (imperative)
frittura: frying
frutta di stagione: fresh fruit
gnocchi: gnocchi (small, round potato dumplings)
gnocchi burro e salvia: butter and sage gnocchi
grigliata di pesce misto: a platter of different types of grilled fish
identità: identity
immaginare: to imagine
impasto: mixture
ingredienti, *gli* (*sg.* l'ingrediente): ingredients
insalata: salad leaves
lasagne: lasagne
Lazio: Lazio
Liguria: Liguria (Italian region)
lista della spesa: shopping list
locale: local
Lombardia: Lombardy (Italian region)
lontano: far
mare, *il*: sea
melanzane: aubergines
melone, *il*: melon
merenda: snack
metterci (*p.p.* messo): to take (time)
monti, *i* (*sg.* il monte): mountains
mortadella: mortadella (a type of sausage from Bologna)
mousse di peperoni, *la*: pepper mouse
Nord, *il*: north
occorre: to be necessary
offrire (*p.p.* offerto): to offer
olio: oil
olio extravergine d'oliva: extra virgin olive oil
olive: olives
ordinare: to order
orecchiette: orecchiette (typical short, ear-shaped pasta from Puglia)
origano: oregano
padella: pan / frying pan
padelle: frying pans
pangrattato: breadcrumbs
pasta ai broccoli: pasta with broccoli
penne al pomodoro: penne al pomodoro (pasta in a tomato sauce)
peperonata: peperonata (dish consisting of sliced peppers cooked in oil, with onions and tomatoes)
peperone, *il*: (bell) pepper
peperoni ripieni: stuffed peppers
persino: even
pesce, *il*: fish
pesce spada, *il*: swordfish
pesto: pesto
piatti tipici: traditional dishes
piemontese: from Piedmont (Italian region) / Piedmontese
pirofila: ovenproof dish
polenta: polenta (dish made from maize flour cooked in salted water to accompany various foods or with various dressings)
pomodori: tomatoes
pomodori sbucciati: peeled tomatoes
porchetta: pork roast
porzioni, *le* (*sg.* la porzione): portions
possibilità: option
pranzo: lunch
prenotare: to book/make a reservation
prezzemolo: parsley
primi piatti: main courses (usually pasta, served after the antipasti)
profiterol, *il*: profiteroles
proposta: suggestion
prosciutto: ham
prosciutto crudo: raw/cured ham
prosciutto e melone: ham and melon
Puglia: Puglia (Italian region)
quindi: then
ricetta: recipe
ricette: recipes
rifiutare: to turn down
riscaldare: to heat (up)
risotto: risotto

Glossary

risotto ai funghi: mushroom risotto
ristorante indiano: Indian restaurant
risultato: result
salame, *il*: salami/sausage
sale, *il*: salt
scaloppine al vino bianco: cutlets in white wine
secondi piatti: main courses (usually meat or fish, served after the primi piatti)
servire: to be needed / to come in useful
servizio di tavola calda: cafeteria/diner service
Settentrione, *il*: the north (of Italy)
si fa alla romana: colloquial expression for 'the bill is split equally'
siamo al completo: we're full
soffriggere (*p.p.* soffritto): to brown/sauté
spellare: to skin/peel
spicchio d'aglio: clove of garlic
Sud, *il*: south
sufficienti (*sg.* sufficiente): enough/sufficient
tagliate a dadini: dice (imperative)
tarda: late
teglia: baking tray
tenga pure il resto: keep the change
territorio: territory
tiramisù, *il*: tiramisù
tortellini: tortellini
trancio di pesce spada alla griglia: grilled swordfish steak
tritato: chopped
unificazione, *l'* (*f.*): unification
Veneto: Veneto (Italian region)
versarti: to pour you
vitello tonnato: veal in creamy tuna sauce
volentieri (*avv.*): gladly
volerci: to be needed
zone costiere: coastal areas

Workbook

acqua in bocca: mum's the word
affettati: sliced
andare a tutta birra: to go flat out
antipasto: starter/appetizer
apparenza: appearance
arrosto di vitello: roast of veal
buco: hole
carpaccio di zucchine: thinly-sliced zucchini/courgette
ciambelle: doughnuts
contorni: sides/side dishes
diversi gusti: various flavours/ flavors
Frecciarossa: Frecciarossa (an Italian high-speed train)
frittura di pesce: a platter of fried fish
genere, *il*: gender
gnocchi al gorgonzola: gnocchi in a gorgonzola cheese sauce
gnocchi di patate agli asparagi: potato gnocchi with asparagus
grigliata di pesce misto: a platter of different types of grilled fish
in quanti siete?: how many of you are there?
incerta: uncertain
insalata caprese: mozzarella, tomato and basil salad
insalata di polpo e patate: octopus and potato salad
insalata di riso: rice salad
insipido: bland/tasteless
orecchiette ai broccoli: orecchiette (small ear-shaped pasta) with broccoli
padella: pan / frying pan
pesce spada al vino bianco: swordfish in white wine
piccante: spicy
ricetta: recipe
saltimbocca alla romana: saltimbocca (rolled piece of veal garnished with ham and sage and cooked in a frying pan)
semifreddo al caffè: coffee parfait
soggiorno: sitting room
spaghetti alle vongole: spaghetti with clams
spinaci al burro: buttered spinach
surgelato: frozen
testi registrati: recordings
torta di mele: apple pie
tortellini in brodo: tortellini in broth
vitello tonnato: veal in creamy tuna sauce
vocaboli: words

Unità 8
Ultime notizie
Student's book

accade (*inf.* accadere): (he/she/it) happens
accendere (*p.p.* acceso): to switch on
accendono (*inf.* accendere; *p.p.* acceso): (they) switch on
adattato: adapted
addormentarmi (*inf.* addormentarsi): (I) go to sleep
affidamento: custody
affrontano (*inf.* affrontare): (they) take on
affrontare: to tackle / to face up to
alcune: a few
altare, *l'* (*m.*): altar
alterazione, *l'* (*f.*): change/modification
ambiente, *l'* (*m.*): setting
ammissione, *l'* (*f.*): admission
anello: ring
ansie: worries
antenna: aerial
antenna parabolica: satellite dish
appare (*inf.* apparire; *p.p.* apparso): (he/she/it) seems
appiattimento: standardisation
argomento: topic
arrampicata: climbing
articoli: articles
assenza: absence/lack
assumono (*inf.* assumere; *p.p.* assunto): (they) assume/take on
attuali (*sg.* attuale): current
auto, *l'* (*f.*): car
automobilisti, *gli* (*sg.* l'automobilista): motorists
azzurri: Italian national team
banalità: banality
bimba: child/girl
bloccati: stuck
Borsa: stock market
cacciatori, *i* (*sg.* il cacciatore): hunters
cambiare: to change/replace
campionato: championship(s)
cancellazione, *la*: cancellation
caos, *il*: chaos
capire: understand
cartoni animati: cartoons
cavo: cable
cellulare, *il*: mobile phone/cell phone
ceniamo (*inf.* cenare): we have dinner
centinaia, *le* (*sg.* il centinaio): hundreds
cerimonia di apertura: opening ceremony
certo: certain
chiaro: clear
ciclone, *il*: cyclone
ciò: that
cittadini: citizens / the people

edizioni Edilingua   duecentosessantuno | 261

Glossary

code: queues
comodo: useful
condotta: hosted by
consolarla (*inf.* consolare): to console her
convento: convent
credono (*inf.* credere): (they) believe
cronaca: commentary/news
dato non disponibile: information unavailable
destinazione, *la*: destination
dettagliato: detailed
di fronte a: faced with
diario: diary
disabili, *i* (*sg.* il disabile): disabled
distrarre (*p.p.* distratto): to distract
documentario: documentary
draghi: dragons
è in ritardo: (he/she/it) is late
eccoti: here you are
economico: cheap
edicola: newsagent/newsstand
elementi: elements
emozioni, *le* (*sg.* l'emozione): emotions
eppure: (and) yet
esercitarmi (*inf.* esercitarsi): to practice
esilaranti (*sg.* esilarante): hilarious
evidente: evident
evocano (*inf.* evocare): (they) arouse/stir
fatti: facts
fattoria: farm
fermi in mezzo al traffico: stuck in a traffic jam
fondamentali (*sg.* fondamentale): essential
fonte, *la*: source
fonte d'informazione, *la*: source of information
funzionava (*inf.* funzionare): (he/she/it) was working/worked
fuori orario: out of hours
gestisce (*inf.* gestire): (he/she/it) manages/runs
giornali, *i* (*sg.* il giornale): newspapers
Giro d'Italia: Giro d'Italia (cycling tour of Italy)
governo: government
grotte: caves
guida TV: TV guide
impazzire: to go crazy
in pieno boom: in a real boom period

in replica: a repeat of
inaccessibile: inaccessible
incantesimo: charm
incidente, *l'* (*m.*): accident
incinta: pregnant
incompreso: misunderstood
incontro: match
increduli: incredulous
indispensabili (*sg.* indispensabile): indispensable/vital
infanzia: childhood
informati: informed
ingresso: entry
insopportabile: unbearable
inutile: pointless
inverno: winter
La Repubblica: La Repubblica (Italian national newspaper)
La Stampa: La Stampa (Italian national newspaper)
lavoro: work
lettore, *il*: reader
maggior parte, *la*: the majority
mai (*avv.*): never
mancante: missing
manipolare: manipulate
manipolazione, *la*: manipulation
mass media, *i*: mass media
mezzi tecnologici: technological tools
minuti d'attesa: waiting time
moderno: modern
modo: way
momentaneamente (*avv.*): temporarily
mondiali: (FIFA) World Cup
navigo in Internet: I surf the Internet
nei pressi: near
neve, *la*: snow
notiziario sportivo: sports bulletin
notizie: news items
numero verde: free-phone number
obiettivo: objective
omissione, *l'* (*f.*): omission
opinione, *l'* (*f.*): opinion
orientati: oriented towards
ormai (*avv.*): now
paraolimpiadi, *le*: paralympics
passeggeri: passengers
pay-TV, *la*: pay TV
pazienza: patience
pensiero: thought/idea

per ore: for hours
popolazione, *la*: population
pratico: practical
Premier, *il*: prime minister
Presidente del Consiglio, *il*: prime minister
presta (*inf.* prestare): (he/she/it) lends
presto (*avv.*): early
prevedere (*p.p.* previsto): to foresee/envisage
previsioni del tempo, *le*: weather forecast
preziosi: precious
primo piano: front page news
problematico: problematic/troublesome
pubblica: public
pubblicità: advertising
puntuali (*sg.* puntuale): punctual
qualificazioni, *le*: qualification
quotidiano: daily newspaper
rabbia: anger
rappresenta (*inf.* rappresentare): (he/she/it) represents
raramente (*avv.*): rarely
reazione a catena, *la*: chain reaction
regolarmente (*avv.*): regularly
rilassarmi (*inf.* rilassarsi): to relax
rilievo: importance/significance
riposo: rest
riscatto: ransom
ritardi: delays
rivincita: revenge/vengeance
saltando (*inf.* saltare): jumping
satellite, *il*: satellite
sci nautico: water skiing
scopo: purpose
sempre (*avv.*): always
servizi di informazione: information services
sezioni, *le* (*sg.* la sezione): sections
si prestano (*inf.* prestarsi): (they) lend themselves to
si svolge (*inf.* svolgersi; *p.p.* svolto): (he/she/it) takes place
si tratta (*inf.* trattarsi): it has to do with
società: company
soprattutto (*avv.*): above all
sospeso: suspended/down
spesso (*avv.*): often
spettacolo: show
stanco: tired
stasera (*avv.*): this evening

Glossary

studio: study
sullo sfondo: in the background / as a backdrop
superficiale: superficial
telegiornale, *il*: TV news broadcast
televideo: teletext
televisiva: televisual/television
temi, *i* (*sg.* il tema): topics
tempo libero: free time
Tg, *il*: TV news broadcasts
titoli: headlines
tralascia (*inf.* tralasciare): (he/she/it) fails to
TV digitale, *la*: digital TV
unica: only
uscire: to go out
utilizzati: used
valevole: valid
Valle d'Aosta, *la*: Valle d'Aosta (Italian region)
varietà, *il*: variety show
veline: showgirls
veloce: fast
vendetta: revenge/vengeance
via: via
vicenda: incident/event/story
vini pregiati: fine wines
voglia: willingness/desire (to do something)
voli in partenza: flight departures

Workbook
accendere (*p.p.* acceso): to switch on
aggiornare: to update
antivirus, *l'* (*m.*): antivirus (software)
cartoni animati: cartoons
cavo: cable
convoca (*inf.* convocare): (he/she/it) summons
cronaca: opinion columns
disinforma (*inf.* disinformare): (he/she/it) misinforms
federalismo: federalism
impegnativa: demanding/ difficult
indagine, *l'* (*f.*): survey
inoltrare: to forward
mutui: mortgages
noleggiare una macchina: to rent/hire a car
notiziario sportivo: sports bulletin

rapinatore, *il* (*m.*): robber/mugger
scaricare: to download
schermo: screen
stampante, *la*: printer
tappetino: mouse mat
tastiera: keyboard

Facciamo il punto? 2
abitazione, *l'* (*f.*): house/dwelling
al ragù: bolognese sauce
appartamento: apartment/flat
arrivo: finish
avanti (*avv.*): forwards
barista, *il/la*: barista/barman
bastare: to be enough
biscotti savoiardi: sponge fingers
bisognare: to be necessary
bisogno: need
cacao in polvere: cocoa powder
cameriere, *il*: waiter
carino: nice
cassiera: cashier
chiacchiere: chat
ci vuole (*inf.* volerci): (it) takes
comparativo: comparative
complimento: compliment
condominio: block of flats / apartment building
coniugate (*inf.* coniugare): conjugate (imperative)
conoscere (*p.p.* conosciuto): to know
contatto: contact
cristiano: Christian
desiderio: desire
entrare: to enter / to come in
esistere (*p.p.* esistito): to exist
estranea: unrelated
evviva!: hurray!
fermate (*inf.* fermare): stop (imperative)
gnocchi: gnocchi
gusto: taste
indietro (*avv.*): backwards
ingrediente, *l'* (*m.*): ingredient
insalata: salad leaves
interrompere (*p.p.* interrotto): to interrupt/stop
istruzione, *l'* (*f.*): instruction
laurea: graduation
mascarpone, *il*: mascapone cheese
occasione, *l'* (*f.*): occasion

panetteria: bakery
partenza: start
passante, *il/la*: passer-by
passi: steps
peccato: shame
penna: pen
pizzetta: mini pizza
pure: by all means
religione, *la*: religion
risotto: risotto
rito: ritual
scaloppine: cutlets
scorso: last/previous
sente (*inf.* sentire): (he/she/it) feels
servire: to need / to be used for doing something
sole, *il*: sun
spumante, *lo*: sparkling wine
telefonata: telephone call
tortellini: tortellini
trasloco: move/removal
umanità: mankind
uova, *le* (*sg.* l'uovo): eggs
zucchero: sugar

Unità 9
Cosa fai nella vita?
Student's book
a breve: shortly/soon
a contatto con la gente: in contact with people
a stare peggio: in a worse position
a tempo pieno: full-time
acquisizione, *l'* (*f.*): acquisition
agenzia immobiliare: (real) estate agency
agenzie per il lavoro: recruitment agencies
agricoltura: agriculture
al chiuso: indoors
all'aperto: outdoors
allestimento fiere: trade fair organisation
ambosessi: male or female
assumere (*p.p.* assunto): to hire/employ
automunito: car owner
autonomo: independent
azienda: company
bella presenza: well-presented
buono stipendio: good salary
candidati: candidates
capo: boss (manager)

edizioni Edilingua | duecentosessantatré | 263

Glossary

centro per l'impiego: job centre
cerco lavoro: looking for a job
certo: of course
chiedere conferma: to ask for confirmation
colleghi, *i* (*sg.* il collega): colleagues
colloquio di lavoro: job interview
commissioni, *le* (*sg.* la commissione): commission
componente, *la*: part
comunicare qualcosa: to say something / to communicate something
condizioni di lavoro, *le*: job conditions
conoscenze: knowledge
conoscenze richieste: knowledge required
contattare: to contact / to get in touch with
contatti: contact
contratto: contract
crescita: growth
curriculum, *il* (*pl.* i curricula): CV
dai: come on!
dati: information
differenze: differences
disoccupati: unemployed
disponibili (*sg.* disponibile): nice/helpful
disponibilità: willingness
ditta: company
duro: hard
è tutt'altro che: it's anything but
eccetera: etcetera / and so on
emergenza: emergency
esperienza: experience
faccia pure: please do / take your time (imperative)
facile: easy
fare i turni: to work shifts
fascia d'età: age range
faticoso: hard/tiring
fisso: fixed salary
flessibili (*sg.* flessibile): flexible
flessibilità: flexibility
fortunato: lucky
gentile: nice
giovanile: youth/young
guadagnare: to earn
hostess, *la*: hostess
ideale: ideal
immobili, *gli* (*sg.* l'immobile): property / real estate

impiegato: office worker
in modo affermativo: in the affirmative
in modo gentile: politely
incarichi: assignments/tasks
indipendente: independent
industria: industry
intensivi: intensive
intenzione, *l'* (*f.*): intention/plan
invece: instead
inviare: to send
Istat: ISTAT (Italian National Institute for Statistics)
laurea in informatica: computing/IT degree
libero professionista: freelancer
mansioni, *le* (*sg.* la mansione): tasks
minimo: minimum
modo: way
Nord, *il*: north
occupati: employed
occupazione, *l'* (*f.*): employment
offerte di lavoro: job offers
oppure: or
orari flessibili, *gli* (*sg.* l'orario flessibile): flexible hours
paio, *il* (*pl.* le paia): pair
però: but
personale, *il*: staff/employees
piacere, *il*: pleasure
posto: position, place
programmatore, *il*: programmer
promoter, *il/la*: promoter
proprio: just
qualifiche: qualifications
rappresenta (*inf.* rappresentare): (he/she/it) represents
requisiti: requirements
responsabilità: responsibility
riguarda (*inf.* riguardare): (he/she/it) regards
rimettere (*p.p.* rimesso): to put back
risposta definitiva: definitive answer
riunione, *la*: meeting
rivolgersi (*p.p.* rivolto): to apply to
sede, *la*: office
serali (*sg.* serale): evening
servizi: services
settore, *il*: sector
si richiede (*inf.* richiedere; *p.p.* richiesto): is required (passive)

spedire: to send
squadra: team
stage, *lo*: work experience/internship
stipendio: salary
straordinari: overtime
studi: degree/studies
studio legale: lawyer's office
Sud, *il*: south
svolgere (*p.p.* svolto): to carry out / to do
tasso di disoccupazione: unemployment rate
tecnica: technique
tedeschi: German
telefonista, *il/la*: telephone operator
tipo di stipendio: type of salary
tornano (*inf.* tornare): (they) add up to
turni di notte: night shifts

Workbook

affollata: crowded
ambosessi: male or female
automunito: car owner
cuoco: cook
formazione, *la*: training
fruttivendolo: greengrocer's
informatico: computer technician
insolite: unusual
istruzione, *l'* (*f.*): education
mestieri, *i* (*sg.* il mestiere): job/profession
panetteria: bakery
patente, *la*: driving licence
pulitore di monete, *il*: coin cleaner
scacciatore di piccioni, *lo*: pigeon 'disperser'
scaldaletto umano, *lo*: bedwarmer
sveglia: alarm clock
vigile, *il*: warden/policeman

Unità 10
L'amore è …
Student's book

abbronzati: tanned
accettano (*inf.* accettare): (they) accept
accorgersi (*p.p.* accorto): to realise
Acquario: Aquarius
adulto: adult
affetto: affection/fondness
agente segreto, *l'*: secret agent
agire per primi: to act first
aiutarsi: to help each other

Glossary

alta: tall
amare qualcuno: to love someone
ansia: anxious
argomento: topic
Ariete, *l'* (*m.*): Aries
associazione sportiva: sports club
attrazione fisica: physical attraction
aumento: increase
avventuriero: adventurer
bastare: to be enough
bell'aspetto: good-looking
bella corsa: substantial run
benessere, *il*: well-being
Bilancia: Libra
bionda: blonde
Cancro: Cancer
cantano (*inf.* cantare): (they) sing
Capricorno: Capricorn
carina: pretty
carta vincente: the trick is
casella postale: PO box
cellulare, *il*: mobile phone / cell phone
cena romantica a lume di candela: romantic candlelit dinner
cercasi anima gemella: soulmate needed
certezza scientifica: scientific proof
ci si registra (*inf.* registrarsi): you sign up (impersonal)
coesistere (*p.p.* coesistito): to co-exist
come funziona?: how does it work?
come la pensano: how they view it
commedia: comedy
compagno di viaggio: travelling companion
conquista: victory
corsa: run
corteggiatore, *il*: suitor/admirer
cuore, *il*: heart
desiderato: wanted (past participle)
di lunga durata: long-term
diplomatico: diplomat
diventare: to become
divertirsi: to have fun
divorziato: divorced
duro lavoro: hard work
energia: energy
esiste (*inf.* esistere; *p.p.* esistito): (he/she/it) exists
esperimento: experiment
esperti: experts

eventualmente (*avv.*): possibly
fai da te: do it yourself
familiari, *i* (*sg.* il familiare): relatives
fantasie: fantasies
ferite: wounds
fragile: fragile
galanti (*sg.* galante): gallant
Gemelli: Gemini
ha luogo una serata: an evening event takes place
impegno: commitment/effort
inaspettato: unexpected
incontri galanti: trysts
incontri veloci: quick encounters
indossano (*inf.* indossare): (they) put on
insomma: in short
inverno: winter
la fortuna ti bacerà: you will be touched by good fortune
La locandiera: *The Mistress of the Inn* (play by Carlo Goldoni)
Leone, *il*: Leo
letteratura: literature
lettura: reading
locali, *i* (*sg.* il locale): places/bars/clubs
maglietta: t-shirt
mammone, *il*: mummy's boy
massimo: maximum
materno: maternal
matrimonio: wedding
maturo: mature
motto: slogan
nel bene: through the good times
nel male: through the bad times
non iscritti: (people) who haven't signed up
opposti: opposing
oroscopo: horoscope
ottenere: to obtain/get
partecipanti, *i* (*sg.* il partecipante): participants
particolare: special
partner, *il/la*: partner
passione, *la*: passion
pesante: heavy/thick
Pesci: Pisces
pittura: painting
poco eccitante: unexciting
prenotazione, *la*: reservation/booking
preoccupato: worried

proprio: own
provare: to try
provateci: try it (imperative)
psicologicamente (*avv.*): psychologically
quotidiani: newspapers
racconta nei minimi dettagli: (he/she/it) tells of (something) down to the smallest detail
rapporti poco frequenti: infrequent intercourse
redazione, *la*: editorial office
regalerà (*inf.* regalare): (he/she/it) will give you ...
regista, *il/la*: director (cinema)
responsabilità: responsibility
ricercatore, *il*: researcher
riparare: to repair
riposo: rest
riuscire: to manage / to succeed / to be able
romanzo giallo: detective novel
romanzo rosa: romantic novel
rubacuori: heartbreakers
Sagittario: Sagittarius
salute, *la*: health
scenografia: setting
Scorpione, *lo*: Scorpio
scultura classica: classical sculpture
scultura moderna: modern sculpture
se scappi, ti sposo: if you run away, I'll marry you
seduzione, *la*: seduction
segno (zodiacale): star sign
sentimento: feeling
sentimento d'amore: feeling of love
sentirsi: to feel
separata: separated
serata: evening
serenate: serenades
serio: serious
seta: silk
siedono (*inf.* sedere): (they) sit
simboli: symbols
sincero: honest/genuine/sincere
single: single
so come renderti felice: I know how to make you happy
sorriderà (*inf.* sorridere; *p.p.* sorriso): (he/she/it) will smile
sorridere (*p.p.* sorriso): to smile

Glossary

speranza: hope
spiagge, *le* (*sg.* la spiaggia): beaches
sportivo: sporty
stelle: stars
stereotipi: stereotypes
svegliarsi: to wake up
terra dei latin lover: land of the latin lovers
Toro: Taurus
tragedia: tragedy
unica: only
uno di fronte all'altro: opposite each other
uomini corteggiatori: male suitors/admirers
Venere: Venus
Vergine, *la*: Virgo
verso Dio: for God
vestirsi: to get dressed
vita sessuale: sex life
volere bene a qualcuno: to care about someone

Workbook
accorgersi (*p.p.* accorto): to realise
anima gemella: soulmate
corteggiamento: courtship/wooing

Unità 11
Vivere insieme
Student's book
a proposito: while we are on the subject
addirittura!: really?
al di fuori: outside
allegri: happy/cheerful
almeno (*avv.*): at least
ambulanze: ambulances
avvocato: lawyer
badante, *la*: carers
balli il samba: (you) dance the samba
Brasile, *il*: Brazil
buttare: to throw away
cambiare argomento: to change the subject
cameriere, *il*: waiter
carta d'identità: identity card
ce l'ho: Yes, I have it/one / I do (in answer to 'do you have..?')
Cipro: Cyprus
circa (*avv.*): about/approximately
cittadina: citizen

cittadinanza: citizenship
colf, *la*: home help
come fai a saperlo?: how did you find that out?
come ti trovi in Italia?: how do you find Italy?
comprensione, *la*: understanding
comune, *il*: council/municipality
condomini: residents
conto in banca: bank account
contratti regolari: legal contracts
cortile, *il*: courtyard
da non credere …: you don't want to know
dato reale: actual figure
davvero (*avv.*): really
di proprietà: belonging to (someone)
diffusi: widespread
disagio: unease
discutere (*p.p.* discusso): to debate
dispiacere, *il*: regret
disponibilità: helpfulness
documento valido: valid identification
è vietato: (it) is prohibited/forbidden
Egitto: Egypt
egiziano: Egyptian
eh già: yeah
enorme: enormous/huge
esagerazione, *l'* (*f.*): overreaction
esprimere qualcosa in modo diverso: to express something differently
esprimere sollievo: to express relief
far intendere che si è capito: to make it known that something has been understood
fazzoletto: tissue
fiducia: trust
Filippine: the Philippines
fogli bianchi: blank sheets of paper
foto di famiglia: family photo
gente, *la*: people
giocare a pallone: to play football/soccer
giochi a calcio: (you) play football
gioia: happiness
grossi problemi: serious problems
i nostri vicini: our neighbours
i tempi cambiano: times change
immigrati: immigrants
immondizia: rubbish/trash
in affitto: rented
in peggio: for the worse

incredulità: disbelief
inquilini: residents
insicurezza: insecurity
insomma: in short
intanto: at the same time / meanwhile
integrarsi: to integrate
intendono (*inf.* intendere; *p.p.* inteso): (they) intend
interrompere (*p.p.* interrotto): to interrupt
Israele: Israel
l'altro giorno: the other day
macchina sportiva: sports car
manifestare sorpresa: to show surprise
matita: pencil
meno male: thank goodness
Messico: Mexico
meta per le vacanze: holiday/vacation destination
millennio: millennium
monete da 1 euro: 1 euro coins
motorino: moped/scooter
nei confronti degli immigrati: towards immigrants
non ci posso credere: you're joking
operaio: labourer
ospedale, *l'* (*m.*): hospital
ovviamente (*avv.*): obviously
Paese musulmano: Muslim country
Paesi Bassi: the Netherlands
passaporto: passport
paura: fear
penne nere: black pens
piacere, *il*: enjoyment
piano di sopra: floor above
piramidi, *le* (*sg.* la piramide): pyramids
Polonia: Poland
Portogallo: Portugal
portone, *il*: main entrance
proibito: prohibited/forbidden
proprietari, *i* (*sg.* il proprietario): owners
provare sentimenti: to have feelings
pulire: to clean
quinto piano: fifth floor
rabbia: anger
rapporto: relationship
razzisti (*sg.* razzista): racist
scatolone, *lo*: large box
scusa se ti interrompo: sorry to interrupt
segno di civiltà: out of courtesy
seguenti (*sg.* seguente): following

266 | duecentosessantasei *Arrivederci!*

Glossary

severamente (*avv.*): strictly
socievole: sociable
sollievo: relief
sorpresa: surprise
Spagna: Spain
spazio: space
Stati Uniti, *gli*: USA
stato di famiglia: civil status certificate
strani: odd/strange
Sudafrica, *il*: South Africa
Svizzera: Switzerland
tedesca: German
telefonino: mobile phone / cell phone
traduttore giurato: sworn translator
traduzioni autenticate: certified translations
tutto funziona perfettamente: everything works perfectly
ufficio igiene: department of health & hygiene
violoncello: cello

Workbook

avviso: notice
cortile, *il*: courtyard
nacchere: castanets
risciò, *il*: rickshaw
sollievo: relief
sombrero: sombrero
struzzo: ostrich

Unità 12
Godiamoci la natura!

Student's book

a bordo: on board
a cavallo: on horseback
a piedi: on foot
a pieno contatto con la natura: close to nature
acquisti verdi: green purchases
agriturismo: holiday farmhouse
ambiente, *l'* (*m.*): environment
ammirate (*inf.* ammirare): take in (imperative)
anello: ring
angoli di grande interesse naturalistico: spots/locations of great naturalistic interest
area marina protetta: marine protected area

arrivo: arrival
aspetti: features
aumentare: to boost/increase
avvicinare: to go nearer / to move towards
bassa profondità: shallow depth
berretto di lana: woolly hat
bevande: drinks
bidoni, *i* (*sg.* il bidone): (recycling) bins
binocolo: binoculars
bosco: woodland
brochure, *la*: brochure
campi coltivati: cultivated fields
canali interni, *i* (*sg.* il canale interno): inner canals
capi di abbigliamento: items of clothing
capo impermeabile: waterproof cape/jacket
cassonetti: (recycling) bins
cavalli maremmani: Maremmano horses (a breed of horse originating in the Maremma area of Tuscany and Lazio in Italy)
cinghiali, *i* (*sg.* il cinghiale): boars
classifica: league table/ranking
colline: hills
comodi: comfortable
complimenti!: good for you!
compostaggio: composting
compostaggio domestico: domestic composting
comuni ricicloni, *i* (*sg.* il comune riciclone): councils/municipalities that recycle
consumi: consumption
consumo energetico: energy consumption
cullare: to rock (a boat)
dépliant, *il*: leaflet
dislivello: ascent
ecologista: environmentalist/ecologist
efficacia: effectiveness
elettrodomestico: appliance
escursioni, *le* (*sg.* l'escursione): trips
esperienza unica: unique experience
esperti: experts
fascino: charm/fascination
felpa in pile: fleece top
fenicotteri: flamingoes
fondale, *il*: (sea/river) bottom
fondo trasparente: clear bottom
gabbiani: (sea)gulls

gesti: act/gesture
ghiacciaio: glacier
giacca: jacket
gita: trip
immersioni, *le* (*sg.* l'immersione): diving
immondizia: rubbish/trash
impatto: impact
in canoa: in canoes
in carrozza: in trucks
indispensabili (*sg.* indispensabile): indispensable/vital
iniziativa: initiative
inquinamento: pollution
itinerari, *gli* (*sg.* l'itinerario): itineraries
lampadine a risparmio energetico: energy-saving light bulbs
limpidezza: clearness
località: point/place
maglione, *il*: jumper/sweater
monti, *i* (*sg.* il monte): mountains
multicolori (*sg.* multicolore): multi-coloured
nuoto: swimming
oasi naturalistica: natural oasis
onde: waves
ottimi camminatori, *gli* (*sg.* l'ottimo camminatore): experienced hikers
paesaggio: countryside/landscape
paludi, *le* (*sg.* la palude): wetlands
parametri: criteria/parameters
Parco del Delta del Po: Parco del Delta del Po (the Po delta national park)
Parco Nazionale: national park
partenza: departure
particolare: special
pascoli: grasslands
pedule: walking/hiking boots
percentuale, *la*: percentage
percorso circolare: circular path
pinete: pine forests
pioggia: rain
prodotti biologici: organic products
raccolta differenziata: differentiated refuse collection
realizzata: created/made
regione, *la*: region
ricicla (*inf.* riciclare): (he/she/it) recycles
riciclaggio dei rifiuti: waste recycling
riduzione, *la*: reduction
rifiuti: waste/refuse

Glossary

rifugio: refuge
rinuncia (*inf.* rinunciare): (he/she/it) gives up / abandons
rubinetto dell'acqua: (water) tap
sabbiose: sandy
salvaguardia dell'ambiente: environmental protection
scarponi da trekking: walking/hiking boots
selvaggi (*sg.* selvaggio): wild
sentieri: trails
sito naturalistico: nature site
smaltimento: disposal
sosta: stop/pause
spiaggia: beach
straordinario: extraordinary
stupendi: magnificent
subacqueo: underwater
superare: to exceed
tempo di percorrenza: walking time
trascorrere (*p.p.* trascorso): to spend
uscita notturna: night trip
vacche: cows
vento: wind
vestiti pesanti, *i* (*sg.* il vestito pesante): heavy/thick clothing
visitabili (*sg.* visitabile): can be visited
visitatore, *il*: visitor
viveri: food supplies
zaino: backpack
zone umide: wetlands
zoo: zoo

Workbook
concime, *il*: compost
curricula, *i* (*sg.* il curriculum): CVs
rifiuti organici: organic waste

Facciamo il punto? 3
bosco: wood
cappotto: coat
destino: destiny
ghiacciaio: glacier
grilli: desires/whims
inquietudine, *l'* (*f.*): uneasiness
lago: lake
melodia: melody
rifugio: refuge
ritmo: rhythm
sogno proibito: forbidden dream
tormento: torment

Final Test
aree faunistiche: areas of fauna
avvistare: to spot
binocolo: binoculars
borraccia: water bottle
competenza linguistica: language skills
credibilità: plausibility/reliability
subacquee: underwater
torcia: torch

Grammar
aggettivi dimostrativi: demonstrative adjectives
aggettivi indefiniti: indefinite adjectives
aggettivi possessivi: possessive adjectives
approfittare: to take advantage
assimilarsi: to assimilate
assistere (*p.p.* assistito): to watch/attend/witness
avverbi, *gli* (*sg.* l'avverbio): adverbs
avverbi di quantità: adverbs of quantity
condizionale: conditional
convenire (*p.p.* convenuto): to agree on something
esagerare: to overreact / to go over the top
forma tonica: disjunctive form
frasi affermative: affirmative sentences
frasi interrogative: questions
frasi negative: negative sentences
imperativo: imperative
imperfetto: imperfect
metterci (*p.p.* messo): to take (time)
numeri cardinali: cardinal numbers
numeri ordinali: ordinal numbers
passato prossimo: perfect tense
pescheria: fishmonger's
procurare: to provide somebody with something
pronomi, *i* (*sg.* il pronome): pronouns
pronomi dimostrativi: demonstrative pronouns
pronomi diretti: direct pronouns
pronomi indefiniti: indefinite pronouns
pronomi indiretti: indirect pronouns
pronomi relativi: relative pronouns
schiuma: foam
superlativo assoluto: absolute superlative
superlativo relativo: relative superlative
verbi impersonali: impersonal verbs
verbi modali: modal verbs
verbi riflessivi: reflexive verbs

Solutions to the self-evaluation tests

Unità 1
1. *Soluzione possibile*: Sei libero/a domani? – Allora usciamo insieme? – Ti vengo a prendere alle 8?
2. *Soluzione possibile*: piace leggere – piace – A me piace la musica.
3. Le – Gli
4. la più – del – il – più – tra/fra
5. Lo – anch' – Non – d'accordo
6. Non – so – dipende
7. sto mangiando
8. troppo – molto
9. sciare – nuoto
10. io esco, tu esci, lui/lei/Lei esce, noi usciamo, voi uscite, loro escono

Unità 2
1. è piaciuta – è piaciuto – sono piaciuti
2. da due anni – due anni fa
3. leggevo – ho iniziato – ho cambiato
4. Il 10 – il 16 – il 2
5. Siamo – posti – A – sera – divertiti
6. alzavi/svegliavi – alzavo/svegliavo – bevevo/prendevo – Uscivi
7. quando – Mentre – Quando
8. giorno – solito
9. *io* andavo, *noi* andavamo; *lei* scriveva, *voi* scrivevate; *tu* venivi, *loro* venivano
10. *io* ero; *tu* facevi; *lui* beveva; *voi* dicevate

Unità 3
1. sa – se c'è
2. posso entrare
3. Eccolo – certamente/certo/prego
4. mi convince/piace – larga
5. sta – ottimo/buon – trovo
6. li ho trovati – le ho comprate
7. quella – questi
8. begli – quel
9. grandissima – giovanissima
10. io do, tu dai, lui/lei/Lei dà, noi diamo, voi date, loro danno

Unità 4
1. mantenerti – alimentazione – stare – prendo
2. Ho mal di denti. – Ho il raffreddore. – Ho la tosse.
3. alta – magra – capelli – occhi
4. prendi – non andare – Fate/Prenotate
5. Fa'/Fai – va'/vai
6. 1° = primo / 4° = quarto / 7° = settimo / 10° = decimo / 14° = quattordicesimo / 43° = quarantatreesimo / 76° = settantaseiesimo
7. sai – sa – posso
8. stilisti – giornaliste
9. funghi / amici / dialoghi / elenchi / laghi / tacchi
10. le braccia / le ginocchia (i ginocchi) / le orecchie (gli orecchi) / le dita

Unità 5
1. Buona Pasqua! – Auguri! / Buon compleanno! – Congratulazioni! – Buon anno!
2. Vieni / Vuoi venire
3. volentieri – l'invito – dispiace – venire – un impegno
4. disturbarti – necessario
5. processioni – Resurrezione – Pasquetta
6. pioveva – ha telefonato – ero – avevo – sono rimasta
7. qualcosa da – qualcosa di
8. Qualche – tutti
9. Alcuni/Tutti/Molti – qualcuno
10. La cartolina, che ho ricevuto ieri, è di Rita. – Ho fatto gli auguri a Isa che è una mia vecchia amica.

Unità 6
1. appartamento – quadrati/quadri – piano – locali – letto – cucina
2. Cerco – centro – ammobiliato
3. (*Soluzione possibile*) *Vantaggi*: andare al cinema, a teatro; muoversi con i mezzi pubblici; avere i negozi a due passi / *Svantaggi*: rumori, inquinamento, smog, tanto cemento, poco verde
4. Vada – Secondo
5. aiuta / aiutarmi – posso aiutare – d'aiuto
6. aspetti – prenda – dorma – finisca
7. sia – abbia – vada – dia – dica – faccia
8. ci – Ne
9. prendila – Fatemi – lo dica
10. non la prenda – non ci pensate / non pensateci – non la compriamo / non compriamola – non lo dire / non dirlo

Unità 7
1. vorrei prenotare un tavolo – sera alle – nome
2. *Soluzione possibile*: Come primo prendiamo le penne al pomodoro, come secondo io vorrei le scaloppine e per lei una grigliata di pesce. Come dolce due tiramisù.
3. prosciutto – funghi – bistecca
4. *Soluzione possibile*: Ti andrebbe un caffè? – Vuoi un pezzo di torta?
5. *Sì*, volentieri! – *No*, grazie.
6. Bisogna – serve – bastano – ci vogliono
7. ci metti
8. buon – buono
9. *tu* proveresti – *loro* proverebbero – *io* prenderei – *voi* prendereste – *tu* finiresti – *noi* finiremmo
10. sarei – avrei – andrei – direi – darei – saprei – vorrei – potrei – dovrei

Solutions to the self-evaluation tests

Unità 8

1 *Soluzione possibile*: Per informarmi io guardo tutte le sere il telegiornale *perché* non ho il tempo di leggere il giornale.
2 Esteri – Primo piano
3 arriverebbe – si incontrerebbe
4 andrei – potrei
5 Pochi – diffusa
6 Secondo – modo
7 quasi – Tutti
8 cartoni animati – giochi *a* quiz
9 ha voluto – è dovuta – ho potuto
10 Non parlano con nessuno. – Non vedo nessuno. – Non chiedono aiuto a nessuno. – Non lo sa nessuno. / Nessuno lo sa.

Unità 9

1 *Soluzione possibile*: Faccio il giornalista. – Sì, è come un hobby per me.
2 un/un'insegnante madrelingua di italiano – flessibilità e disponibilità a lavorare anche di sera e nel fine settimana – al dott. Marini
3 chiamo – annuncio – interessato/a – offrite – curriculum – via
4 tempo pieno – duro/faticoso – incarichi – straordinari
5 Sto per – Stavo per
6 chiamare Nicola, ho parlato con Dario – di telefonare a Nicola / di chiamare Nicola, ero tranquilla
7 posto – direi – Secondo – dovresti
8 Penso/Credo di – Penso/Credo di
9 finisco di – inizi/cominci a
10 è *appena* iniziato/cominciato – Ho finito di

Unità 10

1 *Soluzione possibile*: Ho 30 anni, anch'io cerco un partner per condividere i miei interessi: sport e viaggi!
2 ci si sveglia – ci si alza – ci si lava – ci si veste
3 la musica – passione – la musica classica
4 affetto – attrazione
5 Di che segno – del Leone – Sono della Vergine.
6 Sarò fortunato/a in amore, passerò giorni felici. Anche al lavoro sarà tutto tranquillo, non avrò problemi con nessuno.
7 ci riesco – sei riuscito a
8 prenderemo – partirò
9 Sarà – saranno
10 berrò – dovrò – farò – saprò – starò – verrò

Unità 11

1 *Soluzione possibile*: Gentili condomini, siete pregati di ascoltare la TV a volume più basso, soprattutto di notte. – Gentili condomini, siete pregati di non lasciare l'immondizia fuori dalla porta di casa.
2 È – proibito/vietato
3 a cui presterò la mia auto per due giorni – in cui abbiamo dormito si trova in centro
4 davvero – *Addirittura* – Non ci
5 1. a – 2. c – 3. b
6 negli Stati Uniti – dall'Italia
7 ce li avete – ce li abbiamo – ce l'avete
8 vero – pizza – mammoni
9 piano – portone
10 integrarsi – cittadinanza

Unità 12

1 umide – fondali
2 visitabili – prevede – di
3 in – a
4 vedere – c'è da – altezza
5 scarponi – impermeabile – occhiali – macchina
6 A quale fermata dobbiamo scendere? – Quali borse devo prendere?
7 riciclaggio – risparmio – raccolta – carta
8 Gran – marina – Abruzzo
9 riciclaggio – rispettare – partire – marino
10 *fatte* – *visti* – *raccolti*

Sources

Sources: photos and cartoons

Copertina: © Cornelsen Verlag, © Shutterstock.com, © Flickr.com. **Pag. 4**: *1-4*: © Shutterstock.com, *5*: © Flickr.com, *6*: © Cornelsen Verlag, *7*: © *c*: www.lucianopignataro.it. **Pag. 6**: *8-9*: © Shutterstock.com, *10-12*: © Flickr.com. **Pag. 9**: *in alto a sinistra*: © Shutterstock.com, *in alto a destra*: © Wikimedia Commons, *in basso a sinistra*: © Cornelsen Verlag, *in basso a destra*: © Shutterstock.com. **Pag. 11**: *a*: © Shutterstock.com, *b*: © Flickr.com, *c-f*: © Shutterstock.com. **Pag. 12**: *1*: © fotopartite.it, *2*: © vivovolley.net, *3*: © augustobizzi.com, *4*: © velonews.competitor.com, *5*: © cismvda.it, *6*: www.zimbio.com. **Pag. 13**: © podilombardia.it. **Pag. 14**: *in alto*: © Cornelsen Verlag, *in basso*: © Shutterstock.com. **Pag. 16**: © Shutterstock.com. **Pag. 17**: © Shutterstock.com - www.spiaggiarivadelsole.com. **Pag. 18**: *a*: © Flickr.com, *b-c*: © Wikimedia Commons. **Pag. 19**: *in alto a destra*: © Cornelsen Verlag, *in basso a sinistra*: © Flickr.com, *in basso a destra*: © Shutterstock.com. **Pag. 20**: *1*: © Wikimedia Commons, *2*: © Shutterstock.com, *3-4*: © Flickr.com. **Pag. 22**: *a sinistra*: © Flickr.com, *al centro*: laltracitta2007.blogspot.com, *a destra (dall'alto verso il basso)*: magazine.quotidiano.net, www.parks.it, www.ambienteweb.org. **Pag. 25**: *a sinistra*: © Cornelsen Verlag, *al centro e in alto a destra*: © Shutterstock.com, *in basso a destra*: © Cornelsen Verlag. **Pag. 26**: *in alto a sinistra*: © Bit, *in basso a sinistra*: © Shutterstock.com. **Pag. 27**: © Shutterstock.com. **Pag. 28**: *in alto a sinistra*: © Shutterstock.com, *in basso a sinistra*: www.laredoute.fr. **Pag. 29**: © Cornelsen Verlag. **Pag. 30**: *a sinistra*: centroricerche.org, *a destra (dall'alto verso il basso)*: www.deamademoiselle.com, © Shutterstock.com, © Flickr.com. **Pag. 32**: © Shutterstock.com. **Pag. 33**: © Shutterstock.com. **Pag. 34**: *a-c*: © Shutterstock.com, *in basso*: © Wikimedia Commons. **Pag. 36**: © Shutterstock.com. **Pag. 38**: © Flickr.com, *in alto a destra*: © Shutterstock.com. **Pag. 40**: © Shutterstock.com. **Pag. 42**: © Shutterstock.com. **Pag. 44**: www.whoopy.it. **Pag. 45**: *1-3*: © Flickr.com, *4*: © misspolpo.files.wordpress.com, *5*: © Shutterstock.com. **Pag. 46**: *in basso*: © Cornelsen Verlag. **Pag. 47**: *a sinistra*: © Wikipedia, *in alto e in basso a destra*: © Flickr.com. **Pag. 48**: *in basso*: © Cornelsen Verlag. **Pag. 50**: *in alto*: © Flickr.com, *a sinistra (dall'alto verso il basso)*: www.bancadeltempoquattrocastella.blogspot.com, www.forum.virgilio.it, www.latteaigomiti.blogspot.com, gennarogiovatore.it, © www.panoramio.com/photo/44013699, *a destra (dall'alto verso il basso)*: © Flickr.com, www.soulista.wordpress.com, © Cornelsen Verlag. **Pag. 53**: *in alto a sinistra*: © Shutterstock.com, *in alto al centro*: © Cornelsen Verlag, *in alto a destra*: www.samizdatonline.it, *in basso a sinistra*: © Cornelsen Verlag, *in basso a destra*: © Shutterstock.com. **Pag. 54**: © Flickr.com. **Pag. 56**: © Cornelsen Verlag. **Pag. 57**: © Shutterstock.com. **Pag. 58**: *in alto a destra – al centro – in basso a destra*: © Shutterstock.com, *in basso a sinistra*: © Flickr.com. **Pag. 61**: *a-b*: © Flickr.com, *c*: www.lucianopignataro.it, *d*: www.ilfattoalimentare.it, *e*: © Flickr.com. **Pag. 62**: *in alto*: © Shutterstock.com, *in basso*: © Sergio Staino. **Pag. 65**: © Shutterstock.com. **Pag. 66**: *in alto*: © Flickr.com, *al centro a sinistra*: © Shutterstock.com, *al centro a destra*: © Flickr.com, *in basso*: © Shutterstock.com. **Pag. 68**: © Wikipedia. **Pag. 69**: *1*: © Cornelsen Verlag, *2-3*: © Flickr.com, *4*: © Cornelsen Verlag. **Pag. 70**: © Cornelsen Verlag. **Pag. 71**: © Cornelsen Verlag. **Pag. 72**: © Shutterstock.com. **Pag. 74**: *in alto*: © AGF, *in basso*: © freeforumzone.it. **Pag. 76**: *a sinistra*: www.sorrisi.com, *a destra*: winxclubmovie2.blogspot.com. **Pag. 77**: *in alto*: © Cornelsen Verlag, *a sinistra*: www3.varesenews.it, *a destra*: www.informazione.it. **Pag. 80**: *a sinistra*: © Flickr.com, *al centro e in basso*: © Shutterstock.com. **Pag. 81**: *1*: © Shutterstock.com, *2*: © milanoaltruista.org, *3-5*: © Shutterstock.com, *6*: © movimentovalledora.org, *7*: ©comunesbt.it. **Pag. 82**: © Shutterstock.com. **Pag. 83**: *le prime tre*: © Flickr.com, *in basso*: © Shutterstock.com. **Pag. 84**: © Shutterstock.com. **Pag. 85**: © Shutterstock.com. **Pag. 86**: *in alto*: © zipnews.it, *al centro*: © docgreen.it, *in basso*: © Shutterstock.com. **Pag. 89**: *1-2*: © Shutterstock.com, *3-6*: © Flickr.com, *7-8*: © Shutterstock.com. **Pag. 90**: © Pat Carra. **Pag. 91**: *in alto*: © Focus Italia, *in basso*: © Cornelsen Verlag. **Pag. 93**: *in alto a sinistra*: © wordpress.com, *in alto al centro*: © pergioco.net, *in alto a destra*: © tentazionemakeup.it, *in basso a sinistra*: © Wikipedia, *in basso al centro*: © Wikipedia, *in basso a destra*: © negozioitalia.biz. **Pag. 94**: *a sinistra*: © altscreen.com, *al centro*: © photobucket.com, *a destra*: © amazon.it. **Pag. 96**: www.comitato-culturale-ccr.org. **Pag. 97**: *1*: www.ilsecoloxix.it, *2*: © Shutterstock.com, *3*: www.lasestina.unimi.it, *4*: www.pinocara.blogspot.com, *5*: © Shutterstock.com. **Pag. 98**: © Shutterstock.com. **Pag. 99**: © Shutterstock.com. **Pag. 100**: © Shutterstock.com. **Pag. 102**: *a sinistra*: © Flickr.com, *in alto al centro*: www.ecodibergamo.it, *in alto a destra*: © conipiediperterra.com, *in basso al centro*: © Flickr.com, *in basso a destra*: © Flickr.com. **Pag. 105**: *1*: © Wikipedia, *2*: © nuovirumori.it, *3-4*: © Flickr.com, *5*: © Shutterstock.com. **Pag. 106**: *1*: © Wikimedia Commons, *2-3*: © Flickr.com. **Pag. 108**: *1-3*: © Shutterstock.com, *a sinistra*: © Sergio Staino. **Pag. 109**: © Shutterstock.com. **Pag. 110**: *a sinistra*: valdarnotizie.com, *al centro*: © Wikipedia, *a destra*: www.comunemozzecane.it. **Pag. 113**: © Cornelsen Verlag. **Pag. 114**: *4-9*: © www.sxc.hu, *14*: neverafraidtosay.blogspot.com, *19*: © www.sunexpress.it. **Pag. 115**: *24 e 31*: © Wikipedia, *34*: © Pixelio, *40*: © Shutterstock.com, *43*: © Shutterstock.com. **Pag. 116**: *in alto*: © eil.com, *in basso*: © giosby.splinder.com. **Pag. 124**: www.culturaitalia.it. **Pag. 126**: *1*: © Cornelsen Verlag, *2*: © Wikimedia Com-mons, *3*: © Shutterstock.com, *4-5*: © Wikimedia Commons, *6*: www.icono-cluster.com. **Pag. 127**: *1-3*: © Shutterstock.com. **Pag. 128**: *4*: © Shutterstock.com, *5*: © Flickr.com, *6*: © Shutterstock.com, *7*: © La Settimana Enigmistica. **Pag. 131**: © Flickr.com. **Pag. 132**: *1-3*: © Flickr.com, *4*: © Cornel-sen Verlag, *5-6*: © Flickr.com, *7*: © Shutterstock.com. **Pag. 134**: © Shutter-stock.com. **Pag. 136**: © Flickr.com. **Pag. 137**: *1*: © Flickr.com, *2*: © Cornelsen Verlag, *3*: © Flickr.com, *4*: © Shutterstock.com. **Pag. 138**: © Shutterstock.com. **Pag. 139**: © Shutterstock.com. **Pag. 142**: www.dentroilcassetto.my blog.it. **Pag. 145**: © Shutterstock.com. **Pag. 148**: *a sinistra*: www.2.bp.blog spot.com, *a destra*: www.gossippando.it. **Pag. 150**: © Shutterstock.com. **Pag. 151**: © Shutterstock.com. **Pag. 153**: © Shutterstock.com. **Pag. 154**: *1-2*: © Shutterstock.com, *3*: © Flickr.com, *4*: © Shutterstock.com, *5*: © Flickr.com, *in basso a destra*: © www.panoramio.com/photo/43415826. **Pag. 155**: *1-3*: © Shutterstock.com, *4-5*: © Flickr.com, *6*: © Shutterstock.com, *7*: © Flickr.com. **Pag. 156**: © Shutterstock.com. **Pag. 157**: © Università della Svizzera italiana. **Pag. 158**: *in alto*: © Flickr.com, *in basso a sinistra e al cen-tro*: © Shutterstock.com, *in basso a destra*: © Flickr.com. **Pag. 161**: *Enrico*: © Shutterstock.com, *Letizia*: © Shutterstock.com, *Anna*: © Cornelsen Ver-lag. **Pag. 162**: *a sinistra*: © Flickr.com, *al centro e in basso a destra*: © Cor-nelsen Verlag, *in alto a destra*: © Shutterstock.com. **Pag. 163**: © Shutter-stock.com. **Pag. 165**: © www.panorama.it. **166**: *in alto a sinistra*: © Shutterstock.com, *in alto a destra*: © Flickr.com, *in basso*: © Flickr.com. **Pag. 167**: *in alto*: © Flickr.com, *Bologna*: © Wikimedia Commons, *Colledi-mezzo*: © Flickr.com. **Pag. 169**: © Cornelsen Verlag. **Pag. 170**: © Flickr.com. **Pag. 171**: www.radiofiore.it. **Pag. 174**: *in alto*: © Shutterstock.com, *in bas-so*: © Flickr.com. **Pag. 175**: *in alto*: © Cornelsen Verlag, *in basso*: © Flickr.com. **Pag. 176**: © Shutterstock.com. **Pag. 177**: © Flickr.com. **Pag. 181**: © Shutterstock.com. **Pag. 183**: © blitzquotidiano.it. **Pag. 185**: © Cornelsen Verlag. **Pag. 187**: *a sinistra*: © Shutterstock.com, *a destra*: © Flickr.com, *in basso*: © Pat Carra. **Pag. 189**: © Pat Carra. **Pag. 190**: 4.bp.blogspot.com. **Pag. 191**: www.cusb.unibo.it. **Pag. 192**: blog.thlcareers.com. **Pag. 193**: © wikitravel.org. **Pag. 194**: *1*: © Grandi & Associati, *2-4*: © Shutterstock.com. **Pag. 197**: © deviantart.com. **Pag. 199**: *in alto*: © Shutterstock.com, *al centro*: © Flickr.com, *1-3*: © Shutterstock.com, *4*: © Cornelsen Verlag, *5-7*: © Shutterstock.com, *8*: © Cornelsen Verlag. **Pag. 200**: © Silvia Ziche. **Pag. 203**: *da sinistra a destra*: © Shutterstock.com - © Flickr.com - © Wikipedia. **Pag. 204**: © Shutterstock.com. **Pag. 205**: *1*: © Shutterstock.com, *2*: © Flickr.com, *3*: © Shutterstock.com, *4-5*: © Wikimedia, *6-8*: © Shutterstock.com. **Pag. 206**: *1*: © imageshack.us, *2*: © zipnews.it, *3*: © 1.bp.blogspot.com, *4*: © cinemovie.info, *5*: © adgblog.it, *6*: © missaucourant.com, *7*: © 3.bp.blog spot.com, *8*: © comune.torino.it, *9*: © allenamentofitness.com, *10*: © mymovies.ge. **Pag. 208**: © Flickr.com. **Pag. 211**: *a sinistra e a destra*: © Flickr.com. **Pag. 212**: © ilkacatooa.net - © Shutterstock.com - © pesport.it - © agriturismodapostolo.it - © imageshack.us. **Pag. 214**: *a sinistra*: © Flickr.com, *a destra*: www.siciliatv.org. **Pag. 216**: *in alto*: © knol.google.com, *a destra*: © panoramio.com, *in basso*: © Wikipedia.

Sources: texts

Pag. 58: Beppe Severgnini, *La testa degli italiani*, © 2005, Ed. Rizzoli, Milano. **Pag. 74**: *La manipolazione dell'opinione pubblica nei Tg italiani* di Antonella Randazzo, www.disinformazione.it; Intervista di Federica Santoro a Lidia Ravera, 26 luglio 2008. **Pag. 77**: Luciano De Crescenzo, *Così parlò Bellavista*, © Ed. Mondadori. **Pag. 86**: www.istat.it. **Pag. 94**: intervista pubblicata su *Psychology Today*, Edizione USA, Volume 41, N° 2. **Pag. 110**: www.legambiente.it/contenuti/comunicati/comuni-ricicloni-2011. **Pag. 116**: *Parole Parole* di M. Chiosso e G. del Re © 1972 Ed. Curci S.r.L. Milano. **Pag. 193**: www.oggi.it/attualita/curiosita

Index to the Audio CD

The attached audio CD

The "rallentata" version of some of the tracks
To make the comprehension easier, you can download and listen to the "slowed down" version of the following tracks from www.edilingua.it.

Unità 1		
01	es. 1, 2	p. 10
02	es. 12	p. 12

Unità 2		
03	es. 2	p. 17
04	es. 11	p. 20
05	es. 13	p. 20
06	es. 16	p. 21

Unità 3		
07	es. 1	p. 26
08	es. 13	p. 28

Unità 4		
09	es. 1, 2	p. 34
10	es. 10	p. 36

Unità 5		
11	es. 1	p. 45
12	es. 2	p. 45
13	es. 12, 14	p. 48
14	es. 18, 19	p. 49

Unità 6		
15	es. 1, 2	p. 54
16	es. 5	p. 54

Unità 7		
17	es. 2	p. 61
18	es. 1	p. 62
19	es. 5	p. 63

Unità 8		
20	es. 1, 2, 5	p. 70
21	es. 12	p. 72

Unità 9		
22	es. 2	p. 81
23	es. 2	p. 82
24	es. 3	p. 82
25	es. 11	p. 84
26	es. 15	p. 85

Unità 10		
27	es. 19, 20	p. 93

Unità 11		
28	es. 2	p. 97
29	es. 6	p. 99
30	es. 10	p. 100

Unità 12		
31	es. 5, 6	p. 107
32	es. 10	p. 108

Facciamo il punto? 3		
33	es. 1, 2	p. 113

Final Test		
34	es. 2A	p. 218
35	es. 2B	p. 218
36	es. 2C	p. 219

Unità 1		
01	es. 1, 2	p. 10
02	es. 12	p. 12

Unità 2		
04	es. 11	p. 20
05	es. 13	p. 20

Unità 3		
07	es. 1	p. 26
08	es. 13	p. 28

Unità 4		
09	es. 1, 2	p. 34
10	es. 10	p. 36

Unità 5		
13	es. 12, 14	p. 48

Unità 6		
15	es. 1, 2	p. 54
16	es. 5	p. 54

Unità 7		
17	es. 2	p. 61
18	es. 1	p. 62
19	es. 5	p. 63

Unità 8		
20	es. 1, 2, 5	p. 70
21	es. 12	p. 72

Unità 9		
22	es. 2	p. 81
23	es. 2	p. 82
24	es. 3	p. 82
25	es. 11	p. 84
26	es. 15	p. 85

Unità 10		
27	es. 19, 20	p. 93

Unità 11		
28	es. 2	p. 97
29	es. 6	p. 99
30	es. 10	p. 100

Unità 12		
31	es. 5, 6	p. 107
32	es. 10	p. 108

Final Test		
34	es. 2A	p. 218
35	es. 2B	p. 218
36	es. 2C	p. 219

Arrivederci!

Lavagna Interattiva Multimediale
(Interactive Whiteboard)

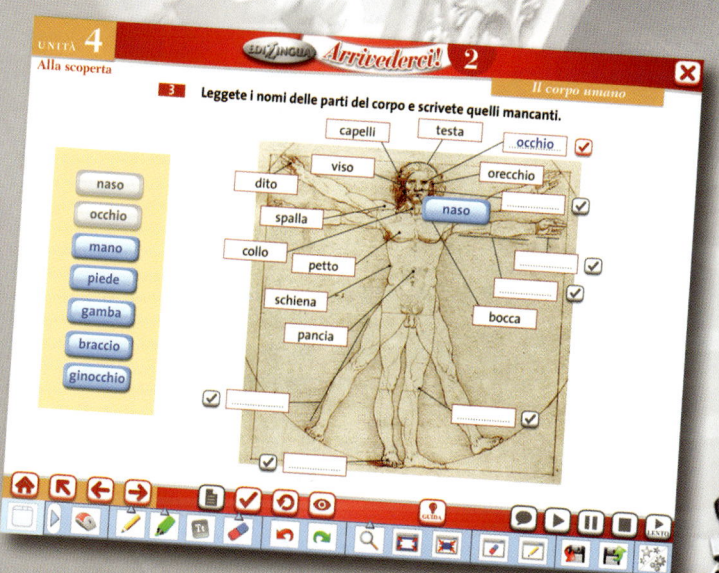

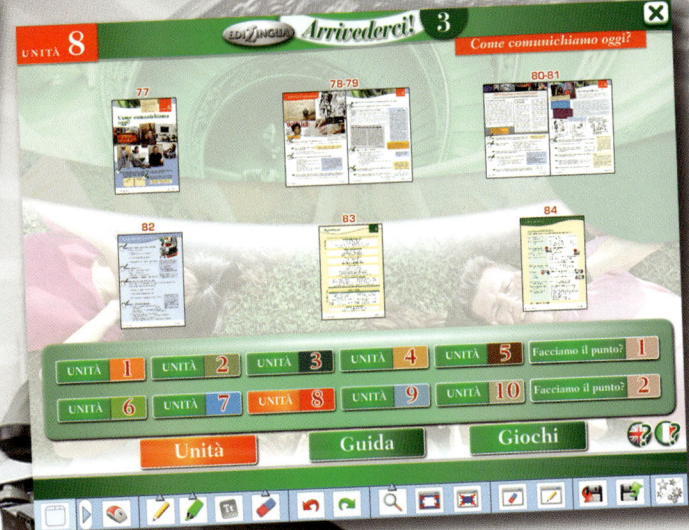

The *Arrivederci!* multimedia interactive whiteboard software makes it possible to use all of the following:

- the Student's book in interactive form;
- the audio recordings of the dialogues and interviews (available at normal speed and slowed down);
- games;
- a programme for the creation of personalised activities;
- the Teacher's Guide.

EDILINGUA

www.edilingua.it

i·dee.it
italiano-digitale-edizioni-edilingua

The first platform for students, teachers and schools of Italian.
Simple. Effective. Free.

On www.i-d-e-e.it you will find:

1 **Your interactive Workbook!**

You can practice when and where you like, using your computer, tablet or smartphone and receive immediate feedback and your answers automatically corrected.

2 **A series of extra interactive resources**

Videos, audio recordings, tests and games created by your teacher, the class blog and much more.

3 **A world student community**

Making new friends who are also studying Italian is easy.

4 **A range of digital tools**

- My Results
- My Calendar
- Message/Assignment
- Dictionary
- Interactive Grammar
- My Notes
- Help
- Online activities
- Glossaries

To use the platform, go to www.i-d-e-e.it and enter the **code** you find on the right.